◀ベナレスの街角

▶デリーの街角

◀ケーララの村の商店
と映画ポスター

店頭でお辞儀する「自動ナマステ人形」
（バンガロール）

豆電球で電飾した神像をつくる職人
（バンガロール）

プラスティックと合成繊維でつくったハヌマーンの神像（アムリトサル）

土着化して色彩が派手になったマリア像
（コーチン）

インド日記
牛とコンピュータの国から

A DIARY IN INDIA

小熊英二
Oguma Eiji

新曜社

インド日記——目次

装幀――難波園子

中　国
パキスタン
ラダック
ジャンム・カシミール
ラホール
アムリトサル
ヒマチャル・プラデーシュ
パンジャブ
ハリヤナ
サハランプル
デリー(直)
デリー
ネパール
シッキム
ブータン
アルナチャル・プラデーシュ
ラジャスタン
ウッタル・プラデーシュ
ベナレス
ビハール
アッサム
ナガランド
メガラヤ
マニプル
バングラデシュ
ダッカ
ミゾラム
トリプラ
西ベンガル
カルカッタ
グジャラート
マディヤ・プラデーシュ
ダマン(直)
デュウ(直)
マハーラーシュトラ
オリッサ
ボンベイ
ミャンマー
カルナータカ
アンドラ・プラデシュ
ゴア
ベンガル湾
バンガロール
ポンディシェリー(直)
ケーララ
コーチン
タミルナド
スリランカ
(直)は連邦直轄領域

インド関連地図

第一章　「インドの右翼」

デリーの霧

一月七日（金）曇　インドに着く

朝五時起床、最後の仕度をして家を出る。ところが英和辞典を忘れていたことに気づき、駅から引き返した。さっそくの失敗である。

空港から大学に事務処理上の電話と郵便を出し、出発。国際交流基金の用意してくれたビジネス・クラスの座席は快適である。

メコンデルタを眼下に見て、タイのバンコックでトランジット。空港には軍事マニアが泣いてよろこびそうな、スクラップ同然の時代物の軍用機がいっぱいいた。一月だというのに気温三二度。暇は一時間しかなく、空港内のみやげ物売り場を回っただけ。タイの売り子には、目鼻立ちがハッキリした眉目秀麗の美男子が多い。ヨーロッパから少年愛愛好家がタイに買春にくるというのもわかる気がする、などと不謹慎なことを考えたのが、タイ滞在一時間の感想。

デリーはひどい霧で、下手をするとバンコックどまりとなる恐れもあったが、なんとか現地時間午後七時（日本時間午後十時半）に到着。空港内は薄暗く、きれいとは言いがたい。インドはもちろん、途上国に来るのは初めてなので、やや不安になったが、空港の出口には出迎えに来てくれた国際交流基金ニューデリー事務所長の小川忠氏が待っていたので、ひと安心する。デリー大学には、国際交流基金のプロジェクトでこれまで何人も日本からの客員教授が招かれており、今年は私が指名されたのである。私が講義をする予定のデリー大学中国・日本研究科の科長であるブリジ・タンカさんも現われ、小川氏の車（事務所の運転手付き）で宿泊所へ直行。

大気汚染

霧は年々ひどくなっているそうで、大気汚染が一因とのこと。粉塵が核になって水蒸気が集まるのである。たしかメキシコシティなども霧がひどいと聞いたように思う。発展途上国の公害問題の一端である。

道みち小川氏とインドの話、および彼が交流基金インドネシア事務所駐在時に書いた岩波新書『インドネシア』の話をする。この本は、インドネシアの事情と、国際交流基金での彼の仕事ぶりがよく伝わってくる好著で、おもしろく機内で読み返した。私より少し年長くらいである彼は、インドからも「ニューデリー通信」と称して長文の最新インド事情をメールで送ってくれていたが、へたなインド関係書を読むより、現在のインドの感じがわかったものである。

小川氏は、この二月にはインドのナショナリズムについての本を出すそうで（その後に『ヒンドゥー・ナショナリズムの台頭』ＮＴＴ出版、として刊行された）、私と関心も少し似ている。もともと、この人が私の著作を読み、デリー大学のタンカ氏に推薦したのが、インドに招かれたきっかけなのだ。もっとも実際に対面したのはこれが初めてであり、彼の話によれば、私の著作から抱いていたイメージより私の外見がずっと若くて華奢《きゃしゃ》だったので、意外だったそうである。

物乞いが去来

空港に着いた時点から周辺には貧しげな人びとがたむろしていたが、車が信号で停車するごとに、子供から老人まで年齢さまざまな物乞いが去来。こちらが内心動揺していると、小川氏は窓越しに断りながら、「どう対応するかは個々の判断です」と言う。なにせこちらは、日本ではロウアーミドルにすぎなくとも、インドにくれば為替レートの効果で大金持同然である。

宿泊所

宿泊所はホテルではなく、タンカ氏の友人であるラジブ・ジェイン氏の邸宅である。彼はこれまで、日本からの客員教授を何人も迎え入れてきたそうだ。私にあてられた部屋は十畳ぐらいのダブルベッド、バス・トイレ付きの部屋で、コンクリートの床にゴザが敷いてあった。

そのあと、おりからラジブ家に来ていたカナダ在住のインド人映画プロデューサーと、ラジブ氏、タンカ氏、ラジブ夫人のプニマさんを交えて談笑。もちろん英語である。こちらは英会話が大の苦手。最初はなんとか話に加わっていたが、そのうち疲れが出て頭がぼんやりしてきた。みな私に気を使ってくれて、タンカ氏など時どき日本語に訳してくれたりしたのだが、なにせ朝五時起きで十二時間飛行機に乗ってきたのである。適当に辞して、最低限の荷物整理をして寝る。

一月八日（土）　曇　デリー名所見物

インド第一日目。宿泊所の親日知識人ラジブ氏の邸宅は快適だが、時差ぼけで朝四時（東京時間七時半）に目がさめてしまった。もう一度寝なおして八時起床。

インドは寒い

インドは暑いとばかり思っていたが、今はデリーでもいちばん寒い時期だそうで、気温は摂氏一〇度から一五度前後。夜はもっと冷える。夏は摂氏四五度くらいになるそうで、家屋は夏をむねとした造りだから暖房設備も少なく、セーターを着ていても結構寒い。

着替えをして荷物整理をしていたら、召使の少女（ビューラという名だと後で聞いた）が紅茶とビスケットのセットを持ってきた。朝食前のモーニングティーという、日本では高級ホテルでしかお目にかからないイギリス貴族式習慣である。そのあと朝食をいただきながら、ラジブ氏の奥さんであるプニマさんと天候やら今日の予定の話。ラジブ氏は五十歳前後の落ち着いた感じの人でいかにもインテリ、奥さんもインテリだが肝っ玉母さん風の容貌である。

私の二年前に、おなじくデリー大学の客員教授としてラジブ氏の邸宅に宿泊した一橋大学教授の加藤哲郎氏から聞いていた話では、ラジブ氏は元ILO（国際労働機関）副議長の息子で、農民教育関係のNGO（非政府組織）の代表。邸宅には召使が八人、室内で飼っている大型犬が二匹。そんなに邸宅は大きくないが、上層階級である。

NGOの幹部という言葉と、召使のいる邸宅という言葉が、日本の感覚では結びつかない。しかしインドをはじめ途上国のNGOは、しばしば日本のそれなどとは比べ物にならないほど大組織で資金力もある。貧富の格差のゆえにインドの金持はほんとに「金持」であり、経済的力もあると同時に、倫理観の強い人が多く、国際的な教養も英語能力もあり、彼らが民間活動をやると力がある。アジアのNGO国際会議でいちばん発言するのはインドとフィリピンのNGOと聞く（英語を話せるという問題も大きいが）。

その代わり、インド国内の教養の格差も大きい。英語にしても、ラジブ夫妻は日本の平均的インテリよりはるかにうまいが、召使の少女は英語がほとんどできない。といったところで、そのラジブ氏よりもドル・レートの収入はおそらく私のほうが多いであろう（未確認）と考えると、複雑さが増す。

のちにラジブ氏や夫人に聞いた話では、インドのNGOが大きいもう一つの理由は、ヨーロッパ諸国の援助などでNGOの財政がまかなわれており、しかも物価水準のちがいゆえに専従職員

街中の牛

の給料が安くて、たくさん雇えるからでもあるらしい。つまり、国際的にも国内的にも貧富の格差が激しいがゆえに、NGOが大きいのだ。国内の貧富の格差が少ない日本のNGOが、平均的会社員よりもむしろビンボーな「普通の市民」の献身で成り立っていることとの対比を思わず考える。

ところでラジブ氏は一九七〇年に、六ヵ月ほど新宿近辺に住んでいたそうだ。目的があったわけではなく、彼にいわせればヒッピー風世界旅行。ジャズとビートルズを愛する映画青年だったらしい。日本ではほかに京都・長崎・広島を訪れた。新宿近辺の「サケバー」で、労働者や学生と「インターナショナル」を合唱したとのこと。「一九七〇年。昔のことだ」と、今は白髪交じりで風格のあるラジブ氏は言う。私の下手な英語につきあって、いろいろ話してくれる。

午後三時に、国際交流基金デリー事務所長の小川氏が迎えにきてくれて、彼の案内でさっそくデリー市内観光に出かける。土曜日なので、オフィスの仕事がなく、一日つきあってくれるという。接待役はたいへんだなと考えるが、ここは変に遠慮するより、利用させてもらって積極的にインドを知るほうが、交流基金の意図に沿うことでもある。

運転手付きの自動車に乗って出発。国際交流基金の事務所を経由したあと、アショカ・ホテルなる国営ホテル（五つ星だそうで豪華なキンキラの建物だったが、サービスは悪いそうな）の一階にある銀行支部で、トラベラーズ・チェックを現地通貨のルピーに換金。換金係の態度の悪さと、おそるべきインドなまり英語に閉口。小川氏によると、「公共機関窓口と観光関係がもっとも態度がよくない」そうで、これで「インド人一般」の印象を決めてしまう旅行者も少なくないのは残念だという。

ハヌマーン

神様のブロマイド

それから自動車で、「インドの凱旋門」みたいなインディア・ゲート、「デリーの銀座」と呼ばれる円形市場のコンノート・プレイス、そしてシーク教寺院のバングラ・サヒブ、ヒンドゥー教のハヌマーン寺院などに行く。車で回っているだけであまり降りなかったが、単純に動物の多さに興味を覚える。そこらじゅう牛やら犬やらリスやらサルやらが、うろうろしている。牛はいちおう持ち主がいるらしく、ミルクをしぼっている光景も見かけるが、その他はまったくの野良である。道路をゆっくりと牛が横断すると、運転手は黙って待つ。コンノート・プレイスでは本屋を見学、屋台でマサラ（カレー粉みたいなもの）がけ焼き芋を食べた。

ヒンドゥー教の寺院は、インドのヒンドゥー教徒なら誰でも子供時代から馴染みのある、ラーマーヤナ神話に出てくるサルの神（ハヌマーン）を祭っており、孫悟空のインド風みたいな神像に、みんながお辞儀している。風邪に効くとかで庶民的人気があるそうだ。内部では占い師がたむろしており、外は施しに集まる貧民がたくさんいる。屋外の出店では、各種ヒンドゥー神のブロマイドが売られていた。

日本では菅原道真が学問に効くといった民間信仰はあるが、『古事記』や『日本書紀』が日本国民共通の神話だった大日本帝国時代に、スサノヲ神やウズメ神が庶民信仰の対象になったという事例はあまり多くない。一つには、やはり『古事記』や『日本書紀』が国家と結びつきすぎて、庶民的基盤を失ったからだろうと考えた。「アマテラスをあがめると風邪に効く」などといって、勝手にブロマイドを売るような、いわば庶民側からの神話の活性化は、必然的に政府の一元的な神話解釈からの逸脱を生み出してしまうから、大日本帝国時代には起こりにくかっただろう。下手をすると大本教のように弾圧をくらう。

とはいえ小川氏の話では、寺の表の出店でブロマイドと並んで売られているカセット類には、日本でいえば演歌調の庶民音楽に乗せて、ヒンドゥー・ナショナリズムを歌うものが多いそうだ。インド人は一般に知識人も大衆もナショナリズムが強烈だが、とくに最近は、日本でいえば神道とナショナリズムが結びついたようなヒンドゥー・ナショナリズムが、庶民のあいだに台頭している。庶民の信仰だからナショナリズムに無縁とはかぎらず、むしろポピュリスティックなぶんだけタチが悪かったりもする。民間信仰とナショナリズムの関係は複雑だ。

インドのナショナリズム

ことのついでに述べると、「ヒンドゥー・ナショナリズム」と「インド・ナショナリズム」は、異なるものとされている。インドはヒンドゥー教徒が約八割を占めるが、多民族・多宗教共存国家が建前なので、ヒンドゥー教のみを強調したら「インド国家」が崩壊する。アメリカにおけるWASP至上主義にあたるのがヒンドゥー・ナショナリズム、「星条旗に忠誠を誓えばみんなアメリカ人」主義に相当するのがインド・ナショナリズムといえば、当たらずも遠からずだろう。もちろん、インド知識人に支持の多いナショナリズムは後者なのだが、最近政権について核実験をやった右派政党BJP（インド人民党）は前者の流れにあたる。

シーク教の寺院

シーク教の寺院のほうは、うってかわって偶像崇拝を排除した内容で、神像やブロマイドの類はない。シーク教徒は体格のいい男性が多く、インド北部のパンジャブ州出身の人たちを中心に、兵士や警官が多いそうだ。彼らは髪やヒゲといった体毛を切らない宗派なので、そろってターバンを巻いてヒゲ面。われわれ外国人も寺院に入るさいにはスカーフで髪を覆うように求められ、

ハルモニウムを弾く辻音楽師

入り口にスカーフがたくさん置いてある。

小川氏の話では、シーク教はヒンドゥー教とイスラム教を批判的に組み合わせて誕生したものだそうだ。偶像崇拝の排除はイスラムの影響であり、シーク教徒の男性は信仰を守るため帯剣を義務づけられている。

イギリス統治時代に、シーク教徒はもっとも勇猛に抵抗した人びとでもあり、イギリスは反乱を押さえたあと彼らの勇猛さを逆に利用し、彼らを軍人や警官に登用してヒンドゥー教徒を押さえさせる分割統治政策をとった。イギリスは各植民地への外征や二度の世界大戦にも彼らを植民地軍として利用したので、インド人口の二パーセントにしかすぎないシーク教徒が外国によく出動し、諸外国においては「典型的インド人」として受け止められることとなった。「インド人＝ターバン」というイメージが今でも強いのはそのためだと聞いたことがある。

もっとも偶像崇拝禁止とはいっても、信者たちは経典に向かって頭を下げていた。しかし、音楽好きの自分としては、楽師が説教に合わせてタブラ（インド太鼓）とハルモニウムで演奏していたことに興味をひかれる。

クレオール楽器

ハルモニウムは、アコーディオンを床に置いて、横倒しに弾くような感じの楽器。ヨーロッパから鍵盤楽器が入ってきたあと、インドで独自の発達をとげた、いわば「混血」のクレオール楽器である。インドにもとからあった楽器でもなければ、西洋の楽器ともいえないもので、日本でいえば大正琴がよく似た成立経緯の楽器。またハルモニウムは、これまた近代日本で独自の位置を占めた足踏みオルガンとおなじく、インドでは学校教育用にも普及している。

ヨーロッパのミュージシャンには、こうした非ヨーロッパ圏のクレオール楽器に関心を示す人もいる。元ヴェルヴェット・アンダーグラウンドのニコがハルモニウムの弾き語りをやったり、あるいはペンギン・カフェ・オーケストラが足踏みオルガンを多用したことが例に挙げられる。変わった音が出せるうえ、音階や奏法は民族楽器とちがってヨーロッパの楽器の応用ですぐ弾けるから、手軽に効果を狙えるのだ。

市場で買物

寺院見学のあと、市場で小川氏宅での夕食のための買物。アメ横をさらにごちゃごちゃさせたような市場で、デリーで唯一、豆腐を売っている八百屋に行く。今夜は友人の日本からの駐在員夫妻も招いて、日本式鳥なべをやるそうだ。周囲には醤油を売っている調味料店もあり、「シャチョー」と声をかけてくる。八百屋には白菜もあり、やや形は違ったり小さかったりするが、ナスやゴーヤも売っている。この八百屋周辺には、駐在員夫人らしき人が数人いた。

野菜を入手したあと、鶏肉を買う。もっとも日本のようにパックで売っているわけもなく、その場で殺してもらうか、一匹丸ごと買って切ってもらうのである。店頭に生きた鶏や七面鳥が檻に入っており、小川氏によれば、「冷蔵庫が普及していないから、これがいちばん簡単な保存方法」だそうだ。

肉はぜいたく

鶏肉は一羽分で百三十五ルピー。高いのか安いのかわからない。一ルピーは二・五円くらいだから、日本円でいえば四百円もしないが、インドでは下手をすれば一週間分くらいの食費（階層や地域によって違う。デリーは地方より物価が高い）である。

もっとも、インドでは鶏肉をしょっちゅう買うのは金持だけ。ふつうの庶民は、「体の調子が悪いから精でもつけるか」といった特別の機会にしか買わないそうだ。たしか一九三〇年代の日本の平均年間畜肉消費量も、一日一人当たりに直せば数グラムぐらいだったはず。都市部の金持はともかく、一般には年に数回しか肉は食べないものだったのだ。

肉屋の店頭

小川氏は鶏肉を値切らず買った。インド観光案内本には、インドでは必ず半値以下に値切るように書いてあるものが多い。だが小川氏によれば、それは十倍もふっかける観光客相手の店でやるべきこと。こういった日常品市場ではせいぜい一割か二割高いだけだから、面倒なので値切らないそうな。

定価がない

「インドには定価はない」といわれる。値切り交渉でまけたり、顔見知りだと安かったりする。もっともこれは日本でも、高度成長期までの農村部などでは、一般的なことだったらしい。『気違い部落周游紀行』の著者きだみのるの文章で、相手や状況によって卵の値段が違う話が出てきた。きだ氏が卵を買いにいったとき、子供が病気なので飲ませるといったら、ただでいくつもくれたが（敗戦直後の食糧難の時期である）、同じ店でも晩のおかずにするといったら、最高の闇値を言われたという。

インドでも、「貧乏人や顔見知りには安く、金持には高く、修道者にはただで」といったそれなりの基準があるそうだ。外国人観光客などは、この基準からすれば最高値の対象となる。

「値切り」の意味

値切るという行為は、いわばその行為を通して、「顔見知り」になる手間を支払うことであるともいえる。その手間を惜しむなら、金をよけいに払うか、毎日きて自然に顔見知りになって安くなるのを待つかという手順を踏むのだろう。貨幣はすべての価値を数字に換算する強力無比のコミュニケーション・メディアだが、人情や顔見知りといった他のコミュニケーション手段が、貨幣の威力の通用範囲をとどめているわけだ。「定価ですべてが買える世界」は、裏を返せば

「たとえ顔見知りでもまけない世界」であり、「人情よりも金ですべてが許られる世界」でもある。

もっとも、人情の通用範囲が「同じ村の人間」とか「同じ宗教や民族の人間」といった境界内になりがちである以上、閉鎖性と人情は表裏一体ともいえる。その意味で外国人にとっては、「身内に甘い人情村」の世界は、かぎりなく閉鎖的かつ不公正に見える、住みにくい世界となりやすい。金ですべてが解決したほうが、その地では乏しいコミュニケーション手段しか持たない外国人にとっては、楽である。良くも悪くも、「経済は（経済だけは）国境を超える」というやつだ。ここでも、近代化とナショナリズムの関係は複雑である。

民芸品博覧会

そのあと、こんどは物産博覧会みたいな公園市場に行く。入場料五ルピー（お茶二、三杯分くらいの金）を支払って入場すると、インド各地の州や地域ごとにきれいなオープン・テントを張り、民芸品を売っている。小川氏の解説では、農村振興NGOが伝統文化保護と貧困対策を兼ねて、民芸品を出品させる場所をここデリーにつくったのだそうだ。

売られているのは、まさに絵に描いたような「民芸品」。入場しているのは、一目で中流以上とわかる家族連れがほとんど。インドは一九九一年から経済自由化政策に転じ、高度成長を続けているが、その恩恵をうけた都市のニューリッチの人びとである。物乞いがあふれるデリーの街角とは別世界だ。

奥に行くと、屋台風の食い物も売っていた。だが、コンノート周辺の屋台にくらべずっとアメリカ風のきれいさがあり、なにより定価一覧表が店頭に掲げてある。その横では、パンジャブ風のバングラ・ポップの楽隊が、これまたきれいな演台の上で演奏していた。そしてそこには、リズムの強い音楽にもかかわらず誰も踊らず、演台を円形にとりまいて置かれたベンチに腰掛けて見物しているという、日本の物産展や博覧会でよく見かける光景があった。

ビハール州のNGOの出店でパンフレット（といってもビラの表裏）をもらう。デリーから東南方にあるビハールは、ネパールのとなりにあり、インドでももっとも貧しい州。パンフの内容は、教育のない農村女性の経済的自立のために民芸品をつくらせて、販売ルートを確保する運動をしているという、当然だがきわめて真面目なもの。こういう真剣な企画が、物産展風の感じでおこなわれ、都市のニューリッチが客になっているという皮肉さである。グローバリゼーションと経済自由化は、貧富の格差を増大させて、ビハールの貧困とデリーのニューリッチの出会いを生み出した。

「民芸品」の誕生

一九二〇年代末から三〇年代の日本でも、柳宗悦《やなぎむねよし》の民芸運動が、沖縄やアイヌはじめ各地の民芸品の展示会をはじめたことがある。もちろん日本の民芸運動も、都市知識人と中産層の先導によるものだった。都市化と中産階級の台頭とともに、従来は単なる手芸に過ぎなかったものや、新たに「地方風」という触れ込みで生産されはじめた商品が、「伝統工芸」として認識され、産業化する過程がインドでも起きているといえる。

そのあと、小川氏宅で会食。同席したのは小川氏とその「パートナー」の藤岡恵美子氏、そして開発関係でインドに駐在している友人とその「パートナー」である。みな第三世界やアジアなどに真面目な関心をもつ人びとで、夫婦別姓を名乗っていた。

あたりまえだがみな教養ある面々で、藤岡氏はICU（国際基督教大学）で日本語教育を学んだ人で、インドの女性が書いた本を翻訳中。友人夫妻も、イギリスで開発経済学を学んでいるときに知り合ったそうだ。しかし、藤岡氏も友人の夫人氏も夫の転勤によってフルタイムの職につけず、事実上「専業主婦」（もっともここインドでは家事は現地雇いのメイドがやっているのだが）。ご馳走になりながら観察して申し訳ないとは思ったが、第三世界における日本の駐在員社会の構成や意識というのも、興味深い問題だ。

食事は鶏なべに日本米、漬物に子持ち昆布、日本茶というもの。日本を離れて久しい諸氏は感動していたが、残念ながら到着二日目の私にはまだその感慨はなかった。

いろいろ話が出たが、南インドと北インドの気性のちがいについて話があり、南の人びとは穏やかで暖かく、芸術的だという風評が出る。デリーを含む北インドの人びとは、こうした「おだやかな」南の人びとをノロマ扱いするそうだ。彼らの知合いである南のケーララ地方出身の人は、デリーのバスは怖くて乗れない（バス停で完全に止まらずにスピードを緩めるだけだから「飛び乗り」「飛び降り」となる）と言っているという。

こういう県民性論みたいなのは、多分に臆断が入っていることが多いので話半分に聞いておいたが、現地の文脈を知るうえで興味深い。もちろん話が事実かどうかは、自分で現実に出会って訂正してゆけばよいのだ。

帰りは遅くなり、十一時を回った。国際交流基金デリー事務所の運転手ダス氏が、九時過ぎから外で待っていた。彼に宿泊所に送ってもらう道みち、お互いブロークンの英語でいろいろ話をしていると、デリー南方郊外の借家に妻と娘一人とともに住んでいるらしい。今日は親戚が夕飯にやってくる日だったと何気なくもらしたので、思わず遅くなったことを詫びた。ダス氏は東南方のベンガル出身で、摂氏二〇度台のベンガルの冬に慣れた身としては、デリーは寒くて閉口しているという。二年前にデリーに出てきて国際交流基金の運転手をしているが、仕事で夜が遅くなっても奥さんは寝ずに待っているそうだ。

　ベンガル出身の彼は、チャンドラ・ボースが同郷の英雄だと自慢げに言っていた。チャンドラ・ボースは、太平洋戦争中に日本軍の援助を受けてインド国民軍を組織してイギリス軍と戦ったことで知られ、日本の敗戦時に台湾からソ連に向かおうとしたが、乗っていた日本軍の飛行機が離陸事故を起こして死亡した。もっともインドでは、チャンドラ・ボースはもっぱら独立運動の英雄としてだけ知られ、日本との関係を知る人は限られているそうである。

オートリクシャー

一月九日（日）　曇のち晴　ちょっと本屋へ

インドのフェミニズム

　今日は基本的に休み。まず午前中は、インド滞在中に書くと出版社に約束した、ナショナリズム関係の本の執筆をする。午後には、ラジブ氏に現在地をデリー市内地図の上で示してもらったあと、付近の散策に出かける。

　まずは付近の市場。市場はまさにカオス。さまざまな小さい店の間の小さな泥道を、オートリクシャー（オートバイの後輪を二輪にして幌をかぶせたみたいな簡易タクシー）やバイクが行き交い、牛や犬がそこらじゅうにごろごろいる。こういったあたりは各種のインド紀行本やガイドブックであらかじめ読んだとおりだったが、唯一、牛数頭が野良犬と一緒になってゴミ溜めをあさっているありさまは少し感動した。

　ラジブ氏に教えてもらった本屋に入る。一転して大理石の床に静寂の世界。二フロアでそんなに大きな本屋ではないが、女性学のコーナーが一棚分あった。大部分は農村女性の地位を論じたものなどである。ラジブ氏も農村教育のNGOで教育映画をつくっているのだが、開発と貧困、女性と環境がメインテーマである。昨日の見本市のNGOもそうだった。現在の日本で「インドのフェミニスト」といえば、ポストモダン理論を駆使するガヤトリ・スピヴァックが有名だが、その背景にはこうしたインドの女性学の活発さと、地味な活動があるのだろう。

農村調査は「フェミニズム」

余談だが、あとでラジブ氏に「インドで世界的に有名なフェミニストというと、誰が一番ですかね」と聞いたら、「ヴァンダナ・シーヴァだろう」という回答だった。シーヴァは北インドの農村調査を行なった女性学者。先進国が指導した「緑の革命」が環境破壊をもたらしたことを批判したため、日本でも農学やNGO関係者のあいだではその名が知られている。

しかし、日本ではフェミニズムと農村問題はあまり結びついていないから、日本でシーヴァを「フェミニスト」とみなしている人は、そう多くないだろう。「そうか、インドでは農村調査が『フェミニズム』なのか」と、妙に感じいってしまった。ちなみにラジブ氏に、「日本ではスピヴァックが有名ですが」と聞いてみたが、彼の回答は「彼女はアメリカに住んでいるがね」という一言だった。

アメリカ企業勤務

本屋からラジブ邸にもどって、午後に昼食をとっていたら、ラジブ夫妻の息子アニルードに会った。ここ数日見なかったので、なぜかと聞いたら、アメリカのゼネラル・エレクトリック社のインド支社に勤めて経済マネージメントの仕事をしており、いつも仕事が夜なので、私とはすれちがいだったと言う。

あとで聞いた話では、彼は現在二十二歳。デリー大学で経済学を勉強して、アメリカの多国籍企業であるゼネラル・エレクトリックの支社に勤めたのだが、なんと勤務はアメリカ時間。本社の指令を受けるため、アメリカの昼にあたる真夜中に働いているのだそうだ。日本の外資系支社ではそんなことはないといったら、「日本は先進国で、インドは途上国なのさ」という答えだった。

インドの三世代

ラジブ夫妻と打ち解けてから聞いた話では、彼らにはもう一人娘がいて、カリフォルニアの大学で経済学とメディア学を学んでいるそうだ。ラジブ氏の父君は元ＩＬＯの副議長で、インドが非同盟諸国の雄としてもっとも国際的地位が高かった一九五〇年代から六〇年代の時期に活躍した。プニマ夫人の父親は元イギリス植民地軍（「英印軍」と日本では訳す）の将校で、ビルマで日本軍と戦ったあと、インド独立後の六〇年代には駐在武官として北京にいたそうだ。

祖父の世代が軍人と政治家、親の世代がＮＧＯの幹部、息子と娘はアメリカ留学およびアメリカ企業勤務。ラジブ家三代の構成は、そのままインドの歴史的変遷を象徴しているように感じられた。ラジブ夫妻は、インドの若者が文化的にアメリカナイズされて個人的成功のみを求め、インド内部の貧困に目を向けないことを嘆いていたが、自分の息子や娘の動向も背景にあるのかもしれないと考えたら失礼か。

市場にファックスを打てる店をみつけたので、夕方に日本の自宅へファックスを送る。なかなかつながらなくて難航したが、どうやら送れた。インドは電信事情が悪く、混線や断線、ノイズはしょっちゅうである。数年前までは、メールを送るのも一苦労だったらしい。それでも、電話があるだけよいといえばよいのだが。

夜、ラジブ邸に老人が何人かやってくる。聞くと、今日はラジブ氏の誕生日であり、ご両親とご姉妹だそうだ。元ＩＬＯ副議長のラジブ氏の父君は、今では引退した好々爺である。こちらがあいかわらずブロークンの英語で話すと、丁寧に応じ、大阪万博に行ったことや、日本の労働運動家と友人であることなどを話してくれる。行きの機内食として出た煎餅を食べずに持っていたので、つまみに供した。

風呂が不便

ご家族が帰ったあとはラジブ氏の友人諸氏がきて、十一時すぎまでにぎやかにパーティ。私は遠慮して、風呂に入ろうとする。しかしバスタブなしで洗い場にシャワーがあるだけであり、お湯が十分に出ないうえ、トイレが一緒なので窓が開放してある。防犯のため窓の内側は固定の金網で（高級住宅街なので空巣狙いが多い）、内側からは窓が閉められない。もとより家は夏をむねとした造りで、気温は夜には五度前後まで下がる。寒くてたまらなかったので、頭だけ洗って早々に寝た。

一月十日（月）曇　映画を見る

今日は、客員教授として教えにゆくデリー大学に初登校。たまった洗濯物を召使の少女ビューラに洗ってくれるよう頼み、ラジブ氏が呼んでくれたタクシーで出発。大学内の案内のため、小川氏夫人の藤岡氏がわざわざやってきてくれて、同乗した。

印パ分離と難民

運転手はシーク教徒。名前と出身を聞いたら、パンジャブ州出身のモーハン・シンと答えた（シーク教徒の苗字はみんなシンである）。インド北西方のパンジャブはシーク教徒の多いところで、日本のインド料理屋はなぜかほとんどパンジャブ料理と聞く。

一九四七年にインドとパキスタンが分裂して独立したときには、パンジャブも印パに引き裂かれた。もともとヒンドゥーとイスラムの対立が背景にあったとされる印パ分離だが、パンジャブではとくに対立が激しく、パキスタン側からはたくさんのヒンドゥー教徒やシーク教徒が難民となってインド側に逃れ、デリーにも大量に流れ込んだ。運転手モーハン氏にもっといろいろ訊こうと思ったが、単純な英語しかわからないようで無理。こっちがヒンディー語を習えばよいのだが。オールドデリーの喧騒を抜けて、約一時間で大学に着く。

大学では中国・日本研究科の科長タンカ氏が待っていた。大学の壁には、ヒンドゥー至上主義のインド人民党（BJP）の学生組織であるABVPの落書きが目立つ。人民党政権になって、最近学生の間に勢力を得ているそうだ。

学部長室のタンカ氏

インドの右翼

インド人民党は、イスラム側と和解を試みたガンディーを暗殺したヒンドゥー至上主義団体の流れを汲むといわれる。インドはヒンドゥー教徒が概算で八二パーセント、イスラム教徒一二パーセント、ほかにシーク教徒やキリスト教徒、ジャイナ教徒や仏教徒がいる。カーストや地域によって宗派が集中しているので（たとえばパンジャブ州はシーク教徒が多く、仏教徒は最下層カーストに多い）、インドにとって宗教争いは、カースト間の階級対立や地域分離運動、民族紛争などに直結する。

独立以来、インドは政教分離の世俗国家を国是とし、国政に宗教を持ち込まないことを建前としていた。その方針でガンディーの流れを汲むといわれる国民会議派が長く政権をとっていたのだが、長期政権のもとで腐敗が横行して支持を失い、九〇年代になってインド人民党に政権を奪われたのである。

デリー大学日本研究科

デリー交通風景

前述したように、ヒンドゥー・ナショナリズムは日本でいえば神道とナショナリズムが結びついたようなもので、インドの知識層は警戒感を強めている。最近では、大学や研究所の幹部クラスをインド人民党系の学者にすげかえる人事も少なくない。ABVPの落書きは、「明日、世界はわれらのもの」という内容で、まったく同じ文面のナチスのスローガンを思い出す。タンカ氏は、「インドの右翼ですよ」と述べていた。

タンカ氏は中国・日本研究科のいわば学部長だが、その学部長室の壁や天井は壁紙がはがれ、部屋付属のトイレはいかれている（インドのオフィスでは各部屋に独立したトイレがあることが多い）。図書室を案内してもらったが停電であり、日本語の本は棚一列分くらいしかない。とはいえ資料集や全集が厳選してあつめてあり、日本にときどきある下手に本の数が多くてクズ本ばかりの図書館よりも内容はむしろ充実しており、限られた予算のなかで努力しているのがよくわかった。五千円の日本の学術書を買うことは、こちらでいえば低所得層の月収分くらいを投入することになるのだから、本選びも真剣である。

そのあと、学部長室で日本研究科のスタッフたちを紹介される。その場にきたのはタンカ氏をふくめ全部で四人、うち女性二人。みなとても流暢な日本語を話す。日本の地方農民運動、福沢諭吉の中国観など、彼らの研究テーマもさまざまだ。

私への要望は、研究科の教員と大学院生を相手に日本史の講義をすることと、日本語学習の生徒を相手に「生きた日本語」の実例を兼ねて現代日本事情を話すこと。用意してきた講義プログラムを説明し、だいたいの打合せをすませる。

この日は打合せだけで、午後はタンカ氏の自動車に乗り、私と藤岡氏はオールドデリー観光に出かける。オールドデリーは中世ムガール帝国以来の古都であり、植民地時代に行政都市として造られたニューデリーよりも史跡が多く、かつゴミゴミとして貧困層も多い。自動車から道みち見ていても史跡と貧乏人の山である。

それとひどいのは排気ガスと煤煙。車やオートリクシャーがすきまなく走り回り、車の窓を開けていると喉や目が痛くなってくる。しょっちゅうクラクションを鳴らすので、音も騒々しい。火力発電所からは煙がもくもくとあがり、皮肉なことにその正面がＷＨＯ（世界保健機関）のインド事務所だった。

ガイドブックなどでよく言及される、チャンドニー・チョウクへ行く。東京でいえば上野か浅草にあたるような、デリー市内でもゴミゴミした小商店の集まっている地域であり、中世以来の歴史ある市場である。スリが多いという問題もあるが、あまりに小さな店がたくさんあるのでガイドブックなど読んでも全貌がつかめず、現地の人の案内がある機会に行ってみたかったのである。

市場の菓子屋

タンカ氏は、むかし貧困対策のために仲間とこの地の商店マップをつくろうとしたことがあるそうで、狭い路地裏の店までじつによく知っている。しかも日本語は堪能、ガイドにこれ以上の人はない。ありとあらゆる店の間を通り抜け、イスラムのモスクを見て、タンカ氏がむかしよく行ったという小さなベジタリアン・レストランで昼食をとる。菓子屋では、若干のベンガル菓子を買う。

そのあと国際交流基金の事務所に立ち寄り、スタッフを紹介された。インド人スタッフ五ないし六人と、日本からのスタッフ二人という構成らしい。みな忙しそうなので、じゃましてはいけないと思い、最低限の今後の打合せのみ行なう。

さらに小川氏と相談して、夕方に『メラ（祭り）』という題名の大衆映画を見にゆくこととする。インドは世界一の映画生産本数を誇る国であり、一九五〇年代の日本がやはり世界一の映画生産国であったのと同様に、テレビが普及していなかったため映画が大衆娯楽の王者である。大衆における映画の位置を見るためには、芸術映画よりも大衆映画のほうがよいとのことで、見にゆくことにしたのである。

国際センター

それまでの時間、基金事務所の近くにある、インド国際センターの喫茶室で時間をつぶす。日本でいえば国際文化会館にあたるものだが、実質は会員制クラブに近い存在である。インドには基本的には日本の喫茶店にあたるものはないが、ここの喫茶室はホテルのラウンジ風でそれに近い雰囲気。周りにいる人は、いかにも紳士淑女、インテリ、坊ちゃん嬢ちゃんといった感じだった。デリー大学の図書館を、交流基金の支援金を使いつつどうやって充実させるかなどを、タンカ氏と話した。

街頭の『メラ』のポスター

六時半、タクシーで映画館へ。時間が遅れそうなのに道が渋滞していたので、運転手が歩道を走るという裏技（デリーではよく使う手らしい）を使って十分遅れで到着した。小川氏もダス氏の運転する車で到着。最近カシミール問題がらみで映画館で爆弾テロが発生したので、映画館の門番に荷物はダス氏の車に置いてこいと言われ、そうしたあと、指定券のバルコニー（二階）席へ着く。バルコニー席は六十ルピー、一階席は二十から四十ルピー。映画はもう始まっていて、客席はほぼ満員。バルコニー席は中産層らしい家族連れが多い。

能天気な大衆映画

映画の内容にはまいった。やたらマッチョなトラック野郎二人組が、美女を助けて田舎の村を盗賊団から防衛し、銃や手榴弾で敵を皆殺しにしてハッピーエンドという、とんでもないもの。ヒンディー語が一言もわからなくとも、まったく困らない単純な筋書きで、意味もなくみなが踊りだす場面が頻出する。映画の後半の筋書き（盗賊団から村を防衛する）は『七人の侍』のパクリであることは明らかだが、『七人の侍』のようなストーリー上の苦味はまったくなく、能天気にバイオレンスと戦争を楽しみ、弱い美女がやたらと泣いて強い男が助けにくる。

観客はまったく静かになど見ておらず、場面場面で映画に声援を送ったりはやしたてるが、それが気にならないほど映画の音量が大きく、ストーリーは単純である。音もハデ、色もハデ、ストーリーもハデ、登場する男女もハデ、サービス一二〇点のゲップが出るような映画。しかもインドの娯楽映画の常で、休憩をはさんで三時間ちかくあった。低所得層にとっては安くない金を払うので、長くてサービス満点のほうが喜ばれるのである。

映画にも神様

アメリカ映画の一部にも感じることだが、戦争に負けたことのない国の観客は能天気なものだと思う。ただアメリカ映画とはっきりちがうのは、ヒーローやヒロインが危機に陥ると、ヒンドゥー教の神様が奇跡を起こしたりすること。こういうヒンドゥー指向とバイオレンス趣味が一体となってウケている様子は、インド人民党の核武装政策の支持基盤を想像させて気持が悪い。

あまりの内容にげっそりし、一日の疲れがどっと出て、小川氏宅で夕飯をご馳走になったものの、インド料理の脂っこさに負けてほとんど食べられなかった。一日のうちに大学と高級クラブ、下町と大衆映画館という、デリーの上から下までをかけずりまわったことになる。小川氏宅は三十分ほどで辞し、またダス氏の運転で夜中に帰宅。疲れと油負けで胃のあたりが気持悪く、あっさりした日本のお茶漬がむしょうに恋しくなるという感覚を体験した。

一月十一日（火）曇　舞踏を見学

朝から文化交流プログラムに出かける。国際交流基金が経費の一部を助成したという舞踏プログラムで、小川氏から情報を聞いたのである。場所は昨日のインド国際センター。地図で見ると歩いて三十分くらいの場所に見えたので、散歩しながら行くつもりだったが、疲れを感じたのでラジブ邸の近所でオートリクシャーを拾う。

運転手は英語がまったくわからず、近くにいた男性に交渉してもらった。しかし開け放しのリクシャーの座席には粉塵と排気ガスがまともに吹き込み、センター近くの別の場所に降ろされてしまったあと（場所が違うと言っても言葉が通じない）、てくてく歩いて到着する。

おそらくはデリーでいちばん綺麗な場所の一つであろうインド国際センターには、日本の公民館みたいなホールがある。そこでインドと日本の舞踏家が招かれて交流するという企画だったが、観客は少なかった。日本からは現代舞踏家の伊藤キム氏と竹屋啓子氏、演出家の佐藤信氏、それに能の人が一人（失礼だが名前を忘れた）、あとは舞台研究者や評論家の方々。インド側は舞踏教育家が三人ばかり。

舞踏とナショナリズム

照明はまったく工夫がなく、踊る側はやりにくかったろうと思うが、日本側の舞踏はけっこう面白かった。しかしインド側の方はろくに踊らず、インドの舞踏は古代からのアジア的伝統とヨガの宇宙精神に根ざしているという、よくいえば高邁、悪くいえばほとんど日本の新興宗教みたいな話がえんえんと続く。それだけならまだしも、グローバリゼーションと西欧文明の流入を前にして、伝統にもとづいたナショナル・アイデンティティを守ろうといった説教までついてくる。

しかもひとあたり舞踏が終わったあとの討論会では、インド側はヒンドゥー神話の伝統やらナショナル・アイデンティティの重要性などをまくしたて、日本側は例によって語学の壁があって半ば沈黙。果ては日本側から、日本でも歌舞伎のアジア的伝統が現代芸術にまで生きているとか、インドの伝統や神話はすばらしいといった、こそばゆい話が出て終わりそうになった。

ラジブ夫妻

少しインドに慣れる

こういう場面で黙っていて、あとになって「これだからインド人は……」などとぶつぶつ言うのは嫌いな性分なので、英語の下手さをかえりみず、質問をいくつかやった。とくに強調したのは、インドは多宗教・多民族が共存する政教分離の世俗国家をうたっているにもかかわらず、ナショナル・アイデンティティとヒンドゥーの宗教的伝統を結びつけて論じるのはおかしいということ。これらの質問はインド側にも日本側にもあるいていど受けて、解散後に話しかけてきた人、名刺を渡してきた人などがけっこういた。やはりヒンドゥー・ナショナリズムの台頭に、インドの知識人は危機感をもっているようだ。

交流基金のスタッフにオートリクシャーを呼んでもらって帰宅。ひとあたり英語を話したせいか度胸がつき、とにかく半ばブロークンでも英語がこなせるようになってきた。帰宅してからラジブ氏および夫人と、インドの映画やNGOなどについて、はじめてまともな議論をやった。ラジブ氏はNGOのなかでも農村教育用の啓蒙映画のプロデュースが主な仕事であり、プニマ夫人

インド料理は太る

のほうもかなり大規模な（なんと専従が四十人もいる）農村開発NGOの議長だということが、ここではじめて判明。インドにおける女性学の位置、知識人と大衆の格差、公害と貧困、日本との比較などについて議論した。

今日の舞踏企画で感じた、インド人はナショナル・アイデンティティと宗教的アイデンティティを結びつけすぎるという感想も述べてみた。肝っ玉母さんプニマ夫人は最初抵抗を示したが、世俗国家であることがインドの誇りではないのかと言うと、一応は納得した。インドにおけるナショナリズムについて学んだことを、さっそく応用してみたわけである。学んだことをすぐ応用するというのはまるで子供だが、成長の手段としては悪くないはずだ。

一方、物静かなラジブ氏は、最初の晩にお客に来ていたインド系カナダ人の映画プロデューサーと一緒に、折からデリーで開かれている国際映画祭に毎日出かけている。彼のフェイヴァリットの映画は、ゴダールの『気狂いピエロ』だとのこと。

一月十二日（水）　雨のち曇　国際映画祭

朝は雷鳴が鳴っていた。午前中はインド日記とナショナリズム本の執筆。昼食時にはプニマ夫人と会話。いろいろ話すなかで、時どき疲れた時はインド料理がつらいと感じたこと、国際交流基金の小川氏はインド料理が脂っこすぎて七キロも太ってしまったことなどを話した。プニマ夫人はイギリス風スープをつくってやろうかと言ったが、今日はインド料理のランチをおいしく食べているところだったので、インド料理でけっこうだと断る。

そのあと、午後から国際映画祭の芸術映画を見に出かける。国際交流基金の小川氏からチケットをもらった、タミル語映画である。インド映画は人口のいちばん多いヒンディー語映画がさかんだが、東部のベンガル語圏もたくさんの映画をつくっている（有名なサタジット・レイ監督はベンガル語映画）。しかしタミル語映画は初体験である。

運転手にたかられる

ラジブ邸の近所でオートリクシャーをつかまえたが、今度の運転手はたちが悪かった。最初からかなり高めにふっかけたうえ、むちゃくちゃな英語で、倍額払えば映画の帰りも迎えにくるといって聞かない。しかも、みやげ物屋にも車を寄せたがる（客を連れてくると店からお金をもらえるのである）。よいカモだと思ったのだろう。頑として断ると、目的の映画館とは違う映画館に連れて行かれて降ろされた。

降ろされた場所は、観光客狙いのタカリ屋が多いことで悪名高い、「デリーの銀座」コンノート・プレイス。ホテルの門番などに道を聞いても、ニヤニヤするだけでまともに教えてくれない。もう一度別のリクシャーを捕まえなおし、ようやく目的の映画館に到着。例によってテロ対策の厳重な荷物チェックを経て入場すると、娯楽映画の『メラ』とはちがって、会場はガラガラである。

タミル語映画

映画はまず、ボンベイ（ムンバイ）の都市生活の荒廃を七〇年代のヴェンダース風に描いた『VOICE』という短編からはじまった。そのあと、本編の『マリ』が英語字幕付きで始まる。

「マリ」は少女の名前。映画の内容は、タミル語地域の農村で孔雀の神を信じる少女が、密猟者から動物を守り、占い師の婆さんや聾唖の少女と交流するいう、なんだか『風の谷のナウシカ』からアクションを抜いたようなもの。昨日のインド舞踏シンポジウムに続いて、農村・女性・自然保護・神話というセットであり、どうやら児童教育のNGOの後援でつくられた映画のようだ。内容はニューエイジ風で趣味に合わなかったが、さすが芸術映画で画面はきれい。監督のサントシャ・シバムは、カメラマン出身の新進監督だそうである。農村の様子や、比較的お金のある役人の少女との格差ある交流などがそれなりに興味深かった。

裏方スタッフの地位

むしろ気になったのは、映画の上映のされ方。フィルムが途中で切れるわ、フィルムを巻ごとに切り替えるたびに画面がずれるわで、とてもプロの仕事とは思えない。交流基金の小川氏から、昨日の舞台の照明に関連して聞いた意見では、インドではトップクラスの知識人や芸術家はすごいが、それを支える裏方のスタッフの社会的地位が低く、研修機会が与えられないため、彼らの能力が高くない。そのことが、インドの芸術や経済が総合的な力を発揮しえない一因となっているのではないかとのことである。昨夜にラジブ夫妻とも話題になった、インドにおける大衆と知識人の格差の問題を思い出す。

デリーの映画館

途中から小川氏夫妻が合流し、彼らの車で帰ることとする。運転手ダス氏がまだ来ていなかったので、先日行ったサルの神ハヌマーンを祭った寺院の前で、一杯二ルピーのチャイを買って飲む。インド独特の、香料入りのものすごく甘いミルク紅茶である。ところが外国人とみて、寺院の前にいた貧しげな子供たちが二十人ほど群れをなして集まってきた。

小川氏夫人の藤岡氏は、ヒンディー語でやさしく冷静に彼らをさばき、全員にチャイをおごってやった。しかし車に乗るまでさらに施しを期待してついてきて、取り囲むやら袖を引っ張るやらの騒ぎとなる。一ルピー（二・五円）や五ルピーの施しを全員にしたところでこちらにとっては大した金額ではないのだが、一人にやると続々と来てきりがないので、ヒンディー語が話せるのでもないかぎり無視するのがいちばん簡単なのである。児童映画を見たあとだけに複雑な心境。

国際交流基金事務所に少し立ち寄ったあと、小川氏宅で日本茶とインスタント茶漬けをもらう。帰宅してみると、なんとディナーはイギリス風のフィッシュ・アンド・チップス。日本食は魚と野菜が多いと言ったので、プニマ夫人が彼女なりに気を使い、魚料理を出したのである。礼は述べたが、揚げた魚はインド料理以上に脂っこく、食べられなかった。どうやら一昨日とおなじく、映画を見たあとは疲れるようである。

明日からはインド料理に戻してもらうよう頼んで、とりあえずお湯とライスをもらい、茶漬けをさっそく試して食べた。あまりうまくなかった。要するに、インド料理に限らず、疲れたときは何もかもだめなようである。

日本食がまずい

このタイミングで日本食を試せたのは貴重な体験だった。要するに、体調がおかしいがゆえに日本食を欲しいとは感じるが、実際に食べてもうまいとは限らないのである。ナショナリズム全般にいえることだが、現状が悪いときにはシンボリックなもの（「日本」）に希望を託すが、それそのものを入手すると期待が裏切られたりする。これは政治運動でも同じで、「日本」に期待した沖縄の復帰運動がそうだった。ここで茶漬けを実際に食わなかったら、「やはり日本人だから茶漬けがいい」といった認識だけが残ったろう。ナショナル・アイデンティティ形成にかんする、自分をつかった人体実験である。

胃の調子が悪いが、まだ時差ぼけが十分に直らず、このところいつも一度は四時か五時に目がさめてしまうので、睡眠不足なのだろう。明日は初講義なので、早めに寝る。

第二章　デリーで日本史

腹をこわす

一月十三日（木）　雨のち曇　初講義

夜中の三時、胃の猛烈な不快感で目覚める。寝なおしたあと、朝から下痢。日本からくれば一度は体験するというが、やはり来たかという感じ。昨日飲んだチャイが悪かったか、それとも寝る前に水道水を沸かして飲んだ日本茶がまずかったかなどと考えたが、単純に疲れたせいと考えるのが妥当だろう。

朝の九時にタクシーを呼んでもらい、大学に出発。こんどは車がバンで、運転手はティラート・シンと名乗ったが、先日のモーハン以上に英語が通じない。大学の構内もよく知らないようなので、適当に着けてもらう。

構内を歩いて日本研究科を探したが、見つからない。日本でもよく大学構内に立っているようなテントの周辺に群れている、学生らしき一群の男女に聞いたが、「I don't know」の一言。これは英語では、相当に愛想の悪い返事である。あきらめて自分で探したら、なんと最初に聞いたテントの位置から三十メートルほどのところだった。意図的な意地悪ではなくて、本当に知らなかったのかもしれないが、あまりよい気持はしない。

タンカ氏の学科長室に行くと、閉まっている。日本研究科のバラトチャンドラ教授が通りかかったので聞くと、先日打ち合わせをしたにもかかわらず、まだ授業の日程が決まっていないらしい。あとで事務室に行ったが、ここもおそろしく不親切。交流基金のスタッフに聞いたところでは、国際映画祭に日本の映画を招いたにもかかわらず、会期が始まってもまだ日程が決まっていないそうで、こういう公的機関のアバウトさと不親切さは通弊のようである。

バラトチャンドラ氏に案内され、しばらく図書室で待たされた。安丸良夫氏や長尾龍一氏など、知人の著作を見つけて喜んでいるうちに、学生のほうがつぎつぎとやってきて、「初めまして。今日は授業がありますか」と日本語で丁寧に挨拶してくる。バラトチャンドラ氏を待っているつもりだったが、学生に促されて事務室に行き、なんとか臨時の部屋で授業開始。今日は語学の授業のゲストとして、「日本語のモデル」を兼ねて十五分くらい日本事情を話すというはずだったが、なんと学科長のタンカ氏だけでなく、授業を担当するはずの語学の先生も来ていない。ぶっつけで一人で講義を開始する。

相手の学生は四人。たいへん丁寧で礼儀正しく、熱心である。数日前に国際交流基金事務所で聞いた、日本語教育専門家とタンカ氏の会話を思い出す。教育専門家の今井新吾氏いわく、「インドの学生にはカルチャー・ショックを受けましたよ。直立不動で先生を迎えるんですから」。タンカ氏「それは初等教育で、大学はだいぶ気楽になっていますよ」。今井氏「いや、それでも日本の大学生に比べれば……」。

カースト社会のせいなのか、それとも近代日本がそうだったように教師に権威があるせいなのかわからないが、要するに「先生」の地位が高いのである。ただの外国人、ないし観光客と認知されると不親切かもしれないが、「先生」ということになればまったく話がちがってくる。

私の講義は、日本の各地方の特色について。ざっとした歴史、経済的位置、相互の対抗関係や差別について話す。北海道、沖縄、東北の近代における地位にとくに力を入れ、水俣や北方領土の話もした。彼らは「日本」という単一のイメージしかもっていなかったらしく、インド内部の地方関係の類推で聞いている。九十分くらい目いっぱい話したが、実に熱心に聞いていた。ノートを詳細にとる者、ただ聞いている者などさまざまだったが。

コピーも大変

帰りに交流基金の事務所に行き、日本から持参した、講義のための資料とレジメをコピーさせてもらう。タンカ氏に、大学のコピーは性能が不安定のうえ停電が多いとアドバイスされていたのである。しかしここもコピー機の性能は悪く、一台は仕上がりが薄く汚くて駄目、もう一台はA４の紙しか使えない。交流基金事務所にしてこの状態では、デリー大学でコピーしなくてよかったと思う。デリーでさえこうなのだから、インドの地方における事情は推して知るべしである。横で仕事をしていた今井氏が、「とにかく動くだけいいですよ」と笑っていた。

交通事故

タクシーに乗ってラジブ邸にもどる途中、交差点停車のあいだに、欧米人らしきカップルが、ランドクルーザーの脇でなにか叫んでいるのを見る。こわれたバンパーをふりまわして、周囲の車を呼びとめようとしているが、誰も相手にしていない。停車中にぶつけ逃げをされたのだろう。後部のバンパーだけでなく、ウインカーもやられている。

そりゃ、ぶつけたほうは逃げるだろう。欧米基準のレートで修理代を請求された日には、こちらの人間にとっては一生かけても払いきれないような金額になってしまう。周囲のインド人たちが相手にしないのも、それがよくわかっているからだ。まわりのインド車はバンパーやウインカーが破損しているのなどざらで、運転が荒っぽいデリーでは交通事故は日常茶飯事、「なんでそのていどのことで大騒ぎするんだよ」というところだろう。金持の外国人が困っている有様を見物するのは、気味もよいはずである。ケガがなかっただけ幸いと思わねば。「インドでは事故だけは気をつけろ」とアドバイスされたことや、自分が道を聞いても相手にされなかった体験を思い出す。

　ほんとうは、小川氏から今日も国際映画祭のチケットを買っていたのだが、体調がよくないので帰る。出迎えたプニマ夫人に症状を正直に話すと、「これまで来た日本の教授はみんな五日目くらいに同じ症状になった。夕食はスープにするから、安心して寝ていなさい」とのこと。日本から持参した下痢止めを飲み、午後は寝ている。「インドの旅に無理は禁物」というが、それを実感。

国際交流基金ニューデリー事務所

ローリー祭

映画プロデューサー

　しばらく眠っていたら、下痢はあいかわらずだが、いくぶん体調がよくなった。夜、ラジブ氏が「大丈夫か」と部屋にやってくる。状態を話すと、「今まで来た教授はみんな下痢をやったが、二日間のしんぼうだ」と言う。誘われて表に出ると、今日はパンジャブ地方の人が冬の終わりを祝うローリー祭だそうで、ほうぼうで人びとが焚き火を囲んでいる。

　そういえばマーチングバンドの音がさっきからしていたので、あたりを見ると、トランペットやクラリネット、太鼓などを抱えた数人が道を往復していた。例のカナダの映画プロデューサー氏や、向かいの家の住人とローリー祭を祝い、日本の彼岸やお盆の話を紹介する。

　家に戻るとスープが待っていた。茶漬けよりうまかった。ほっとしたところで、みなと応接間で談笑。くだんのインド系カナダ人のプロデューサー、ゴタム・フージャ氏と初めてまともに会話。ゴタム氏はデリー大学経済学部でラジブ氏と一緒に学び、もともとエコノミストとして世界中を回っていたが、出国許可やビザ取得が複雑なインド国籍では世界を回るのに面倒なので、カナダ国籍をとったのだという。「それときれいな女の子がカナダにいたんでね。女の子とマーシャル・マクルーハン、これが俺の人生の二大指針さ」とのこと。

インド人エコノミストと東京

エコノミストだったころには、日本もしばしば訪れたそうだ。東京の大蔵省や通産省、各銀行などを訪ねたときには、「会談や待たされている間、毎回いつも緑茶攻めで参った」という（インド人にとって緑茶は馴染みのない飲料である）。九一年には、日本の大手銀行からエコノミストとして招聘したいと誘われたが、それを断り、もともと好きだった映画のプロデューサーの道を選んだのだという。それはよい選択だった、翌年から日本の銀行は落ち目になったと言ったら、「俺もそう思う」と笑う。

小熊は「小さい熊」という意味だと言ったら、ラジブは蓮の花、プニマは満月という意味だと教えてもらった。そのあと、ひとあたり日本経済や映画の話。私は日本経済の低落は固定的傾向だと思うと述べたが、ゴタム氏は悲観的すぎるという。ラジブ氏も経済学部出身だから、関心を持つ。もっともゴタム氏にくらべずっと実直そうな彼にいわせれば、「同じ東京に行くのでも、ゴタムは映画の売りこみに六本木に行き、自分は新宿で労働者と会っていた」との弁である。タイプはやや違う二人だが、けっこう親友らしい。「国際映画祭のあいだ、二人で毎晩映画の議論ばかりやって、参るわ」というのがプニマ夫人の評。

ジャズがお好み

ラジブ氏はマイルス・デイヴィスをはじめとした六〇年代のジャズが好きだというので、日本から持参した、ポータブルMDプレイヤーに小さなスピーカーをつけたミニコンポを持ってきて、マイルスの『カインド・オヴ・ブルー』を流してあげた。彼はソファでウィスキーのグラスを傾けながら、足でリズムをとっていた。

一月十四日（金）晴　完全分業社会

インドに着いてから初めての快晴である。昨日が冬の終わりの祭りだったわけだが、まさしく冬が終わったよう。インドのお祭りは太陰暦にもとづいているので、季節の区切りにあたる祭日のあとはほんとうに気候が変わると小川氏は言っていた。

人口は力

体調が悪いので、今日は一日休むことにする。朝食時にラジブ氏と若干の会話。一昨日見た映画『マリ』のことを思い出し、少数言語のタミル語映画をつくるというのは、一種の挑戦なのかと言ったら、質問の意味がわからない様子。沖縄語映画の作成が商業ベースには乗りにくいことを話すと、ようやく趣旨を理解し、「タミル語を話す人口はインドだけで七千万、ほかにスリランカやマレーシアにも輸出できる。映画づくりは盛んだ」との返答。さすが人口十億人のインド、「少数言語」でもケタがちがう。人口は、時としてそれじたい市場規模であり、力である。

インドの国産車

おなじく発展途上国でも、インドは国産車産業の育成にまがりなりにも成功したのにたいし、一九六〇年代に人口三千万ほどだったフィリピンは失敗した。国内市場の規模が小さいので、コストが高くなってしまい、外国車との競争に勝てなかったのである。自動車を買える人間が人口の一パーセントだと仮定しても、単純計算で当時のフィリピンでは購買層が三十万人なのにたいし、現在のインドでは一千万人になる。これはただちに、産業が成立するか否かに直結する。

もっとも、その成功した国産車が、効率優先でディーゼル・エンジンが多かったため、現在の猛烈なデリーの大気汚染につながっている。市内をしばらくタクシーで走ると、喉の不快感と気持の悪さが襲ってくるほどだ。近年になってガソリン・エンジンの車が増えたほか、日本車をはじめとした外国車のライセンス生産もはじまったが、まだ台数が少ない。

輸入車は、たんに高級車だというだけでなく、国内産業保護のため高額の税金をとられるので、なかなか入手できない。ラジブ氏の自動車も「スズキ」だが、国産技術の遅れをカバーするため八〇年代から行なわれるようになった技術提携によるインド国内生産車で、いわば「準インド国産車」。パーツの大部分もインド生産だそうだ。そのせいだろうか、一見日本にあるのと同じ型の車にみえても、オートマティック機能の車は少ないし窓は手動、ましてやコンピュータ制御のナビゲーション・システムなどにはお目にかからない。よしんばそういう車を買っても、インドではメンテナンスがむずかしいだろう。

やはり六〇〜七〇年代のフィリピンの例でいえば、国産車産業育成に失敗したあと経済を自由化した結果、フィリピンに外資系の自動車工場は建ったものの、少し高度な技術を要する部品は外国製造で、フィリピンではおもに車体などをつくることとなり、労賃が安いことのみを利用されて技術移転につながらなかった。インド政府がそれを教訓として学んだかどうかは知らないが、外国メーカー名義の車でもパーツ生産を国内で行なうという方針はそれなりに賢明である。

カーストによる分業

一日おとなしく執筆をしていると、こんどは家の中の構造がわかってくる。午前中には私の部屋のトイレとバスルームを掃除にきた女性がいた。カースト制度は身分制度というより、徹底した職業別分業体制なので、この人はバスルーム掃除専門、ほかのことはしない。ほかに庭師専門の人とか、衣類専門の人がいるようだ。ベッド・メイキングと料理が担当の少女ビューラは、今日は親戚が来て外出とかで、晴れ着らしい緑のサリーを着て長い髪をほどき、出かけてしまった。洗濯物がいつもどってくるのかが気になるが、こんな時に聞くのは野暮というものだし、ほかの召使に聞いても「彼女の仕事だ」と言うだけだろう。結局この日は、誰もベッド・メイキングにこなかった。まあ、別に問題はないのだが。

こうしたカースト別の分業は、なかなか徹底している。日本のあるインド駐在員家庭の例では、コックと掃除係を兼ねて一人だけ雇おうとしたところ、コックが「自分は料理が仕事だから掃除はしない。給金は少なくてよいから、掃除係は別に雇ってくれ」と言って聞かず、結局二人雇うことになったという。これも聞いた話だが、日本の柔道家がインドのホテルに宿泊し、自分で柔道着をバスルームで洗っていたところ、洗濯係のおばちゃんから「私の仕事だ、ゲストの身分で勝手なことをするな」と怒られたそうだ。

ラジブ邸

カーストの「経済的効果」

以前にラジブ邸に宿泊した加藤哲郎氏に聞いた話では、この家には召使は八人いるそうだ（まだ確認していない）。そう聞いて、よほどの大邸宅かと予想していたが、日本でいえばちょっと大きめの家ぐらい。庭だってささやかなものだ。たぶんフル労働をさせたら、召使も一人か二人で十分だろう。先日行った高級本屋も、入り口にドアマンがいてドアの開閉をしていたが、滅多に仕事がある様子でもなかった。小川氏の話によると、官庁に行っても、窓口が「今忙しい」といっている横で、手伝いもせずに談笑している人びとがいるのがざらだそうである。

不効率といえば不効率、近代化に有利とは言いがたいが、一種のワーク・シェアリングといえなくもない。こうやって、金持や官庁はたくさんの人を雇い、多くの人が仕事を持てているわけである。またこうした職種分業は、新規参入を抑えて、過当競争をへらすという効果もあるはずだ。近年は都市部などではカースト意識もゆるんできているというが、それが経済自由化にともなう競争の激化とどういう関係にあるかも、考えてよい問題かもしれない。

ラジブ邸では、私やラジブ一家が食事をするテーブルは応接間の横にあるが、食事係のビューラやラジュー（男性のコック）はキッチンで残りものを食べている。さすがにインテリ家庭だから、プニマ夫人はメインテーブルに同席するが（一般家庭では主人がメインテーブルで夫人はキッチンというのがまだ多い）、召使はべつだ。加藤氏は、召使にチップをあげようとして、ラジブ氏に止められたという。客人が、主人を飛び越えて召使に金を渡すなどは、秩序破壊行為になってしまうのだろうか。

誰でもマルチリンガル

ビューラは十八歳の美しい少女、ラジューは気のよい小柄な青年である。ビューラは仕事に最低限必要な英語を理解するが、出身を尋ねたりするともうわからない。ラジューは英語に関してはまったくのカタコトで、何を聞いてもニッコリ笑って「サンキュー」を連発する。持ってきたヒンディー語日常会話集を引っ張り出して聞いてみると、ビューラはカルカッタ、ラジューはネパールのカトマンズ出身らしい。先日買ったベンガル菓子「バルフィー」は、ものすごく甘い上に腹をこわして食べられないので、この二人にあげた。

ヒンディー語はインドのいわば共通語で、ほぼインド全域で通じるとラジブ氏は言っていた。ラジブ氏のNGOも、ヒンディー語と英語でのみ啓蒙映画をつくっている。ビューラの出身の西ベンガルはベンガル語のはずだが、一応英語よりはヒンディー語のほうがわかるらしい。国際交流基金の運転手であるダス氏も西ベンガル出身だが、ベンガル語、ヒンディー語、ネパール語、英語を解する。英語であれだけ会話できる運転手はまれであるようだ。この多言語国家では、誰でも一応はマルチリンガルである（複雑な会話ができるとは限らないが）。

聞くところでは、今日はシーク教徒のお祭りで官庁は休み。インドは少数宗教も尊重する主義なので、官庁全部が休みになる日とか、特定の宗派や出身の人だけの休日とか、いろんな公休日があるという。宗派が十あれば、祭日の数も十倍になる勘定だから、バランスも大変である。今日はシーク教徒のパレードがオールドデリーのチャンドニー・チョウクで行なわれるはずで、見物に行きたかったのだが、休むことにする。一日執筆をして午後に昼寝。

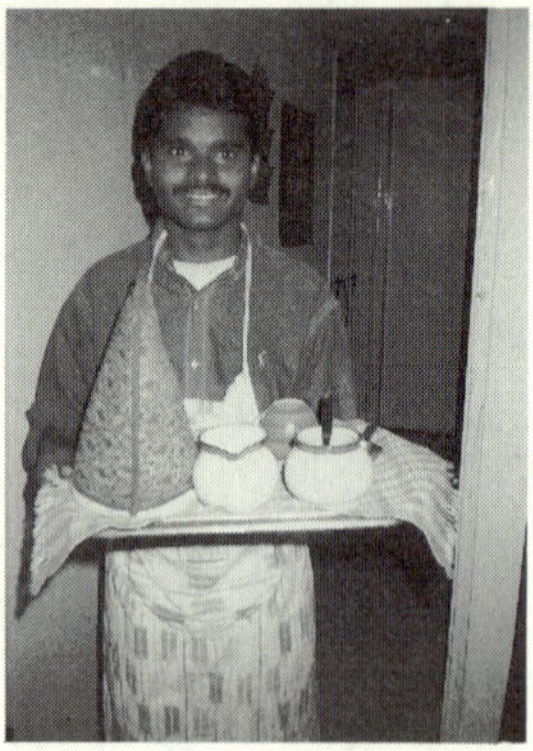
お茶をもってきたラジュー

ディナーはやはりスープで、ラジブ氏が日本盤のマイルスのベストアルバムをBGMにかけてくれた。食事中、私がギターを弾くと言ったら、息子がもっていてぜんぜん弾いていないから使っていいというお言葉。日本からギターをもってくるのは荷物制限で断念はしたものの、滞在中に弾くためにインドで一台買うつもりでいた。とはいえ「デリーの銀座」コンノートをまわったときも、楽器屋を物色したが、あまり適当なギターはなく困っている。渡りに船、よければ貸してくれと頼んだ。

一月十五日（土）　晴　アフリカは遠い

昨日に続いて晴天。まだ気温は上がらないが、ずっと続いた曇天にくらべ気分がいい。まだ下痢が十分になおらないので、おとなしく自室で執筆をする。

朝方、ビューラがもどってきた。楽しかったはずなのだが、どうも表情がよくない。あとで聞いたら、お母さんの具合がよくないとかで、故郷のカルカッタにいる兄からしょっちゅう電話がかかってきたとのこと。どうやら彼女はカルカッタに行くことになりそうだ。私の接待は、すべてラジューが代わることになったらしい。

昼食時、ラジブ夫妻と談話。私は腹をこわしているので、インド料理を横目にコーンフレークと果物。ラジブ夫妻と息子は食事時にいつも英語を話しているので、日常語は英語なのかと聞いたら、ヒンディー語とミックスという返事。インドで英語を日常語としている人口はどのくらいかと聞いたら、たぶん五パーセントぐらいだろうという。

インドのアフリカ観

ここで私が、西アフリカのマリ共和国（フランスの植民地だった）でフランス語を日常的に話している人口は〇・一パーセントぐらいだと言ったら、一波乱がおきた。プニマ夫人が、「マリなんて知らないわ。インドはずっと大きな国よ」と語気を強めたのである。

なぜだか一瞬わからなかったが、ここで国際交流基金のスタッフの言葉を思い出した。いわく、「インドの知識人は、欧米諸国とくらべて不便だとかいった批判は素直に甘受するが、フィリピンより悪いとか言うと怒る」。近代日本の知識人も、欧米の知識人から、欧米と日本を比較されて批判されるのは甘受したが、朝鮮や中国、あるいはアフリカ諸国と比較されると、「一緒にするな」と激怒したものである。

ここは正直に聞くべきだと考え、「西アフリカとインドを比較したのが気に障ったのか」と聞いてみた。プニマ夫人はいつもの肝っ玉母さん風にもどり、「いいのいいの、小さなことよ。インドは大国、気にしないわ」と言う。寡黙なインテリであるラジブ氏は、「映画祭にもマリのい

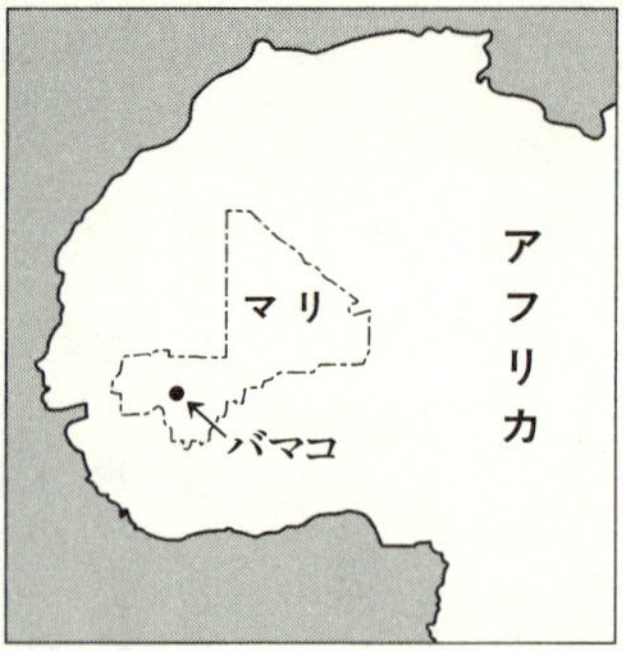

マリ共和国

い映画がきているよ」とカバーする。私はそれにたいし、「マリは私の知人が研究したことがあり、日本以外では、言語状況について私がくわしく知っている唯一の国だ。比較したのに他意はない」と述べて、その場はすぎた。

自室にもどったが、なんとなく釈然としない。「マリと比較したのに他意はない」と言ってはみたが、それでは「うっかりインドとマリを比較したのは失礼だった」と認めているようなものではないか。ナショナル・アイデンティティの研究者としては、こういうかたちでインド側に迎合するのは納得できない。

とりあえず、散歩でもして考えることにした。天気がよいのに、下痢のせいでここ二日ほとんど外に出ていない。近所のマーケットに楽器屋があるとタンカ氏から聞いていたので、楽器屋見物の好きな身として、「楽器屋はどこか」と聞いてみた。プニマ夫人は例によって気を回し、「息子のギターなら今日にも貸してあげるわ」と言いだす。近所を散歩したいだけだと述べて、方角を聞いて出かけた。

マーケットは数日前に行った本屋やファックス屋とは反対の方角。行ってみたら、たしかに比較的大きな通りのマーケットで、いろんなものが売っている。歩きながら楽器屋を探したが、見つからないうちに疲れを感じた。インドのマーケットは、カオス状の刺激があるだけでなく、単純に道がゴミゴミして歩きにくいことおびただしいので、ただでさえ疲れる。まだ体が本調子ではないようで、早めにひきかえす。

道みちいろいろ言い方を考えて、帰宅後にプニマ夫人に話を蒸し返してみた。「私は正直な人間だから、隠さずに思うところを言おう。マリは小さいが、立派な文化のある国だと聞いている。

マリの知識人も自分の国を愛しているはずだ。マリなんて知らないとか、インドはずっと大国だとかいう言葉を聞いたら、悲しむだろう」。こういう愛国知識人の相互理解みたいな物言いは、いささかの不本意さが残るが、相手に通じる言い方から対話を開始しないと意味がないと考えたのである。

愛国知識人と議論

プニマ夫人もこの言い方は理解し、「そう、マリも立派な国ね。知らないと言ったのは単に事実で、他意はないわ」と言う。小川氏夫人の藤岡氏いわく、インド人は議論好きで、執拗に納得するまでやりあうが、理屈さえ通っていれば、思い切り言うだけ言っても根にはもたないとのこと（この点だけは私も「インド的」である）。それを思い出して、「それじゃ、インドとマリを比較しても気にしないね」と追い討ちをかけた。

そこからインドのナショナル・アイデンティティについて、一時間ばかり議論。プニマ夫人は、私がインドの農村部の貧困を知らない、インドには人びとを動員して近代化をなしとげる強いリーダーが必要だ、五十年後には日本に追いつく、二十一世紀はインドの時代になるなどと主張しはじめた。

もっとも先日議論した時点で、この人は平和主義者で「インドの右翼」人民党は支持していないし、核武装する金があったら農村の貧困を救うべきだという意見の持主であることは確認している。彼女が議長をしているNGOのパンフレットももらって読んだが、農村女性の地位向上にかんする活動家なのである。そういう意味では強硬派ではないし、自分でも「ナショナリストではない」というのだが、いわば「憂国の良心的ナショナリスト」である。

発展途上国の知識人が、国内の状況に無関心でいられないのは当然のことだ。しかし、それがナショナリズムに直結しなければならない必然性はない。

　私は彼女に対し、戦後の日本は強力なリーダーなどいなかったが貧困は減少した、貧困を解決することと国が強大になることを混同すべきでないと主張。そもそも日本の人びとは、太平洋戦争の歴史から、「強いリーダー」だの「人びとを動員」だのということに警戒的なのだと述べた。彼女はなお、戦後日本も強い国だ、日本人は勤勉で正直だ、ソニーやトヨタは世界中誰でも知っていると言う。私のほうも、ソニーやトヨタは企業の名前で国の機関ではない、自動車が売れることと日本国が偉大かどうかは関係ないと反論する。

　要するに私の言い分は、インドの人びとに経済的発展が必要だとしても、経済的発展とナショナリズム（インドが「偉大な国」になること）は切り離して論じるべきだということだったが、ついに両者譲らないうちにお客がきて、時間切れ引き分けとなる。しかしとりあえず、平和主義という点では互いに一致しているから、まだ討論が成立する。核武装賛成論者に出会った場合の反論法でも考えておこうと思う。

　夕方、ラジブ氏がギターをもって部屋にくる。「急がなくてもよかったのに」と言うと、「忘れないうちにと思ってね」とご返事。あまり期待していなかったのだが、なかなかよいスペイン製のクラシック・ギター。私はスティール弦のギター専門だが、贅沢はいうまい。ただ糸巻きのツマミがあらかた取れていて、持参したペンチでようやくチューニングした。しばらく演奏を楽しむ。

　ディナーはあいかわらずスープ。夜にはまたラジブ氏の友人がきて、日本の宗教や三島由紀夫について、ラジブ氏がかけたスーフィー（イスラム教の一派）の民謡をバックに議論。人のことはいえないが、インドの知識人はほんとうに議論が好きである。

私が受けた質問は、日本の神道は近代化で人気を失っていないのか、それと三島由紀夫のような伝統復活主義との関係はどうか、というもの。日本ではほとんど話題にならないようなテーマだが、宗教が身近で近代化との摩擦に悩むインド知識人なら、いかにも関心を持ちそうなことである。

神道の近代社会への適応

私の回答はこうだった。神道はもともと、アニミズム系の多神教である。いまの日本は結婚式がキリスト教式で葬式は仏式だったりするが、それで神道が弱くなったとはいえない。拝む対象がキツネの神やイネの神からキリストやブッダにいれかわっただけで、神道のリニューアル、ないし適合戦略ともいえる。むしろ、三島のような原理主義者のほうが西洋化の産物であり、彼は服装や住居の点ではきわめて西洋的な人物だったし、西洋の小説の教養をもとに、それと似たものを日本の材料でつくろうとしたのだ。三島の『潮騒』は、彼自身がはっきり述べているように、『ダフニスとクロエ』からヒントを得て書かれた作品である。イスラム原理主義もそうだが、「反動」というのはそれじたい西洋化と近代化の産物なのだ。

「原理主義」の解釈

だいたいこんな内容だったが、要するに、暗に「ヒンドゥー原理主義」の批判もしたつもりだった。近年台頭しているヒンドゥー至上主義は、あまり「原理主義」とは称されないし、イスラム原理主義などとは明確に区別して論じる人もいるが、近代化に対する反動として宗教や文化の「伝統」に価値観の中心を見出そうとする点では、原理主義とあるていど共通している。その意味で、三島由紀夫もヒンドゥー・ナショナリズムも、広い意味で「原理主義」と呼ばせてもらおうと思ったのだ。

これらの議論を聞いて、プニマ夫人が「ずいぶん英語がうまくなったわね」とお言葉。たしかに、毎日ラジブ夫妻とかなりこみいった会話をしているので、いくらか上達しているはずである。

プニマ夫人にくらべると、ラジブ氏はずいぶんと寡黙。質問をすると的確に答えるが、激しい議論はあまりしない。日本の選挙の話題になったさい、日本では共産党は大衆には人気がないが知識人には影響力があったと述べると、プニマ夫人は「おまえは共産党支持者か」と言う。私はむしろアナーキストだと言うと、「私の夫もそうよ」というコメント。ラジブ氏は静かに笑っていた。

一月十六日（日）　晴　毎日がカレー味

一日静かに執筆。昼は天候がよいので、インド来着いらい、はじめて体を洗った。湿気が少ないのであまり気にならないということもあったが、浴槽のないシャワー室、開け放しの窓、あまり熱くならないお湯という条件では、寒くて洗う気にならなかったのである。晴の昼間だったので、よい機会だと思ったのだ。

ビューラはついにカルカッタに帰ったらしい。母親は「脳が悪い」という情報しかラジブ夫妻にも入っていないそうだ。よけいなお節介とも思ったが、「何かできることはないか」とプニマ夫人に聞いたところ、予想通り「ない」という返事。この国では（日本だってそうだろうが）、ときどき言うべき言葉のない場面がある。

気のいいラジューが、ビューラのことをカタコトでいろいろ話してくれるが、ほとんどわからない。カトマンズからきたというラジューは、当初はキッチンの奥から私の様子をみているだけだったが、慣れてくるととても愛想がよい青年である。

臆測はよくない

昼食時、ラジブ夫妻に、「加藤氏から召使は八人いると聞いたが、どこにいるのか」と問うてみた。答えは、「住みこみはビューラとラジューだけ、あとは通いの洗濯メイドやバスルーム係、庭師などが合計六人だ」という。フル雇いが八人と誤解をしていた。やはり、きちんと確かめないで勝手な推測をめぐらすのは、よくないことと反省。

ひたすら執筆作業を進めたあと、体調も回復したので、夕食時にようやくインド料理を少し食べる。先日食べた、日本のインスタント食品より、ずっとうまかった。

インド料理はすべて「カレー」

ところでインドの料理は、日本から来た身には、どれもこれもみんな「カレー味」だと感じる。来る日も来る日も、みんなカレー。もちろん鶏肉のカレーとか、ほうれん草のカレーとか、カリフラワーのカレーとか、バリエーションはあるのだが、「やっぱりみんなカレー」と思えてしまう。

しかしこれは、インド料理の香辛料の使い方が、日本料理に慣れた舌からはどれも「カレー的」としか感じとれないだけともいえる。要するに、香辛料を基本とするインド料理の味付けの体系が、醬油や魚ダシを基本とした日本料理とはちがうのだ。おそらくインド人が日本料理を食べたら、「どれもこれもみんな醬油味料理」だと思うだろう。

古典音楽は不人気

ラジブ氏が今日の夕飯のバックに、ラヴィ・シャンカールの盟友だというサロード奏者の音楽をかけた。この人はジャズとインド古典音楽が好みである。息子のアニルードが同席していたので、ギターの礼を述べ、この手のインド音楽が好きかと聞いたら、嫌いという返事だった。

アニルードが二階へ行ってしまったあと、インドの若い人はインド音楽を聞くのかと言ったら、ラジブ氏は「アメリカのＭＴＶのほうがいいというのが多いね」とのこと。それでは、伝統音楽は後継者難だろうと聞いたが、ラヴィその他の有名ミュージシャンは子供が後を継いでいるらしい。さすがカースト社会、などと勝手なことを一瞬考えたが、日本でも伝統芸能は子供が継ぐ場合が多いから、あまり特別ともいえまい。

そのあと、めずらしくラジブ氏のほうから、「自分はベジタリアンでね」と言う。宗教的理由かと問うと、「自分の名前のラジブ・ジェインのジェインは、宗派の名前だ。仏教とおなじくらい古い宗教で……」と言うので、「それは日本ではジャイナ教といいます」と述べた。三年前から菜食主義だそうで、ヒマラヤに近いラダック地方の高山に登ったさい、感じるところがあったのだという。そういえば、応接間にはマントラや宗教画が多いが、ラダックで買ってきたそうだ。インドはまこと、宗教の地である。

ナチスとインド

応接間の隅に、カギ十字のついたお盆が飾ってあったので、「これは何か」と聞いてみた。デリー市内のリクシャーなどにも、よくカギ十字が描いてあるのが気になっていたのである。プニマ夫人は「スワスチカ。幸運の宗教的マークよ」と言う。それじゃナチスのマークと同じかと聞くと、プニマ夫人はナチスのカギ十字は少し斜めだと言い、ラジブ氏はナチスは巻き方が逆向きだと言う。

インド文化中華説

あたりまえだが、どちらにしても、ナチスと一緒にされるのは嫌らしい。巻き方が逆なのは日本の卍《まんじ》だと言ったら、「日本もナチスもインドの影響を受けたのね」とプニマ夫人お得意のインド文化中華説が出た。ナチスのカギ十字も「スワスチカ」という名だったから、おなじものだろう。当時の西欧側からみたら、えらく東方的・アジア的な秘教ぽさを感じさせるマークにみえた

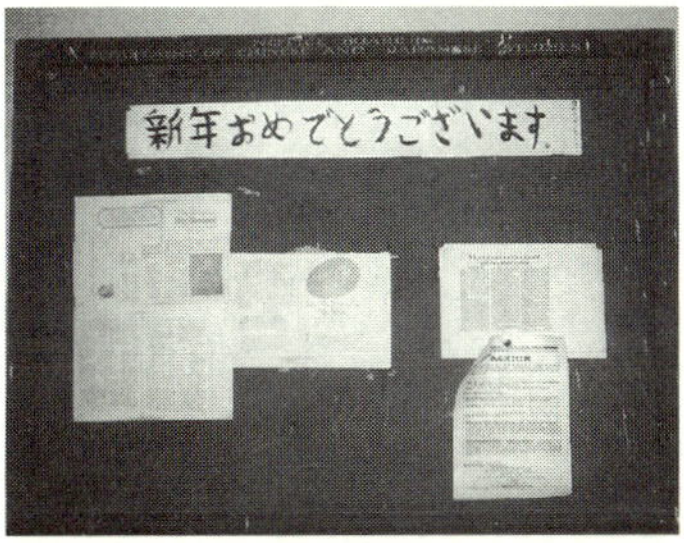

日本研究科の掲示板

だろうことを考えると、ナチス観が少し複線化した。

一月十七日（月）　晴　デリー大学の俳句

今日は講義である。ラジブ氏にタクシー会社の電話番号を教えてもらって、こんどは自分で運転手を呼ぶ。

こんどの運転手は、インド北方の山岳地帯ヒマチャル・プラデーシュ州出身のアショーク。ヒンディー会話集でなんとか出身を聞き出した。珍しく安全運転をする人で、歩行者がいるとよく止まってあげている。大学のなかもよくわかっており、日本研究科の前で止めてくれた。

タンカ氏の部屋に行くと、学部会議中。しばらく構内をうろうろする。アジア系の学生で、髪を金髪に染めた男や派手めな服装の女がたむろしていたので、聞いてみたら韓国からの留学生だった。

ぐるっと一周していると、日本研究科の伝言掲示板に、半紙に筆書きで「新年おめでとうございます」と書いてあり、すみに「修士課程一年より」とある。その下に、やはり半紙に墨書きで、修士二年にあたる二名の男子学生の、新年の俳句と短歌が掲示してあった。読んで見ると、

霧深し　二人暮しの　僕と妻　　阿朱杜志（アシュトシ）

古人を　かえりみずとて　思すれど　をはりの人ぞ　霧に消えなむ　　張（ハリー）

漢字で自分の署名をつくっているところといい、旧仮名遣いで書こうとしているところといい、けなげな感じである。二人とも霧が題材なのは、神秘的で俳句の感じが出ると思ったのと（そういえばアメリカ人の俳句にも霧が頻出していたように記憶している）、デリーの正月はほんとうに霧が深かったからであろう。煤煙と排気ガスが原因の霧では、いささか色気がないが。

「伝統」が創られる

もっとも、それ以上に色気がないのは、今日の私の講義である。主題は、近代日本におけるナショナリズムの形成と、「伝統の創出」（Invention of Tradition）。あてがわれた部屋の鍵を開け、待っているとスタッフと大学院生が集まってきたので、十一時開始の予定が三十分ほど遅れてスタート。講義の内容は、近代日本でいかに「日本人」という意識や、「日本文化」が形成されたかについてである。

「日本文化」の発生

江戸時代は身分や藩によって分断された社会であり、一目見ただけで、あるいは一言話すだけで、どこの地方のどの身分か、すぐわかってしまう。そういう社会では、身分も地方も超えて「われわれは日本人だ」という意識よりも、「どこそこ村の農民」といった意識のほうが強い。文化にしても、「日本文化」が存在したというより、「京都の貴族文化」や「水戸の農民歌」があったというほうが正確である。

こういう状態が変化するのが、明治以降。まず何より、生まれによる身分が否定され、また藩も廃止となって、会津の武士も薩摩の農民も、一律に「日本人」とされたことが大きい。またマスメディアや交通の発達の結果として、地方間の移動や情報の流れが激しくなり、そのなかで共通の「日本文化」が発生してくる。江戸地方の料理にすぎなかった握り寿司や、京都の宮廷に献上していた菓子(当然ながら庶民は食べていなかった)が、情報や流通の発達によって全国に広まり、「日本の料理」になるという現象が起きてくるわけだ。

さらに文化財の保護政策や、国民共通の義務教育も影響する。たとえば明治期には、政治家や官僚たちが中心になって、廃屋同然になっていた興福寺や、真言宗の末寺にすぎなくなっていた法隆寺を再興する動きが起こる。やがてそれらは、「京都の仏教寺院」ではなく、「日本の伝統文化」として国定教科書に掲載されていった。こうして、世が世なら寺院の建設に強制労働させられる側だったはずの平民たちまでが、「京都のお寺はわれわれ日本人の伝統文化」という意識を持つことになる。「日本人」という意識、あるいはナショナリズムは、交通の発達や身分制度の解消といった、近代化の結果として生まれてくるのである。

日本文化にあこがれをもって学び始めたのかもしれないインドの学生たちには、いささかつや消しな内容だったかもしれないが、みな関心を示し熱心に聞いていた。インドでは「ベンガル人」や「シーク教徒」といった意識が強く、地方も宗派も超えた「インド人」という意識が近代以降の産物であることは見えやすいから、身近な話題でもあるはずである。

とはいえ、修士一年にも聞き取れるようにゆっくりした日本語で話したら、途中でトイレ休憩をはさんで三時間ぐらいかかってしまった。まだ用意したレジメが終わっていなかったのだが、インド人側が疲れてダウンし、残りは次回ということになる。慣れない日本語を聞きとる側は、疲れるのだろう。

昼食は、タンカ氏と一緒に、大学内の出店で軽いインド定食をいただいた。大皿にカレーとチャパティ、香の物を乗せたもので、インドの典型的な外での昼食である。中国・日本研究科の近

大学の売店

辺には学生食堂というものはなく、キャンパスのあちこちに小さな店が出ている。またインド側スタッフは、みな午前中だけ講義して、午後は自宅に帰って昼食をとるのだそうだ。一つには、大学の研究室の施設がよくないので、自宅で研究するのである。

待っていてもらっていた運転手アショーク氏の車に乗り、交流基金事務所でふたたび次回のレジメのコピー。そばにいた交流基金スタッフの佐藤幸治氏と若干の会話。彼はまだ二〇代、かつて出身地の北海道では知られたロックバンドで活躍したそうで、音楽好きである。インド勤務はままならぬ部分もあるが、日本の本部勤務とくらべて、組織内のストレスが少なく気楽だそうだ。交流基金デリー事務所の日本側スタッフは所長の小川氏とこの佐藤氏だけ、あとは派遣専門家と現地雇いのスタッフである。

私もかつて出版社に勤めていたが、大学教師に転職して最大の収穫は、まわりや上司と折衝しなくても自分の思い通りの研究と講義ができること、そして人事異動がないことである。小川氏もたしか、インド勤務となって東京の本部から国際交流の現場に出られたことを喜ぶ文章を書いていたように記憶する。交流基金職員にも、デスクで判子を押したり上司に根回しをやったりするより、世界の現場に出て企画を自由に立てたい人が多いだろうと思う。佐藤氏と、交流基金職員の共通の知合いで、異動のさいに嘆いていた人のことを話題にし、幸運をひそかに祈る。

五時にタクシーでラジブ邸にもどる。タクシーで大学の往復プラス交流基金への寄り道で、一日雇いとみなし五百ルピー。オートリクシャーにくらべ高いといえば高いが、日本円に直せば千円あまり、だいいち自動車で一時間もかかる大学はリクシャーで行くには遠すぎる。

帰宅後、疲れを感じたので、「インドで無理は禁物」を実行し睡眠。なぜか背中が少し痛む。七時前に起き、本の執筆。その後に夕食を食べる。

昨日のBGMだったサロード音楽のさい、ラヴィ・シャンカールがジャズ・ギタリストのジョン・マクラフリンと組んでやっていたバンドのことを私が話題にしたので、今日のBGMはマクラフリン、アル・ディ・メオラ、パコ・デ・ルシアのギター・トリオ。ラジブ氏の好みである。タンカ氏が、「インドの知識人は議論好きだが、ラジブは静かなほうだ」と言っていたと話すと、プニマ夫人が「そうよ、でも頭の中身はとてもいいのよ。だから結婚したのよ」と言う。二人はおなじNGOで働いていた同僚だったそうだ。

ビデオ作家ラジブ氏

夜はラジブ氏と談笑。応接間には世界各地の美術品や民芸品があり、一つ一つ聞いてゆくと、彼が硬派のビデオ作家として世界中の会議に出ていることがわかる。カンボジア、モザンビーク、タイ、香港などで、ビデオ作家会議に出席したり、現地のNGOに農村教育ビデオの作成についてアドバイスしたりしたそうだ。日本のPARC（アジア太平洋資料センター）のビデオ作家とも香港で会ったという。「美術品に興味があるなら、デリーの国立博物館に行くといい」と言われる。

第三章　博物館は国家の縮図

一月十八日（火）　晴　国立博物館へ

昨日のラジブ氏のアドバイスにしたがい、国立博物館に出かける。インド来着いらい、はじめてカメラを持ち出して出発した。

リクシャーの値切り方

まずは交通手段である。博物館は大学よりずっと近いから、タクシーを呼んで待たせておく必要はない。オートリクシャーを、近所の運転手のたまり場でつかまえることとする。

前回、映画を見にいったさいの失敗を反省し、こんどは対策を立てた。前回は、法外な値段をふっかける運転手の車にとにかく乗ってしまったので、相場をしらないカモだと思われたのだ。こんどは博物館までの距離を地図で概算し、相場を確かめたうえで、やや低めの値段からヒンディー語（といっても目的地名と値段だけだが）で交渉をはじめ、適性値段近辺で手を打つというやり方をとった。ほぼ成功する。

入り口のボディチェックをうけて博物館に入場。さすが観光客が多い公共機関、窓口の態度は悪かった。さらに驚いたのは入場料。日本で買ってきたガイドブックには入場料〇・五ルピーとあったが、いまでは学生一ルピー、一般十ルピー、さらに外国人は百五十ルピー。さらに、荷物はロッカーに預けること、カメラ持ちこみは三百ルピー追加、とある。

外国人値段

右派のインド人民党政権が昨年の選挙をのりきったあと、いきなりガソリンをはじめとした公共料金を値上げしたと聞いたが、その影響かもしれない。徹底的に外国人からは金をとるという方針。百五十ルピーは四百円くらいだから、先進国の人間には高くないが、第三世界から見学にくる可能性など考えていないのではないかと思ってしまう処置である。

ところが、けっこうチェックはずぼら。荷物は持って入っていいかと聞いたらよいという返事、カメラを所持しているかどうかなど調べなかった。私の前に入っていった韓国人観光客の一行は、正直にカメラ代金を払っていたが、私はばかばかしいので無視して入る。

展示はインダス古代文明からはじまり、じつに盛りだくさん。多すぎてかえって一個ずつの感慨が薄れるほど。印象的だったのは十二世紀から十九世紀のブロンズの宗教像で、実に肉感的。さらに十六世紀から十九世紀の宗教細密画、十八世紀から十九世紀の宝石をちりばめた装飾品類など。あまり古代遺跡は興味がなく、カラフルで肉感的なものが好きなので、このあたりは好みが出る。

楽器の展示

私にとっておもしろかったのは楽器の展示。インド楽器が多数あるのは当然として、琴のたぐいが集めてあるケースには中東のカーヌーン、インドのスワール・マンダル、日本の大正琴が仲良く並ぶ。大正琴は「バンジョー」とあった。戦前に日本から渡来して流行したそうだ。

コンサーティナ（アイルランドの手風琴）やハルモニウムもあったが、最大の傑作はエスラジと名がついていた十九世紀末のインド楽器。かたちは一見ギター状だが、ヘッドが西洋のギター、ネックがインドのシタール、ボディは中東のカーヌーンというごちゃまぜぶり。メインの弦がギター式に調弦できて、シタール風にネックが共鳴し、さらにボディのハープ状の部分に張ってある多数の弦をかき鳴らせるという、三つの楽器の長所を兼ね備えた（？）アイディア賞ものである。エスラジは古典音楽に使う楽器の一種で、現在のインドにもあるが、ここに展示してあるのは植民地時代につくられて消えてしまったアイディア楽器のようだ。

植民地支配下の芸術

この楽器にかぎらず、古代文明の偉大さもさることながら、植民地化されてからのアート類がむしろ面白いと思った。ヨーロッパの影響なのか、植民地支配下でかえって地位が固定した藩王の趣味のせいなのか知らないが、絵画にしろ装飾品にしろ、ばかにキッチュで派手になってくるのである。ほかの文化との接触によって、伝統文化の変容が生じる様子がおもしろい。

べつの意味で興味深かったのが、海洋展示。古代からの海洋技術が展示してあるのはともかく、ここだけ現代インド海軍の潜水艦やら護衛艦の模型が飾ってある。それから、最高裁設置五十周年とかの特別展示で、最上階に赤じゅうたんを敷いたインドの司法ブースがあった。

インドは司法部の力が強いと聞いていたが、最高裁の裁判官席まで実物大模型を展示し、インドの司法システムの解説がある。内容は、正義と人権はつねに守られているといった公式的なもので（どこの国でも、公式見解は現実の裏返しのことが多い）、あまり面白くなかったが、唯一目をひいたのが植民地期の二十世紀初頭にカルカッタ最高裁が発行したＩＤカードの実物。正面と側面の顔写真に、名前や住所のほか、カースト、職業、年齢、身長、髪の色・目の色・鼻の形・口の形・耳の形・ひたい・ハゲの有無といった身体特徴の記入欄がある。

登録とアイデンティティ

イギリス当局は、カーストや目の色、鼻の形で、人間を分類したわけだ。こういうふうに分類された側も、「そうか、俺は黒髪の人間だったんだ。金髪の人間とはちがうんだ」というかたちで、自己認識をするようになる。これがやがて、人種や民族集団という意識につながってゆく。こうして「登録がアイデンティティをつくる」というテーマ設定は近年の歴史研究で注目されているところで、どういう登録項目を設定したかによって、形成されるアイデンティティが影響される。現代日本でだって、学校で国民全員が身長と体重を計測されることが、「私は体重××キログラムの人間」というふうに、体重や身長を重要な要素とするアイデンティティ構造の形成に一役買っているだろう。友人に研究者もいるので、登録項目を全部メモした。

三時間ほどかけて博物館全部をみたあと、入口に帰る。司法ブースの特別パンフが六百五十ルピーとか書いてあるが、買う気がしない。細密画の本があるかと聞いたら、奥から見本を出してきた。百五十ルピーといわれたが、本には定価百五ルピーと書いてあったので、定価で買わせてもらった。

外でオートリクシャーをひろい、動物園へ行く。入り口の外に出店がたくさんあったので、定食を食べたあと、ここでも外国人値段で入場。一般五ルピー、五歳以上の子供二ルピーのところ、外国人は四十ルピーである。

動物園の掲示
動物がオリの中の人間をいじめている絵で「動物をいじめるな」と書いてある。

動物園を訪ねたのは、橋口譲二氏の写真集『動物園』の影響である。これは世界各地の動物園に行き、そこに集まる人びとを写したもの。どこの近代都市にも動物園はあるが、展示のしかたや人びととの表情は少しずつちがう。同じものがちがった形で存在する、これほど国際比較に適した題材はない。

入場すると、まず第一印象は「広い」。動物のいる場所までまず数百メートル歩くし、さらに動物のいる柵内のスペースが広い。鳥類などでは日本並みに小さい檻もあるが、カモシカ類などは直径三百メートルくらいのところに住んでいるし、クジャクも直径百メートルくらいのスペースをもらっている。

道行く人が、こっちを見ている。動物より東アジア系の人間のほうが珍しいのだろう。国立博物館でも、用もないのに話しかけてきた修学旅行風の生徒たちがいたが、家族連れがみな振り返って私を見ている。もっとも、街中の変に観光客ずれしている人びとより好感が持てるし、だいたい動物園に悪事を働きにくる人はほとんどいないから、べつに悪い気持はしなかった。

芝生スペースが広いので、みな家族で休んでいる。こっちも休んでいたら、子供が寄ってきて話しかけてくる。言葉がわからないので親の元に行ったら、二十人くらいの大家族。英語のわかる人に聞いたところ、インド南部にあるカルナータカ州の二家族で、結婚のお祝いにデリーに出てきたそうだ。日本の人間を見るのは初めてだというので、聞かれるままに日本の話を若干。放浪旅行かと聞かれたので客員教授だと答えたが、こちらがジーパンに古着のイタリア軍ジャケット、肩近くまで伸びた髪という外見では、はたして信じたかどうか。家族写真を撮ってあげて、住所を書いてもらって送る約束をする。閉園まぎわに動物園を出たら、象使いが象を戻しているところだった。

リクシャーを拾って帰宅。インド日記の執筆をしていたら、大学のスタッフから電話。日本語教師のひとりが娘の病気で一カ月休むので、明日は日本事情のほか通訳の講義も出てほしいとのこと。明日やってみて可能かどうか判断すると答え、タクシー会社に予約の電話をし、早めに寝る。

一月十九日（水）　晴　日本ではなぜ大学に行くのか

今朝は授業が早いので、日本から持参の目覚まし時計で七時起床。最近はだいたい八時起床、ラジューが持ってきてくれるお茶を飲みながらインド日記の執筆、そして九時過ぎに朝食というパターンなのだが、今日はお茶なしで朝食をとり、早々に出かける。

昨夜の夕食のときにプニマ夫人から聞いた話で、気になることをいくつか。まず、その後ラジブ家に入った情報によると、召使の少女ビューラの母親は容態が悪く、たぶん彼女はもう戻ってこないだろうとのこと。カルカッタの彼女の実家は、父親と長男は働きに出ており、彼女の下には幼い弟妹が三人いる。母親は脳腫瘍らしく、寝たきり状態。母親と弟妹の面倒をみる者が彼女以外いないので、実家に帰ったというのである。どうりで沈んでいたはずだ。じつに美しい少女だったのだが、もう会えないかもしれぬ。

プニマ夫人の半生

この晩は、ラジブ氏は体調が悪いとかで夕飯に現われず、プニマ夫人の半生を聞くことになる。軍人の父親の赴任について世界中を回ったあと、大学でインド中世史を勉強した。しかし教師や友人関係で決めたテーマだったのであまり関心が持てず、出版社勤務を経てNGOに就職した。並行してタイピングやリサーチの仕事を習い、NGOでもリサーチや事務を担当し、おなじ職場にいたラジブ氏と結婚した。カナダ留学のチャンスなどもあったらしいが、子供が生まれるなどしてあきらめ、NGOからも引退して育児に専念。ようやく子供も成長したので、ふたたびNGOの活動を無給で始めたというのである。

留学をあきらめた時に悲しくなかったかと聞いたら、「その時はとてもね」という返事。「後悔はしていないし、私は基本的には、幸福な人間よ。でも給料はいらないから、何かしたいわ。コンピュータも習いたい。でも、まだ若いあなたにはわからないと思うけど、五十歳になってから再出発するのは大変なことよ」と言う。そんなことはない、と言ってその場は終わったが、いずこも女性の悩みというのは似ているものだ。外貌は肝っ玉母さんでも、繊細な人である。

「女性の悩み」

もっとも、そこはインドの知識人、たんに「女性の悩み」だけではない。彼女いわく、「NGOの仕事は、ときどきとても気落ちさせられるものよ。インドの農村の教育の状況を知ってる？小さなおんぼろ校舎に先生が一人だけ、生徒は二百人。いったい何ができるっていうのよ。それでも、あきらめちゃいけない、楽観的にならなきゃいけない。それがあなたにわかる？」こちらは答えようがない。何かあったのだろうか。ふだんはとても大らかだが、少々浮沈みのある人である。

右派支持の運転手

そんなことを思いだしながら、タクシーに乗って大学へ出発。今日の運転手は、パンジャブ出身のハルバン・シン氏。ターバンはしていないがシーク教徒であり、五十歳前後のおじさんで、英語がかなりできる。これまでは英語のろくに通じない運転手ばかりだったので、昨夜タクシー会社に予約の電話を入れたさい、「英語のよくできる運転手を頼む」と言っておいたのである。タクシー会社は「OK、OK、ノー・プロブレム」という返事で、プニマ夫人は「そんなのOKだけよ」と言っていたが、ほんとうに話せる人がやってきた。

こっちがいろいろ話しかけると、お定まりである日本とインドの気候にかんする話（日本は寒いかとか、雪が降るかといった、外国人相手のさいにいちばん無難な話題）を最初にする。そのあと、「インドははじめてか」と言ってインドの偉大さをいろいろ説いてくれるので、ためしに支持政党を聞いてみた。答えは「人民党だ。あれはいい政党だ。党首は正直でいいやつだし。国民会議派はもう四十年も政権にいたから、変化がなくちゃ」というもの。

ガンディーやネルーなど著名な独立運動家の流れを汲む国民会議派は、独立後四十年ほど政権についていたが、万年与党につきものの腐敗や内紛で低落し、近年になって急成長したヒンドゥー至上主義系のインド人民党に政権が交代した。インテリは人民党を「右翼」として嫌うが、庶民的な人気があるのである。万年与党が腐敗や内紛で低落したあと、右派ポピュリズムが台頭してきているという現象は、現在の日本とも通ずるものだ。

大学に着くと、教室のカギを忘れてきたことに気づいた。こちらでは教師個人にカギが渡され、自分で教室を開けるので、事務室は関知しない。先日紹介された図書館の日本担当の司書氏がいたので頼みこみ、別の部屋を開けてもらい、しばらく学生の来るのを待ったあと、修士一年を相手に日本事情の講義を二十分遅れで開始。こちらでは二十分や三十分遅れは常識なので、誰も気にしない。

日本の会社について

一時間ばかり、日本の会社の習慣について講義する。とくに説明したのは、日本とインドでは組織の原理がまったくちがうということ。

インドでは、「自分は会計係である」「自分は掃除係である」といった職種がまず第一であり、働いている場所は第二義的である。しかし日本の会社では、所属している会社の名前を第一に聞かれるが（「どちらの小熊さんですか？」というやつだ）、そこで経理を担当しているか営業をしているかはほとんど問われないし、昨日まで経理部にいた人間がセールス部門に回るといったことが頻繁におこる。だから現場で一から仕事を学ばなければならないことが多く、それを経済学上では「ＯＪＴ」（On the Job Training）というのだ、といった内容である。

こういったことは本を読んでもあまりわからないし、「自分はベッド・メイキング係だから掃除はしない」といった価値観のカースト社会に住む学生たちは、あまりの違いに驚いていた。大学で法律を勉強した人間がセールスをやったり、金融を勉強した人間が総務を担当したりするのも普通のことだと説明すると、「それじゃ先生、大学で勉強してもしなくても同じじゃありませんか」という質問。その通り、だから日本の大学生は勉強しないと回答すると、「それじゃ、日本では何のために大学に行くのですか」という質問が出た。大学の場合も「何を学んでいるか」ではなく、「どこの大学に所属しているか」のほうが問題とされ、それじたいがステイタスになるからだと回答すると、開いた口がふさがらない様子だった。

日本の大学は不思議

ただし、日本にもいろいろな職種があって、こういった人事システムをもつ「大会社」に正社員として勤めている人間とその家族は、数え方にもよるが日本の人口の二〇パーセント前後だということも話しておいた。また、こういった慣習は日本の文化的特性から生まれたというより、近代以降の政府の人事政策から発生したものではないかという私見を述べた。

日本型人事の説明

明治のような近代化初期には、とにかく西洋式の知識をもつ人材が少ない。だから政府の官僚は、たとえば柳田国男みたいに大学で農学をやった人間でも、農商務省から内閣法制局、さらに貴族院書記官などというふうに、彼の専門とはぜんぜん関係のない部署に使いまわされている。その慣習が、民間企業にも波及したのだろうと考えたのである（調査したわけではないから、あくまで仮説である）。

要するにこの人事システムは、もとは日本での幹部養成コースだったのだと思われる。その背景には大学を出ていない現場たたきあげのノンキャリアが大勢いて、幹部が素人でもノンキャリアが実務を支える形で仕事をこなしてきたのだろう。

しかしこれは、大学進学率が四〇パーセントを超え、「一流企業」の正社員はほとんど大学出という状況には、適さないシステムであるはずだ。何より、終身雇用制を前提とした人事制度である。それゆえ、このシステムは大学卒業生が急増した一九七〇年代ぐらいから問題が発生しており（それこそ「大学生が勉強しない」など）、近年の不景気で終身雇用制が動揺していることともあいまって、急速に変化しつつあると説明した。

また、外国人が日本企業の正社員になるのはかなりむずかしいが、近年では在日コリアンの運動の成果で外国籍でも大企業の正社員に採用されることが多くなってきたので、悲観しないようにと述べておいた。日本語や日本文化をまじめに勉強して、日本企業ないし日本企業のインド支社で働きたいと思っている学生が少なくないのである。


学歴は日本のカースト?


思うに、日本での学歴は、インドでのカーストと同じくらいの拘束力を持っている。日本では、インドでカースト間の結婚や交際が少ないと聞くと、「差別があるんだな」と感じる人が多いだろう。しかし日本でだって、大学出の女性が、中卒の男性と結婚しようとしたら、まずまちがいなく家族から大反対されるはずだ。それ以前に、学歴のちがう者どうしは就職場所も生活範囲もちがうから、まず出会うチャンスがない。出会ったところで共通の話題もないだろうから、交際も当然少なくなる。インドがカーストで輪切りにされた社会だとすれば、現代日本は学歴や会社名で輪切りにされた社会だ。

ちなみに、現在のインドの大学進学率を問うと、二〇パーセントくらいだろうと学生たちはいっていた。識字率が五〇パーセント前後といわれる国としては、やけに高い。おそらく、デリー大学に来るような学生の場合は、「自分のまわりの人間はけっこう大学に行っている」という実感なのかもしれない。教育過程をドロップアウトする人間は小学校ないしハイスクール前半で脱落してしまうので、彼らの視野に入りにくいはずだ。

これは日本でも同様で、進学校や有名大学の卒業生は、しばしば「日本人の平均像＝大学出のサラリーマン」と思いこんでいたりする。しかしインドの場合は、日本よりも階層差が激しく、文字も書けない大衆と、子供を大学にやる中産層以上の、二極分化が起きているようだ。

日本アニメは人気

このあと、音声ラボ室にむかい、修士二年のハリーとアシュトシの両名を相手に通訳の実習。日本留学の経験がある若手のラジブ講師（私が宿泊しているお宅のラジブ氏とは別人）が、通訳のぐあいをチェックする。ラボ室では、日本の日常会話のリスニング練習に使っているという『となりのトトロ』が、ビデオで上映されていた。宮崎駿のアニメは、実習用テキストとして人気があるという。

通訳の実習をする二人は、前述のように俳句をつくるほど日本語もうまく、ハリーは二年ほど日本に滞在し日本企業で働いた経験もある。逐次通訳の練習をするため、何でもいいから多少学術的なことを日本語で話してくれという。いままではテープでやっていたが、「生きた日本語」で練習したいというのである。

何でもいいといわれてもいきなり話せでは困ったが、三月に中国で開かれる予定のシンポジウムのために用意してあった「グローバリゼーションとナショナリズム」の演題で二十分ほど話した。日本語がうまいといっても逐次通訳は難しく、二人とも音をあげていたが、「ほんとうにためになります。ぜひこれからもお願いします」と頼まれ、引き受けた。けっきょく、週に二回の講義が三回に増えたわけだが、もともと教育のためにただでインドにきたのである。

ハリー、アシュトシ両名とチャイを飲み（といっても喫茶店なんてものはなく、校舎外のチャイ屋で買って立ち飲み）、私は定食を食べたあと、待たせてあったハルバン・シン氏運転のタクシーで出かける。午後三時からインドのナショナル・アイデンティティについての講演がデリー大学であるので、それまで近所を回ってこようと思ったのである。

仏教徒コミュニティ

大学に近い場所として、まずラダック地方の人びとがつくった仏教寺院に行く。ラダックはチベットに隣接した、ヒマラヤ高原地帯である。寺院周辺にはモンゴロイド系の人びとが門前市をつくっており、寺には大きな金色のブッダの像とダライ・ラマの写真。付属の図書館には経典がたくさんあったが、ブッダと並んでネルーとインディラ・ガンディーの肖像も掲げてあり、「インドの仏教徒」というアイデンティティが感じられた。

もともと、初代のインド首相だったネルーが、「すべての宗教が共存する世俗国家」の理念をうたい、チベットのダライ・ラマとおなじく、ラダックの仏教徒も受け入れたのである。この寺院にも、「ネルーに与えられた土地」と銘打ってあった。こういう「寛大な世俗主義」を、インド知識人はよく「国家の誇り」と考えている。もっともそうした宗教政策が、たんなる理念の問題だけでなく、中国への対抗上チベットを援助するというインドの国家戦略とも結びついていたところが、政治というものの複雑さである。

ラダックの仏教寺院　仏像の前にダライ・ラマの写真

ラダック寺院を出て、チベットの亡命者のキャンプを見たが、これはもうスラム状のところで、見物するのも申し訳ないのでただ車で通りすぎた。さらにハルバン氏お勧めのシーク寺院を見学し（彼がシーク教徒だから見せたがるのである）、大学にもどる。

講演の講師は、ネルー大学の歴史学教授パニッカル氏。内容は、近年台頭しているヒンドゥー至上主義をはじめとした文化的ナショナリズムではなく、一定の領域内で多民族と多宗教が共存する状態、つまり「ここに住む仲間として共存する」という世俗的・領域的なナショナル・アイデンティティこそがインドにはふさわしいという、いかにもインド知識人らしいもの。

あとで聞いた話では、インド知識人らしいといっても、これは「一世代前の知識人らしいお話」でもあったらしい。独立からすでに五十年が経ち、「建国の理念」が薄らいで右派が台頭しているという状況は、日本のいわゆる「戦後民主主義」が戦後五十年とともに衰弱している状況とパラレルである。

討論に入ると、「世俗的・領域的インド・アイデンティティといっても、何だかわからない。やはり宗教的・文化的アイデンティティは必要ではないか」といった質問が集中。私も質問してみようと思い、領域といってもそれは現在の国境線内のことか、それならインド内部で分離独立運動がおきたとき領域的ナショナリズムはどう対応するのか、と問うてみた。朝鮮と台湾を含んだ多民族帝国だった戦前の日本でも、日本文化至上主義ではなく、領域的な多民族共存国家にするべきだという主張はあったが、その時点での「日本の領域」を前提とするものだったので、朝鮮の独立運動は認めなかったのである。カシミールの所属をめぐって紛争中のインドとしては、微妙な問題のはずである。ご返事は、領域は時期によって異なってもよいというもので、これ以上問い詰めるべきではないと思って追求はやめた。

交流基金事務所で日本から届いている連絡事項を確認し、いくつかのメールを日本へ発信する。そのあとタクシーでラジブ邸にもどると六時半。運転手ハルバン氏が「ふだんは八時間労働だが、今日は朝から十時間だ。日本人はよく働くな」と言い、「あなたがよいと思うだけ払ってくれ」と言う。働いたといっても、午前中二つ講義をして、午後は寺の見学と講演会に行っただけだぞと思ったが、向こうは確かに疲れている様子だったので、適当に割増した。

世界に進出するインド映画

夕飯はカレーで、こよなくうまい。ラジブ氏と宗教について、博物館でみた美術について、国際映画祭について、さらにインド映画についていろいろ話した。ラジブ氏の説によると、インドの大衆映画はいま中南米などで人気を得ており、おそらくこれから世界中に輸出されるだろうとのこと。「インドの大衆映画は筋がわかりやすいし、すべてのサービスがあるからね。恋愛、冒険、踊り、音楽、美人、バイオレンス、人びとの夢……」という。私が「夢か。貧しい人びとの夢だね。だから世界中に市場がある」と応じると、彼は複雑な表情でうなずいた。

一月二十日（木）　晴　物価の感覚

今日は一日静かにしていることにする。三日ほど動き回ったあとということもあるが、今夜はプニマ夫人が議長をしているNGOの代表で、農村部で活動しているティワーリー氏がお客としてくることになっている。その人が明日村にもどるときに、頼んで一緒に行く計画を立てているのだ。私の前にやってきた客員教授で、そうしてインドの農村部を見た人もいる。農村部は衛生状態もよくないし、車で揺られて行くわけだから、体力を温存しておこうと思ったのである。

午前中いっぱい執筆をして、十二時ごろ少しだけ外出する。ラジブ邸のあるディフェンス・コロニー区に、ジャイナ教寺院があると氏から聞いたからである。場所は正確には聞かなかったが、ただの散歩でもいいと思って外に出る。

高級住宅街

ディフェンス・コロニーは、もともとインドの軍関係者に優先的に土地を割り当てたことから名がついた、デリー郊外の高級住宅街である。オールドデリーはゴミゴミ地帯、ニューデリー中心部は官庁街、その郊外に高級住宅街があり、さらに郊外に庶民住宅が広がるという構造だ。高級住宅街といっても、そうばかでかい家があるわけではないが、そこそこきれいで、歩くぶんにも庶民市場より疲れない。

しかしここ数日は晴天で、陽射しが強くなってきた。日本でいえば初夏なみの陽射しである。体質的に日光に弱いほうで、陽射しが強いと目を開けていられない（こういう点では、まったくインド向きの人間ではない）。これが真冬なのだから、インド人が日焼けしているのももっともである。日除け帽子をかぶって歩いたが、こんな季節にそんなものをかぶっている地元の人はおらず、目立ってしまった。

ディフェンス・コロニーのマーケットは小さく、日本でいえば駅前商店街ぐらい。だがさすが高級住宅街で、門番付きの美容院（店は小さい）や、それなりに高級そうな服飾店、うまいと評判の南インド料理屋などもある。しかし高級住宅街とはいえ、犬や牛はごろごろいるし、ドブ川のほとりには貧しげな人も多い。エアロビクス・フィットネスサロン（門衛付き）の門前に、貧民がテントを張って住んでいる様子は、何やら経済自由化後のインドを象徴するような風景だった。

日本料理店

「AKA―SAKA」という名前の日本料理店もあった。しかしインドの日本料理は、名前だけは日本料理でも、ほとんど中華料理と区別のつかない似て非なるものが多いと聞いている。この店も「Chinese and Japanese Restaurant」と銘打っていたから、その類だろう。だいたい、内陸で新鮮な魚が手に入りにくいデリーで、日本料理をつくろうというのが無理なのである。もっとも、日本のカレーライスをインド人に食べさせたら、似たような感想を述べるだろうが。

ヌイグルミが二十万円！

商店がならぶなかには、シャンプーや化粧品を売っている店や、ヌイグルミなどのファンシー・ショップもある。のぞいてみると、シャンプーなどは百ルピー前後、ヌイグルミは百ルピーから最大のものは二千ルピー。二千ルピーは五千円くらいだが、月収が二千ルピーくらいの人びとは、インドにはざらだ。

日本で出ているあるインド旅行案内では、為替レート上では一ルピーは二円から三円だが、一ルピー＝百円と換算したほうが現地感覚に近いと書いてあった。それで換算すると、シャンプーは一万円、ヌイグルミは一万円から二十万円ということになる。こうなると、にわかに物価の実感が迫る。

二重の価格体系

しかしこの「現地感覚」の換算率は、一応の目やすにはなるものの、階層差のあまりに大きいインドでは通用しないという側面もある。どうも物価をみていると、大きく二種類の品々があるように感じた。

一つはインドに従来からある品々、たとえば食材とか、あるいは伝統的な衣装や楽器など。これらは為替レートである一ルピー＝二・五円で換算するとびっくりするほど安いが、一ルピー＝百円ないし五十円くらいの換算率だと、だいたい妥当と感じる値段である。たとえば私が大学で食べる定食は六ルピー（これはインドでもかなり安い）、立ち飲みするチャイは二ルピーだが、これはそれぞれ一ルピー＝百円として六百円と二百円、ないし一ルピー＝五十円として三百円と百円と考えれば、納得がゆく。

ところがもう一つは、外国製品がもとになっている品々。たとえばシャンプーとかカメラのフィルムなどは百ルピー前後で、為替レートで換算しても二百五十円くらいだから、日本で買うのと同じか、むしろ高い。コダックやフジのフィルムは、日本で買ってもインドで買っても値段はあまり変わらないのだ。

おそらくインド製のフィルムやシャンプーは、モデルにした外国製品の先進国価格をもとに、値段が決まったのではなかろうか。そしてインドには、百ルピーのシャンプーを、一ルピー＝百円という感覚で「一万円」と受けとめる人びともいれば、一ルピー＝二・五円で「二百五十円」と受けとめる人びともおり、もちろんその中間の人びともいるのだろう。そして二千ルピーのヌイグルミが売られているファンシー・ショップは、売られている製品とその値段は日本とそう変わらないが、制帽をかぶった警備員がお客を選別しながらドアを開閉しているという、日本にはない光景があった。

門番付きのファンシー・ショップ

しばらく歩いたものの、ジャイナ教寺院は見つからなかった。それに十二時前後はいちばん陽射しも強く、街頭の犬どももはみんな昼寝をしている。おまけに、何かやわらかいものを踏んづけたと思ったら、表面だけ乾いた牛糞だった。こんな時刻に出てきたのが馬鹿だったと反省し、ラジブ邸にもどる。

家の中は日光が差し込まず、涼しい。数日前までは、外より家の中のほうが寒いなんて不合理だと思っていたが、こうなると夏をむねとした家の造りに感心する。デリーの夏は、気温四五度になると聞いている。大学が早朝から午前で終わりという習慣なのも、夏には午後になると授業どころではないからかもしれない。そういえばデリー大学の学生に、「日本では、日当たりのよい南むきの部屋がよい部屋とされている」といったら、驚いていたっけ。

停電に断水

午後は本の執筆をしていたら、突如停電。停電そのものは三日に一回くらいはあることだが、夜になってからの停電ははじめて。おまけに断水して水も出ない。デリーあたりでも水の供給が不安定なので、各家庭がタンクに水を貯めているのだが、それが尽きたらしい。ラジブ氏がロウソクをもってきたが、もう執筆はあきらめる。その後、ラジブ家備え付けの自家発電で電燈だけはついた。

NGOリーダーに会う

執筆をやめて食堂に出て、夕食時にNGOの代表ティワーリー氏に会った。一九八一年にまだ若いころ、日本とインドの若者交歓プログラムに参加し、船で（船上で交流させる企画だったらしい）日本に行ったことがあるそうで、当時の皇太子に会ったという。

ティワーリー氏が、「彼はそのとき皇太子だったが、今はキングですよね」と言うので、私は「日本政府だったら、キングではなくエンペラーだと訂正しますよ。私にはどっちでもいいことですがね」と言っておく。ラジブ氏は横で笑っている。先日、ラジブ邸の屋上の花壇を見せてもらったさい、彼が菊を指差して「これは日本の国の花だろう」と言ったので、「天皇家の家紋の花だ。日本国の花ではない」と言ったことがある。ラジブ氏とはそれから意気投合して、いろいろ話すようになった。ティワーリー氏も、私の返答に笑った。

そこから話がいろいろ広がり、ティワーリー氏は、冬の京都北部の農村に泊めてもらったこと、一緒に船で旅した日本の学生たちがとても感じがよく大の親日家になったこと、だからこれまでの日本からの客員教授も村に受け入れてきたことなどを話してくれた。ラジブ氏もそうだが、若いときに日本によい印象をもってもらうと、数十倍になって帰ってくるといえる。

この人はプニマ夫人が議長をしている「ディシャー」（ヒンディー語で「方向」という意味）というNGOの創設者で、あえてキャリア・コースを捨て、村に入って農民教育などの活動をしているのだそうだ。近代化とナショナル・アイデンティティを研究していると述べると、関心を示したので、そのテーマについてもひとあたり話した。

話した内容は、グローバリゼーションとナショナリズムは対立物ではなく、ナショナリズムはグローバリゼーションへの反動として起こったものであり、それゆえグローバリゼーションがなければナショナリズムもない、ということ。またグローバリゼーションは貧富の差を拡大させ、富める者のナショナリズムは減少させるかもしれないが、貧しい者はそれに反発してナショナリズムを強めるだろう、とも述べた。ほぼ賛同を得られたが、この人は議論の人というより実践の人、いい気になってはなるまい。

ほんとうは彼がデリーから帰るときに連れていってもらうつもりだったが、大学の講義日と日程があわないことが判明。やむなく再度調整することにする。

一月二十一日（金）　曇のち晴　現代美術館

目覚めると、まだ水が出ず、顔も洗えなければトイレも流せない。日記の執筆を終えて朝食をとり、午前中は本の執筆をしていたら、また停電した。しょうがないので、現代美術館に出かける。

リクシャーで交渉

オートリクシャーのたまり場

近所のオートリクシャーのたまり場に行って、地図を示し交渉開始。六十ルピーだと言われる。ばかをいえ、現代美術館の手前にある国立博物館にはこないだ三十ルピーで行ったぞと言うが、運転手たちは集団で口々に六十だの五十だのと言って譲らない。

こちらは三十で押しとおした。日本円にすれば百円かそこらの差だが、ここで譲ってなめられては、今後ここからリクシャーに乗るときに毎度ふっかけられることになるし、次回は百だの二百だのと言われかねない。しまいには、それならけっこうだと言って歩きだすと、呼びとめられて結局三十ルピーで妥結。三十ルピーでも相場よりはいくぶん高めで、暇そうな彼らにしてみれば上客のはずなのである。

日本で買ったガイドブックでは、現代美術館は入場無料と書いてあったが、着いてみるとやはり外国人は入場料百五十ルピー。ただし国立博物館よりはいくぶん窓口の態度がよく、二百ルピー出しておつりを十ルピー札でくれといったら、ちゃんとくれた。十ルピー札をたくさんもっていないと、リクシャーに乗るときに困るのである（料金交渉でもめるとおつりをくれない）。国立博物館では、入場料はおろか本を買っても「つり銭はない」の一点張りだった。おそらく、ここは国立博物館ほど観光客がこないので、悪擦れしていないのだろう。

私の前にきた客員教授である加藤哲郎氏は、国立博物館の古代文明展示はすばらしいが、現代美術館には失望したと言っていた。しかし、私にとってはむしろこちらのほうが興味深かった。西洋絵画の手法が輸入されてきてから、いかにインド在来の手法などと融合してゆくかといった問題は、日本の近代美術とも共通していて、たいへんおもしろい。「インドの美術」に、「いかにも非西欧的でインドらしいもの」を求めるならここにくるべきではないだろうが、文化の接触と融合をみるには最適である。

インド芸術については予備知識ゼロの私でも、いろいろおもしろいものは多かったが、まず「インド近代美術の父」と解説してあったラージャ・ヴァルマ・ラヴィ。植民地時代の十九世紀後半に、独学で西欧絵画の手法を習得した人である。

彼の絵そのものは、『月下の叔女』とか『農村の刈入れ』とか、いかにも当時のヨーロッパにおける「絵らしい」題材を「絵らしく」描いたもの。しかし、とにかく当時のインドにあっては、「インドの風景を西欧絵画の手法でインド人が描く」というのは画期的なことだったはず。クリシュナ神をはじめとするインド神話の題材もあり、これも画期的なことだったろう。ちょうど近代日本でいえば、新巻鮭や漁師たち、あるいは天孫降臨の場面を西洋画の手法で描くのが画期的だったように。

現代美術館

インドの女性画家

つづいて、二十世紀前半の女流画家、アムリタ・シェルギル。この人も「いかにも絵らしい題材を西洋風に書く」ことから始めているのだが、その後の展開がおもしろい。最初は塔のある風景とか、リンゴをもった少年とかを描いているのだが、この人が画期的なのはモデルに白人が多いこと。しかも、ヌード絵画が多い。二十世紀前半にインド人のしかも女性が、白人のヌードを描くということが、どれほど思い切った行為だったかを想像する。周囲の抵抗があったせいだろうか、ヌード絵画のタイトルが「プロのモデル」というもの（つまり素人の白人女性を脱がせたのではないと断っている）だったりするのがおもしろい。

しかもこのアムリタの場合、典型的な西欧写実手法から、後半になると印象派ふうになってきて、インドの民衆生活を描いたものが多くなる。おそらく影響を与えたのはゴーギャンで、ゴーギャンのタヒチ絵画とよく似た感じのインド庶民生活画が増えてくる。しょせん西欧絵画の影響圏内というなかれ。たとえ西洋絵画の影響でも、ブラックでもなくマネでもなく、ゴーギャンを選び取るのは、選ぶ側のイニシアティヴである。インドの庶民生活を描きたい、しかしいまさらインド古典様式にもどるわけにもいかないし、西洋絵画の方法論を使わなければ認められないという状況にあったとき、ゴーギャンをみたら「これだ、この手があった」と思うだろう。彼女にかぎらず、ゴーギャンの影響が感じられる絵がほかにもあった。

ラージャ『月下の叔女』(Raja Varma Ravi "Lady in Moonlight")

アムリタ『女たち』(Amrita Sher-Gil "Women")

アムリタは自画像もけっこう書いていて、その変化も興味深い。展示してあった自画像は三枚だったが、『自画像№2』では当時の欧米ではやりの洋服を着て、髪を短めにしてなでつけている。一九二〇年代アメリカの「シャイン」(白人風のおしゃれをした都市黒人)によく似た感じ。『自画像№6』や『自画像№7』になると、サリーとインド風アクセサリーをつけて、長い黒髪をたらしたインド風美人となる。表情もこちらのほうが明るめだ。たしかマハトマ・ガンディーにも、髪を油でなでつけて背広を着た若いころの写真があるが、ある時期からインド服姿だけとなる。「インド人アイデンティティの目覚め」と単純に言ってしまっていいのかどうかわからないが、変化は明らかである。

もっとも、これを日本の文脈で考えると、また違った意味をもってくる。たとえば柳田国男なども、若いころは洋服姿の写真が多いのに、国際連盟委員としてジュネーヴに赴任してナショナライズされ、帰国後の写真は和服ばかりとなった。こうした変化を、

アムリタ『自画像No. 7』(Amrita Sher-Gil "Self Portrait 7")

批判的にみる研究者は多い。インドのナショナリズムは美しく、日本のそれは問題があると感じるのは、どう考えるべきなのか。

戦後日本の知識人たちにとって、これは重要な問題だった。丸山真男は一九五一年に、近代日本の侵略の歴史をふまえ、「アジア諸国のうちで日本はナショナリズムについて処女性をすでに失った唯一の国である」と書いた。この時期は、インドと中国が独立したばかりで、日本共産党系の知識人をはじめとして、革命と独立を勝ち取りつつあるアジア諸国のナショナリズムに学べという主張が多かった。それにたいし丸山は、「処女性をすでに失った唯一の国」という表現の「すでに」という部分に、アジア諸国のナショナリズムもいずれは日本と同じ問題に直面するだろうという認識をこめていたのだと思われる（「処女性」という表現は、フェミニズム的観点からはどうかとは思うが）。

「民族の自覚」は美しいか

やはり一九五一年に、竹内好がこの丸山の一文に言及したが、中国ナショナリズムに期待をかけていた彼は、「すでに」の一語を（おそらくは無意識のうちに）落として言及している。そして一九六六年には、鶴見良行が、ナショナリズムとは「独立以前の民族あるいは独立まもない弱小国が大国の干渉を避けるための防衛的な原理」であって、大国がこの原理をふりまわすことは許されないと書いている。となると、植民地支配下にあった時代のアムリタやガンディーのナショナリズムは美しくとも、現在のインドのナショナリズムは、必要な場合には批判せねばならぬことになるだろう。

日本画の影響

そんなことを考えながらインドの近代美術を見ていると、日本画の影響が顕著なものがけっこうある。もろに日本画風である「波に日の出」の水彩や、竹林にオニギリ山という構図、さらには墨絵ふうのものもある（これは中国の影響かもしれない）。岡倉天心とタゴールのように、直接的な交流や影響もあったろうが、これらすべてを日本からの直接の影響とは即断できない。十九世紀末のパリではやったジャポニスムの影響という可能性もある。ちょうど、ヨーロッパやアメリカのミュージシャンがラヴィ・シャンカールやボブ・マーリーを絶賛したあと、日本の音楽でもインド音階やレゲエ風アレンジがはやりだしたように。

あまり影響関係があるとも思えないのに、日本の絵画によく似ているものもある。棟方志功にそっくりな版画や、日本の少女漫画家やイラストレーターの東方趣味風イラストによく似た絵画がたくさんあった。

「西洋風」の選択的な受容

あまりこういうのを、「アジアの血のつながり」などと納得したくはない。描かれた年代などから推測するに、イラスト風の絵画の類は、もとはインド細密画の流れにあった画家たちが、二十世紀初頭に西洋絵画の影響をうけて描いたものが多いようだ。細密画は省略や様式化がだいぶ行なわれているから、そこに西洋絵画の写実主義やオリエンタル趣味の影響が入ると、イラスト風になってくるのだと考えた。長崎のカトリック教会を見学したときも、明治初頭の宗教絵画に一九七〇年代のマンガやイラストにそっくりな絵柄があるのに驚いたが、これも江戸の様式画法の絵師が西洋宗教画の影響を受けて描いたもののはずだ。

ほかに、二十世紀前半の絵画にはプリミティヴ趣味のものが多く（玖保キリコの漫画そっくりなスタイルの画家がいたのには笑ったが、のちにこれはカルナータカ州の人形に多い顔つきだと知った）、二十世紀中盤は抽象絵画、さらに近年はニューエイジ風のものが増えてくる。同時代の西洋絵画の影響をしっかり受け

ウキル『かくれんぼ』(Ranada Ukil "Hide and Seek")

ながら、しかし西洋ではやっているもののなかで、選択的にインドに適合したものだけを受容しているのがわかる。意外だったのは、社会主義リアリズム風のものがほとんどなかったことで、インドでは抽象画のほうが受けるのだろうかと思ったが、これは展示のバイアスかもしれないから判断できない。

いちばんおもしろかったのは、一九九一年に描かれた『ゴッホに敬意』という題名の絵。インド人画家がゴッホの肖像画を描いている様子を、ゴッホの画風をまねて描いたもの。画家の前に坐っているゴッホは、有名な「自画像」そっくりの風体である。西洋の影響を受けている自分を茶化しながら、しかしその西洋画家を「描く対象」にしているという自負心をこめたコンセプトとみた。

ジャミニ『キリストの磔刑』(Roy Jamini "Crucifixion")

インドの都市計画

美術館には特別展もあり、「実現された夢」と題し、インド側のパンジャブの州都であるチャンディガルの都市計画を特集したパネル展示があった。メインの計画者は現代建築で有名なフランス人のル・コルビュジエで、バックアップしたのはインド初代首相のネルー。パンジャブはもともとラホールが中心だったが、一九四七年にパキスタンがインドから分離してラホールはパキスタンの都となった。そして多数のパンジャブからの難民がデリーに流れ込むとともに、インド側は一九五〇年代に新しい州都を一から計画したのである。

建国期のインドのパワーと理想を感じさせる壮大な計画ではあるが、展示はまったく都市計画万歳主義。いかにもコルビュジエ風の、外見はきれいだけど住みやすさはどうか知らんという感じの建物の写真や、地形をどう考えてるんだろうと思うほどまっすぐに引いた道路計画の図がたくさん展示してある。コルビュジエの協力者だったフランス人の言葉が展示してあったが、「チャンディガルは私とコルビュジエにとって、人間のジャングルにつくった開墾地のようなものだった」というもので、計画の実現のためにずいぶん立ち退きとかもやらせたんだろうなあ、と思ってしまった。

展示のラストは、「ネルーにとって、それは初めての近代都市建設であった。コルビュジエにとって、自分の理想の計画を完全に適用した初めての例であった。パンジャブの人びとにとっては、ラホールを失ったあと、新しい、近代的な、計画された都市が与えられた」という「みんなハッピー」という内容の文句を掲げ、「チャンディガルは実現された夢である」という文句で終わっている。「いまに残る遺産」というタイトルで、コルビュジエの計画した建物がいまでもこんなに残ってます、という写真もあったが、それ以外の部分のチャンディガルがいまどうなっているのか、見てみたい気がした。

展示会場を出て、カタログや絵葉書を買いこみ、外に出る。美術館の表にオートリクシャーが止まっていて、外国人とみると運転手がいそいそと近寄ってきた。交流基金事務所まで十五ルピーでどうかと低めの金額から交渉をはじめたが、ニヤニヤしながら「十五ルピーでいいでゲスよ。アナタとワタシ、友達ね。そのかわり、止まったりゆっくり行ったりで時間がだいぶかかりますぜ、旦那」ときた（ほんとうにこういう感じの馬鹿丁寧で下卑た英語だったのである）。普通のスピードならいくらだと聞くと、五十ルピーだと言う。相場なら、二十ルピーぐらいの距離である。観光客狙いの運転手だろう。しばらく交渉したがラチがあかないので、道端でべつのリクシャーをひろって行った。

交流基金事務所に行ったのは、ティワーリー氏が活動している村に行くために、列車の予約を代行してもらうお願いをするためである。それと、インド滞在中にできるだけいろいろな地方に派遣してもらいたいので、その相談をしに行ったのだ。

観光は嫌い

派遣ではなく、自分でプランを立てて旅行してもいいのだが、もともと観光旅行とか名所旧跡には興味がない。それより人と議論をしたりするほうが好きだから、講演をやるとか現地の知識人に会うとか、用事があったほうがいい。だいいち、ただの観光客という立場で接触するインド人といえば、観光地の窓口係とか外国人狙いの運転手とか、要するにインドでも最悪の人びとばかりなのだから、行く気も失せるのである。交流基金の小川氏と相談し、二月上旬にベナレス、中旬にバンガロールに、それぞれ講演のため派遣する計画を立ててもらう方向で話を進めることにする。

インド勤務を楽しめるか

そのあと、小川氏と四方山《よもやま》話。インドにおける日本研究の状況や、インド知識人に引き合わせてくれる予定の調整など、とりとめもない話のなかでインド在住日本駐在員社会の話が出る。小川氏は「インドの悪口と帰国の日程の話ばかりしている人もいますよ」と言う。

とはいうものの、それは個人だけを責めてもしかたがないと思う。もともと第三世界のことを学んだわけでも、インドに関心があるわけでもなんでもない人が、ある日とつぜん辞令を受け取り、いやもおうもなく赴任させられれば、とまどうのも無理はない。まして、社内では第三世界勤務といえば出世コースからの除外を意味し、周囲からは同情と憐憫のまなざしで見られ、いつ帰れるのかもはっきりせず、子供は進学競争のために日本に残さざるをえないという状況で、インド勤務を楽しめる人間が少数派であってもやむをえないだろう。

植民地官吏の人事

戦前の日本でも、朝鮮総督府や台湾総督府の勤務は、あまり人気のない人事だったらしい。内務省などの役人で、ほとんど予備知識もなかった人間が、「君はこんど朝鮮総督府に出向してくれたまえ。たぶん二年か三年で帰ってこれるよ。これもいい経験だ」とか言われて派遣されることも少なくなかったのである。

台湾はアヘンや樟脳の専売があったから、その許認可で賄賂をもらい蓄財して帰国する者もいたが、朝鮮にはそれもない。おのずと、朝鮮語を覚えようなどという人間はごく少数で、もっぱら内地人街と官庁を往復するだけ、話題といえば朝鮮人の使用人の悪口と帰国の日程。一九三〇年代の雑誌で彼らの不満を読んだことがあるが、内地から和食の材料を取り寄せるのに金がかかるとか、子供の教育が心配だとかいった内容が多かった。総督府林業試験地の雇員だった浅川巧のように、朝鮮語を覚え朝鮮の文化に関心をもつ人もなかにはいたが、構造的にそういう人間が出にくいシステムだったのである。

イギリスの場合、十九世紀の後半から植民地任官者の養成システムを確立していた。現地の言語と慣習を学ばせる官吏養成コースがあり、試験に合格しないと任官できない。原則として植民地任官者はそれぞれの地域専門で、長期にわたって同じ地域で勤務させるが、そのかわり勤め上げると年金がたっぷり出るという寸法である。そうはいっても、ジョージ・オーウェルが自分のビルマ勤務時代をもとに書いた小説にみられるように、現地イギリス人官吏にはかなり問題があったし、そもそも植民地支配そのものが問題なのだが、とにかく日本とはかなり異なるシステムだったことは確かである。

さらに小川氏は、現代日本の芸術や知識人はあまりに斜に構えていて、インドの知識人や芸術家、あるいは一九五〇年代までの日本の知識人のように、社会が抱える問題にむきあって理想を正面から語ろうとしないのはどうしてかと言う。私の側は、近代化が遠い夢である国や時代とちがって、それがあるていど達成された先進国の知識人や芸術にそれを求めるのは酷だと述べた。逆に、アメリカみたいに世界のスーパーパワーになっても楽天的に理想を掲げて他国に介入する国は、周囲が迷惑する。ストレートにナショナリズムを掲げる経済大国日本など、想像したくない。

検閲が文化を生む

これに関連していえば、インドの知識人や映画はほんとうにまじめだが、時に表現がストレートすぎて芸術としては味が足りない感じがする。その点、発展途上国でもイランや中国の近年の映画には微妙な味わいのものが多いが、先日ラジブ氏とその点を話していて出した結論は、政府の検閲のせいだろうということだった。イランには子供を主人公にした映画が多いが、直接に社会批判をやると検閲にひっかかるため、子供の目を通して貧困や社会問題を描くのである。こういう具合に表現が間接的なので、そこがヨーロッパや日本の評論家に評判がよい一因になっているのだろうと。言論がより自由なインドの映画などのほうが、こうした「芸術的繊細さ」から遠くなっているのは皮肉である。

二時間ばかり話をしたあと、暗くなってからリクシャーを拾うのはむずかしくなるので、タクシーを呼んでもらって帰宅。ラジブ氏に「現代美術館に行った」と言うと、国立博物館を薦めた彼は一瞬意外そうな顔をしたが、「古代人の偉大さより、現代人の苦闘のほうに関心があるんでね」と言うと、むこうもおだやかに微笑んだ。

映画監督と会う

しばらく執筆のあと、夕食時にはラジブ家に投宿中のティワーリー氏のほか、例によって映画プロデューサーのゴタム氏と、新客である映画監督のハント・ホー氏がお客にきた。おりからの

マレー在住カナダ国籍の華人

国際映画祭は、ノーベル賞経済学者アマルティア・センの娘が出演したインド映画と、日本の『鉄道員《ぽっぽや》』がグランプリを受賞したそうである。日本でも後者の映画は評判になったが、多くの観客は出演したアイドル女優を見にいっていたようだと述べると、「インド人がセンの娘を見にゆくようなものだな」と返された。

新客のハント氏は、マレーシアのペナン在住の華人で、ゴタム氏とおなじくカナダ国籍をもち、インド人の俳優を使って英語の映画をつくり、カナダで編集しているそうだ。そして、今回受賞したセンの娘が出演している映画とは彼の監督作品で、プロデューサーはゴタム氏である。「インドの娘がカナダに行く話」だそうだ。ハント氏によれば、ゴタム氏とおなじく「カナダ国籍は便利」だそうで、インド人の俳優は「安くて、うまくて、英語が話せる」というお言葉である。ハント氏は芸術家らしく、やや斜にかまえた姿勢を見せる人で、実直なラジブ氏やティワーリー氏とはかなりちがう。ラジブ氏が自分の活動を説明し、農村教育のビデオを上映して農民に自分の状況を考えさせ、武器やパワーとなる言葉をもたせるのだと主張すると、「僕が信じているのは睡眠だけだね。パワーは睡眠から得られる」などと茶化す。もっともそうしたポーズとは裏腹に、根はまじめそうである。こういうタイプの芸術家とも話せる感受性があるのが、ラジブ氏のいいところだ。

映画話のあと、またまたナショナル・アイデンティティの議論、そして宗教の話。インドの知識人はほんとうにこの話題が好きである。三島や川端康成、小津安二郎などについて意見を求められたので、これらの人びとが西洋でウケるのは、彼らが日本でももっとも西洋化した視点をもった人びとだったからで、日本の題材を西洋的視点に適合するよう処理するのがうまかったからだと思う、と答えた。

各人の国家観

そこから、各自がそれぞれに議論。プニマ夫人は、なおインドのナショナル・アイデンティティにこだわりをみせる。国境を超えて活躍するゴタム氏やハント氏は、「パスポートや国籍なんて保険みたいなものさ。いちばんいいサービスを提供するところを選べばいい」と言う。ラジブ氏は、「ジャイナ教徒に神はない。真理だけがある」と述べ、真理に依拠したアナーキストぶりを発揮する。実行の人であるティワーリー氏は、だまって議論を聞いていた。

夜の十一時過ぎまで議論に花が咲き、解散。めずらしくウィスキーの飲みすぎでろれつが怪しくなったラジブ氏は、ヒンディー語で「小さい熊」という意味である「チョタバルー」を私にむかって連呼し、「コンバンワ、コンニチワ」などと知っている日本語をならべて、寝室にむかっていった。

一月二十二日（土）　曇ときどき雨　イッツ・ア・スモール・インド

今日は朝から曇天で小雨がときどきぱらつく。一般的には悪天候だが、日光の苦手な私には絶好の外出日よりである。

ネットでNGO会議

この家の朝食は基本的に各自バラバラにとるが、私が食べているとティワーリー氏が同席してきた。今日はインドのNGO全国会議だそうで、二百くらいの団体が参加するという。そんなに大人数が集まるのなら、会場はどこですかと聞くと、なんと事務所でコンピュータ・ネット会議。電話線がないような農村の活動家が、それぞれティワーリー氏のように最寄の都市に出てきて、ネット会議をやるわけである。広大なインドのこと、全国会議もたいへんだ。「グローバリゼーションも悪いことばかりじゃないですね」と私。

ティワーリー氏は、日本のNGOはなぜ途上国のNGOと接触しないのかと聞く。私は、日本の人間は一般に英語が苦手なこと、多くの日本のNGOは規模が小さくて専従が少ないことなどを話した。それなら基金をつくってインドのNGOを支援するのはどうかと言われたので、日本のNGOには外国からの援助もなく、寄付も少ないうえ、物価も地価も高いので基金を管理する専従やオフィスをもつのが大変だと述べる。それならインドに事務所を開き、専従を雇えば安いから、ぜひそうしてほしいと言う。最近では途上国に事務所を置いている日本のNGOや、海外のNGOの助成をしている団体もあるが、まだ数が多いとは言えないし、とにかく彼と接触がなかったことは事実なのだろう。

インド英語事情

ちなみに、日本の人間は英語が苦手だというとき、日本では初等教育から高等教育まで日本語で行なうので、たとえ知識人であっても話せないのだと述べておいた。こう言わないと、中等・高等教育が英語やフランス語など、旧宗主国語で行なわれることの多い第三世界の知識人には、事情がわからない。

インドには憲法で主要言語と認められている言語が十八ほどあるが、教育は国立の場合、小学校高学年から英語の授業がはじまり、高等教育になるとほとんど英語で講義が行なわれるようになってしまう。もっとも連邦制で地方の差異が大きく、かつ私立も発達していて階級のちがいも大きいインドのこと、これはある種の目やす。人によっては小学校からずっと英語の授業ばかりというのもあれば、大学でもヒンディー語やベンガル語で講義しているところもある。ただ平均的にいえば、英語以外の言語で理科系や社会科学の講義を行なっているところはごく少なく、高等教育は英語という常識がある。そのため高等教育を受けているなら当然英語はできるはずというのが常識で、日本の知識人が英語を話せないのを不思議がるのである。

なぜ高等教育が英語なのか。日本は植民地化されなかったため、日本語で近代化を行なった。ところが宗主国語で理科系・文科系のテクニカル・タームが整備されてしまった旧植民地諸国では、翻訳語をつくるより英語で講義をしたほうが便利な場合も少なくなかったのである。

当然ながら、現地語の初等教育から英語での高等教育の切り替え時点で、ついてゆけなくなる人も多い。リクシャーの運転手など英語をろくに話せない人びとは、この段階で学校に行かなくなった人たちだ。

また途上国の知識人は、日本の知識人とは逆に、現地語では学問用語を駆使するような会話を行なえないこともある。デリー大学の学生が私を相手に通訳の実習をしたときも、「英語よりヒンディー語に訳したほうが楽か」と聞いたら、「とんでもない、ヒンディー語では学問用語をどう訳すかわかりません」という回答だった。途上国の知識人が英語を話せるのは、植民地化の遺産であると同時に、文字通り「知識人と大衆がまったく違う言葉を話す」という格差の一例なのだ。

人形博物館

ティワーリー氏と別れて外出。今日の目的地は、人形美術館。人形はもともと好きである。今日のリクシャーの運転手は、パキスタンの分離のときに難民としてデリーに来たというパンジャブ出身のシーク教徒だった。ガタガタ揺られて目的地に着くが、少し古くて(一九六五年設立だそうだ)あまり大きくない私立博物館。入れ替わり立ち代りにやってくる子供の大群にじろじろ眺められたり、集団で握手を求められたりしながら、しげしげと人形を観察する。

この博物館、世界の人形が集めてあるというのが触れ込みだが、まずその国際比率がおもしろい。展示ブースは大きく二つに分かれているが、うち一つはすべてアメリカとヨーロッパのもの（ただし旧ソ連内のイスラム系共和国を含む）。残りの一つは六割以上がインド。つまり欧米五・インド三・アジアとアフリカ二という比率なのだが、アジア・アフリカのうち半分が日本人形。ぐっと落ちて韓国、さらに中国、そして残りの諸国が混在という感じである。

「世界」の半分は欧米？

こういう国構成も興味深いが、さらに面白いのがインド国内の人形展示。インド各州ごとにコーナーがあり、各地の民俗衣装を着た人形が展示してある。それをみると、各州の特色、というより、インドにおける各州のイメージがうかがえる。アジア・アフリカの人形展示から連続して、まず「インドのバリ」（小川氏の形容）ともいうべきケーララ州の人形が並ぶ。これはインドネシアあたりの人形と大差がない印象。そこからパンジャブ州の人形群に入ると、ぐっとインド調のキンキラになる。共産党が強いことで知られる西ベンガルは、なぜかリアリズム調の農民人形ばかりである。

インドの縮図

もっと興味深いのが、インド人形展示の最後にある、インド各州の人形が集合した姿。「インド各地のフォークダンス」「インド各地の人びと」「インド各地の花嫁・花婿」という三つのグループがあり、それぞれの地方の民俗衣装を着た人形が集まって、「多様な文化が共存するインド」をアピールしているという、「インド版イッツ・ア・スモール・ワールド」である。

私が注目したのは、このひな壇状に集まった人形たちの配置。「インド各地の人びと」として集められた民俗衣装の人形たちで、中央に位置しているのは「デリーの男女」の人形。ただしこれはヒンドゥーの男女で、グループ全体の隅っこのほうに、「デリーのムスリム男女」が別にいる。

さらに複雑なのは、洋服を着た男女の人形が「デリーの男女」と並んで中央に立っていること。何かと思って見たら、「ゴアの男女」と書いてあった。ゴアはインド西南部にあり、ポルトガルが長らく支配した地方で、キリスト教と西欧文化がもっとも普及したことで知られる。くわえて、「インド各地の花嫁・花婿」のグループでは、西洋式の結婚衣装を着た「ゴアの男女」が真中に位置し、その周辺を各地の民俗衣装を着た花嫁・花婿人形が取り巻いていた。

つまり、この「インド版イッツ・ア・スモール・ワールド」、「多様な文化が共存するインド」の姿は、西洋の服を着た人形が中央におり、デリーのヒンドゥー教徒がその横にいて、そのまわりを各州の人形がとりまき、イスラムの人形は隅のほうにいるという構成なのである。しかも、その手前の各州コーナーでは、ゴア州は民俗衣装を着た農民人形が展示されていて、洋服は着ていない。つまり、「インドの全体像」のなかに洋服を着た男女を配置するために、集団展示の「ゴアの男女」は洋装させられているのだ。

展示は世界観を映す

博物館における展示の仕方は、企画者が無意識のうちにもつ世界観を映し出すという。その意味でも興味深いが、毎日おおぜいの子供たちがここに見学に連れてこられ、影響を受けて帰っていることを考えると、げに恐ろしきかなと思ってしまった。

日本人形は女ばかり

そのほか、世界の偉業コーナーらしきところで、アポロ着陸とガンディーの「ソルト・マーチ」のジオラマが並列してあったのはご愛嬌。しかしもっと関心をひかれたのは、日本人形の展示の性別比率。百体はあろうかという人形のなかで、和服の若い女性の人形が八割以上を占め、残りのほとんどが子供、成年男性は歌舞伎の人形とひな祭りの左右大臣くらい。「Samurai Warrior」という人形も一体だけあったが、黄金づくりの刀を差した平安貴族の人形で、ぜんぜんいかめしくない。あとは「白虎隊」という但し書き（インド側が付けたのではなく人形の土台に日本語で書いてあった）のついた少年侍の人形があっただけ。ここでみる「日本の姿」は、ばかに女性的である。しかも、女性も独身らしい若い美人だけで、母親や老人はいない。

もともと人形というのは愛玩用だから、どこの国のコーナーをみても女性や子供の人形が多めだが、若い女性が八割以上というのは特徴的である。ここで展示してあるものが、ただちにその国で生産されている人形の比率を反映しているという保証はないが、思い起こしてみても日本人形には若い女性が多い。なお各国人形コーナーのうち、日韓中の東アジア三国は女性比率が圧倒的に高く、このジェンダー・バイアスは何を意味するのだろうかと考えてしまった。

ちなみに、日本コーナーのなかでもっとも奥まった高い位置に飾ってあったのが、アイヌの老人の人形。おそらく日本から入手した人形のうち、いちばん威厳がありそうな人形だったからそういう位置に展示しただけで、インド側が日本におけるアイヌの地位を知ってそうしたのではないだろう。とはいえ、若い和服女性ばかりの日本人形のなかで、アイヌの老人はひときわ異彩を放っていた。

この博物館が入っている建物は「ネルー・ビル」という名で、五階建てくらいのビルのなかに児童系出版社などが集まっている。もともと児童教育関係の篤志家が始めた企画で、出版社や博物館が設置されているそうだ。児童出版の売店にも行ってみたが、英語とヒンディー語が半々で、各種の子供の本が売られていた。

子供の本の内容はどこの国も似たり寄ったりだが、日本とはっきりちがうのは、「われらのリーダーたち」というインドの政治家の偉人伝シリーズがあること。こういうナショナリズムは、現代日本にはないものである。しかしこの児童教育ビルにも、一フロアをまるごと占領してIBMの支社が入っており、経済開放とグローバリゼーションにゆれる「インドの現在」を感じさせた。

表通りにある露天の出店で定食を食べたあと、少し歩いて、公園になっているマハトマ・ガンディーの墓所へ行く。途中のスラムで、男たちが道端で昼寝しているブタを投げ縄でつかまえて、公衆トイレらしき場所に連れ込んでいた（きっと殺して食べるのだと思うが、確証はない）。

ナンを焼く定食屋

しかしガンディーの墓所はやたらだだっぴろいだけでおもしろくないので、近所のガンディー記念博物館に入る。インドとパキスタンの分裂をくいとめるべく、イスラムと和解しようとした彼が、ヒンドゥー過激派に暗殺されたときに着ていたという血染めの服の実物には少し感動したが、定型的な展示が多くあまり興味がわかなかった。

ガンディー記念博物館

ガンディー記念博物館で印象に残ったものをあえて挙げれば、ガンディーを描いた絵画を集めたコーナーの一枚。暗殺者の銃で撃たれ、胸から血を流しているガンディーが、ヒンドゥー教徒・イスラム教徒・仏教徒などを抱きかかえている姿を描いたもので、タイトルは「世俗主義」。インドの知識人が、政教分離・多宗教共存の「世俗国家インド」と誇るときの「世俗主義」とは、こういうニュアンスかと再確認。もっとも、インド人が「インドは世俗国家だ」と誇るときには、「それにくらべてパキスタンというのはゴリゴリのイスラム宗教国家で……」という文句が続いたりすることもあるという。

ガンディーとアフリカ

もう一つ気になったのは、ガンディーが南アフリカにいた時代の記述に関連して、十九世紀末のズールー戦争について書かれていた内容。この戦争は、ズールー族がイギリス軍に対して蜂起した戦いとして、南ア黒人の歴史的誇りとなっているものである。若き日のガンディーが、南アでのインド人に対する差別待遇に闘争をはじめたことはよく知られているから、南アについて展示があったのだ。

しかしガンディー記念博物館の展示では、この戦争は「Zulu Rebellion」と表記されており、まるっきり反乱あつかい。おなじ博物館の図書館で、パンジャブ蜂起が「"rebellion"」とカッコ付きで表記され、「反乱と呼んだのはイギリス側で、反植民地闘争だったんだぞ」というニュアンスを出していたのとはあつかいがやや違う。そういえば、人形博物館でも、アフリカの比重はとくに低かった。聞いた話によれば、インド人はアフリカ黒人の下では働きたがらず、アフリカ諸国の大使館の人などは、使用人を探すのに苦労するそうだ。先日のプニマ夫人のマリ小国発言とおなじく、インド人のアフリカ観を考えさせられる。

児童博物館

そのあと児童博物館へ行ったが、閉まっていた。児童博物館の入口には、これまた「インド版イッツ・ア・スモール・ワールド」風の、多様な地方が共存するインドの姿を子供が描いた絵が飾ってあり、「Peace, Love, Unity」と書いてあった。「平和」と「愛」はともかく、「統一」は現代日本では出てこないスローガン。

しかし私が調べたところでは、日本でも一九五〇年代から六〇年代前半の共産党系知識人の一部は、「中国とインドのナショナリズムに学べ」と唱えつつ、「日本は単一民族国家である」と主張していた。要するに、地方のちがい、階級のちがい、貧富のちがいなどを超えて、「みんなが一つになる」ことが評価される時代だったのである。この点まではインドと戦後日本は共通する

インド共産党本部

が、「平和」と「愛」を掲げる児童博物館の横にインド国産のジェット戦闘機が飾ってあるのは、どう考えても戦後日本にはありえない光景だった。

児童博物館の正面は、インド共産党の本部だった。赤地に黄色のカマとトンカチをあしらった小旗（農民と工場労働者を意味するシンボル。旧ソ連の国旗で有名）がたくさんビルに下がっている。冷戦後にこういう旗にお目にかかるのは、今となっては珍しい。近所に外国語教育の施設があり、その壁に「教育の商業化に反対　ＡＩＳＦ」という落書きがしてある。経済自由化政策の結果として生まれた外国企業就職目的の語学教育に反対する内容らしい。

インドの社会主義政党は、六〇年代の中ソ対立を契機として分裂した親ソ共産党と親中国共産党をはじめ、主要なものだけでも三つあるという。ＡＩＳＦは、そのうちの一派の学生組織だ。西ベンガルやケーララなど、州によっては共産党が政権をとっているところもあるが、近年の人気のほどはわからない。これは現地の人に聞いてみようと思う。見るだけのものは見たので、博物館前からリクシャーをひろって帰宅する。

帰宅して執筆作業。そのあとタクシーで小川氏宅へ行く。インド人の社会学者と引き合わせるという話だったが、先方の予定が合わなかったとかで、ご夫妻だけで歓待。日本料理のサービスをうける。近代日本とインドの比較の話に花が咲き、藤岡氏が翻訳しているインド女性（インドとパキスタンが分離独立したときの難民の娘）の一代記の草稿をもらう。お借りしている小川氏のメール・アドレスに、私が日本で勤務している大学のゼミ学生からレポートが大量に届いており、それをプリントアウトしてもらい、深夜にタクシーで帰宅した。

第四章　映画・フェミニズム・共和国記念日

一月二十三日（日）　晴　下着が一万円

起床後、インド日記の執筆と、日本からメールで送られてきた学生レポートを読む。学生のほうは真面目に書いたのだから、こちらも真面目に読まないと申し訳ない。

朝食時には、ティワーリー氏およびラジブ氏と若干の会話。昨日は人形美術館に行ったと言ったら、二人とも最初は「何でそんなところへ」と笑ったが、展示内容（とくに「インド統一の図」における中央・地方関係）の話をしているうちにだんだん真面目になり、「子供たちはどういう影響をうけるでしょうね」と言ったら顔が真剣になった。ティワーリー氏はもういちどラジブ邸に来週くるそうで、再会を約して自動車で村にもどっていった。

現代美術館に行ったときの話もしたら、ラジブ氏はアムリタ・シェルギルの画集と、ジャイナ教芸術の本を貸してくれる。彼女はシーク教徒の父とハンガリー人の母親のあいだに生まれた人で、一九一三年にハンガリーで生まれたあとパリで学び、インドにやってきたあと、インド中を旅して二十九歳で死ぬという劇的な生涯だったようだ。けっこう有名な人で、よく地図を見たらデリー市内に彼女の名をつけた通りもあるし、インドとハンガリーの合作で伝記映画もあるとのこと。借りた本を読んで勉強することにする。

今日は晴なので、日光を避けて外出はせず、午後まで各地での講演用の英文草稿を準備していた。やはり英文を用意するのは時間がかかる。昼のメニューはラジューお手製のイタリア風パスタで、それを食べたあと、夕方にちょっと外出する。

目的は、下着の買い足し。洗濯のローテーションがどうもうまくゆかないので、不足気味になってきたのである。ディフェンス・コロニーを出て、先日の高級本屋ブック・マルクがあるほうに出かけた。昨夜小川氏の自宅へタクシーで行く途中にこのあたりを通り、けっこうその先がにぎやかで、服屋があることがわかっていたからである。

あいかわらず陽射しが強く、ほこりっぽい。帽子をかぶりながら、人と牛の間を抜けて歩いてゆく。ニューデリーはイギリスがつくった計画都市なので、道路の幅も広く、地図上では近くにみえてもけっこう距離がある。ディフェンス・コロニー周辺は独立後に都市化した地域だが、それは変わらないようだ。

下着が高い

しばらくして、昨夜タクシーから見た服屋に着いた。きれいめの商店がならぶ一角にあり、日本の服屋と感じは同じ。なかに入ると、いかにも中産階級といった人びとでにぎわっている。

下着は二階にあったが、カラー印刷の紙箱入りのもので、一枚なんと九十五ルピー。しかも「定価」。日本円にして二百五十円くらいというのも安くはないが、それ以上に一ルピー=百円の「現地感覚」からすれば、ほとんど一万円である（前述したように階層差もあるし、都市部は物価が上昇気味なので、換算はむずかしい）。うーん、下着一枚一万円かと思ったが、探し疲れてめんどうになっていたから二枚買ってしまう。

「インドの西武デパート」

あとでパッケージを調べてみたら、アメリカの会社からデザインのライセンスをもらって、インド南部のバンガロールで生産されたもの。パッケージにカラー印刷された写真のモデルは、もろにアメリカ白人男性。そして服屋の名前は、なんと「snowhite square」（スノーホワイトのつもりだろう）ときた。デリーでは天変地異でもおきない限りぜったいに降らない雪を店名につけ、しかも「ホワイト」。こういう名称で五千円だか一万円だかの下着を売る服屋をにぎわせているのが、デリーのニューリッチたちである。この人たちにとっては、そう高い値段でもないのだろう。

「スノーホワイト」近辺

しかし、いくらきれいなニューリッチの店でも、そこはインド。まず下着のサイズがアバウトで、S・M・L・XLのウエストが一〇センチずつ大きくなる。日本ならもっとサイズの幅が小さいだろう。店のレジはもみあう客で大混乱で、しかもお金を支払うといちいち領収書の半券をもらい、それと袋詰めされた商品と交換する。しかもそんなに大きな店でもないのに、売場の売子、レジまで商品を持って行く係、レジ係、商品受渡し係がぜんぶ別で、例によって一人でやれることを四人で行なう完全分業体制。表に出ると、きれいな「スノーホワイト」の看板の横で、野良犬が昼寝をしていた。

あとでわかったことだが、スノーホワイトは洗濯屋から発展して衣料も売るようになったチェーンストアで、しいて日本でいえば、バブル期の西武デパートにあたるような存在らしい。四人がかりの販売体制も、必ずしもどこの店でもやっているものではなく、「値段は高いけど、あなた一人に多くの人間がサービスしている」という印象をお客に持たせるためだと聞いた。もっとも、お客に好感を持たせるために分業体制を導入するというのは、日本では出てこない発想だとは思う。

貧富ごちゃまぜの街並み

こういうニューリッチの店も感慨深いが、もっとすごいのは街のごちゃまぜぶり。「スノーホワイト」近辺は完全にニューリッチの一角なのだが、百メートルも歩くとやや店が汚くなり、二百メートル歩くと庶民市場になってしまう。さらに百メートル歩くと、こんどは東京なら青山にでもありそうな高級インテリアの店がある。それなりに住み分けてはいるのだが、距離が近すぎるのである。

庶民市場で一杯二ルピーのチャイが売られているかと思うと、二百メートル先では一個最低四十ルピーのハンバーガーを売っている。下着一枚が一万円なら、ハンバーガーは四千円くらいの感覚だろうか。けっこう贅沢な、「かっこいい食べ物」という位置付けらしい。しかし四十ルピーは為替レート上では百円くらいだから、ハンバーガーもシャンプーやフィルムとならんで、先進国価格の品物だといえる。

格差の度合いもすごいが、相互の距離の近さもすごい。歩いている人間の服装や顔つきも、百メートルごとにまったく変わる。近代東京もそうだったし、またソウルに行ったときも感じたことだが、近代化のピッチが急速なので、古いものと新しいもの、富める者と貧しい者が入り混じり、都市がまだら状になるのである。

青山に牛

変わらないのは牛だけで、これはどこにでもいる。庶民市場にはもちろん、「インドの西武」スノーホワイトの近辺にも、青山風インテリア店の前にも牛が平然と立っている。慣れてくると、なぜ東京の青山や渋谷には牛がいないのだろうかという気になってきた。

やや汚めくらいのエリアに、本屋が何軒かあったので、立ち寄る。どこの店にもフェミニズム系の本などはなく、どうやらあれはブック・マルクだけの現象だったようだ。オールカラーのファッション雑誌もあったが、二百ルピーもした。出版社の希望価格としても、日本円なら五百円、「現地感覚」では一冊二万円である。

インド細密画の本を探したが、新刊本はどこも高い（二千ルピーくらい）のでやめておく。古本屋で若干の細密画の本と、なんとなく目についたバービー人形についての本を合計三百ルピーで買う。後者は完全にただの趣味だが、自分のなかでは細密画との距離は近い。だいたいキッチュで変なものが好きなのである。

風呂のお湯の温度

帰宅してまた執筆作業。夜になってシャワーを浴びたら、ようやく熱めのお湯が出た。先日ラジブ氏とティワーリー氏が話していたが、インド人には日本の風呂は熱すぎるそうで、それでぬるいお湯しか出なくても問題ないのだろう。とはいえ、シャワーの水圧が低くて水道管より上に持ちあげるとお湯が出てこないのにはまいる。

頭を乾かしながら買ってきたバービー人形の本を開き、年代ごとの変化（アメリカン・ライフスタイルの見本市みたいだった）と、インドバービー（サリーを着ている）や日本バービー（和服を着ている）といった国際展開を拝見する。この手の人形はマニアやコレクターも多いと聞くが、たしかにいくらでも凝れる世界だろう。

九時ごろ食堂に行くと、応接間では、またプロデューサーのゴタム氏がラジブ氏と映画談義をしている。こちらの夕食はだいたい九時前後だが、今夜はゴタム氏のライフストーリーがいろいろ聞けた。

ゴタム氏はインド最北の地であるカシミール州で生まれたが、父親が役人だったので転勤が多く、砂漠の土地ラジャスタン、ベンガルの町カルカッタを経てデリー大学に入った。カルカッタでは、戒律の厳しいことで知られるドミニコ修道会の学校に入れられていたという。ところが大学ではエルヴィス・プレスリーに狂い、髪をリーゼントにして細いズボンをはき、ダンスパーティで踊り、スクーターを乗りまわしていた。大学では卓球部のキャプテンで、一九六七年には全国優勝して新聞の見出しになったこともあるそうだ。ラジブ氏とは、デリー大学の経済学部でクラスメートだったのが出会いだという。

インドの六〇年代の青春

私が「カトリックの学校に行くと、校則が厳しすぎた反動で、あとでフリーク・アウトする人が多いって言うけど」と言ったら、ラジブ氏は「ここに見本がいるよ」とゴタム氏を指差して笑った。「ラジブさんもプレスリーのファンだったんですか」と聞くと、「いや私はマジメ派で、インドの古典音楽を聞いて学生新聞を編集していた」と言う。もっとも彼も、その後は世界放浪旅行に出たわけだし、「フリーク・アウト」なんて言葉もピンとくるクチだ。プニマ夫人やタンカ氏も同学年だったそうで、「インドの六〇年代の青春」である。

コスモポリタン

現在、ゴタム氏はおもにインドに住みながら、カナダではモントリオールに住居をもち、カナダの銀行と金融の仕事をしながらお金をつくり、映画プロデューサーをしているという。一昨夜のハント氏もそうだが、ふだん住んでいる国と国籍をまったく分けて考え、国籍は利便のよい国のものでよいという立場なのだ。「それじゃ、あなたの宗教は」と聞いたら、「最近は友人と一緒にユダヤの祝日を祝うね」とゴタム氏は答え、ラジブ氏は「チョタバルー（小熊）が言っていた日本人の宗教観と同じさ。こいつは何でも祈るんだ」とコメント。まこと、コスモポリタンとはこういう人かと思う。

映画祭に招待

このゴタム氏の写真を、応接間で一枚撮らせてもらった。この人はいつ見ても同じ帽子をかぶり同じ服を着て、室内でも帽子を決して脱がないという外貌なので、写しておきたかったのである。「彼に信仰があるとすれば帽子だな。禿げてはいないがね」とラジブ氏。

写真を撮らせてもらったら、ゴタム氏は「明日カメラマンをやる気はないか、教授」と言う（「教授」とは私のことである）。聞くと、明晩、国際映画祭のプレミアム上映会があり、ハント氏の映画を上映するだけでなく、出演したアマルティア・センの娘もやってくるそうだ。

ゴタム氏は笑いながら、「正式のカメラマンとして招待するぜ。日本人は写真を撮るので有名だから、うまいだろう」と言う。私がそれに応じて、「だったら、そのあたりにいる観光客に頼みなよ。こんな固定ピントの中国製カメラで、センの娘を写すのかい」と言うと、「かまわん、かまわん。会場を動き回って、適当に撮ってくれればいいのさ。あの東洋人のカメラマンは誰だっていうんで、有名になれるぜ」という回答。

プレミアム上映会は席も限定されていて、招待客しか入れない。ラジブ夫妻は招待されている。つまり、撮影者という名目で私を招待名簿に入れてやろうという、彼なりのサービスなのだろう。私もそのぐらいの事情は推測がついたが、おもしろそうだし映画をただで見れるので、引きうけることにした。

一月二十四日（月）　晴　映画祭の夜

今日は講義の日である。昨夜タクシー会社に予約しておいた、英語の話せる運転手ハルバン・シン氏の車に乗り、大学へ向かう。

道みち聞いた話では、ハルバン氏はパンジャブ生まれだが、旅行者相手のタクシー運転手としてほぼ全インドを回ったそうだ。英語が話せるのは、外国人ツーリスト相手の仕事が長かったからである。私に対しても、デリー近郊の観光地の名をしきりとあげて、自分の運転で行かないかと暗に誘う。

ハルバン氏には娘一人と息子二人がいるそうで、よい学校にやるために努力しているそうだ。仕事熱心もそのためだろう。子供の教育に熱心なのは、インドの経済成長が上昇軌道に乗っている現われの一つである。もっともそれは、その軌道に乗れない多くの貧困層との格差の拡大をも意味しているのかもしれないが。

時間調整の感覚

大学に到着すると、例によって誰もいない。先週の講義が三時間もかかったので、こんどは十時に来てくれとタンカ氏の同僚の教授が言っていたため、早めに来たのである。ところが日本科のスタッフは会議中で、十一時までかかるとのこと。早く来て講義してくれと言った教授は休みだった。

日本に留学したこともある修士二年のハリーは、「すみません、どうも時間の調整がうまくなくて」とあやまっていた。しかし彼に責任があるわけではないし、スタッフたちも悪気でやっているわけではない。要するに、これが「インド流」だと思うことにした。もう慣れたので、別に腹も立たない。時間があいたので、今後の地方行きの構想を練る。

日本の言語統一

講義は十一時過ぎにはじまった。内容は、日本の標準語の形成と普及の経緯について。日本でこの話をするときは、国内で言語が統一されていなかったり、高等教育が英語で行なわれていたり、テクニカル・タームの整備と翻訳が大変だったりする国が世の中にはたくさんあって、明治の日本もその一つだったことを説明するまでにえらく手間を食うのだが、ここインドではその必要はない。

彼らが知りたいのは、そういう状態からいかに日本が言語の統一に成功したかである。明治の日本でも、漢字全廃案・英語公用語化案・ローマ字化案などさまざまな試みがあったことを説明し、西洋の技術用語をいかに翻訳したかの苦労などを話すと、インド側の人びとがじつに関心をもって聞いているのがわかる。

明治の日本で英語公用語化案というと驚くかもしれないが、その提唱者である森有礼は、中国語（つまり漢字）の助けなしには日本語では法律一つ書けず、日本語で近代化を行なうのは不可能だという見解を述べている。その後の日本は、漢字を駆使して西欧の科学や近代政治の用語を整備し、近代化に成功した。しかし識字率が低かった明治初期の日本では、民衆に数千から数万の漢字を覚えさせるのと、英語を覚えさせるのでは、どちらが識字率の向上に有利か未知数だったのである。

識字率の「内容」

ちなみに、明治初期の識字率は俗に四〇パーセント台といわれるが、それは「識字率の内容」を見ていない議論。明治中期における長野県のある農村の調査では、十五歳以上の男性のうち、自分の名前と村の名前が書ける者は四〇パーセントいるものの、新聞や公示が読める者は三パーセントしかいなかったという。その中間には、デリーのタクシー運転手の英語がそうであるように、数字だけなら書けるとか、商売上で必要な決り文句だけは記入できるという層が広がっていた。また明治初期では、大学での講義はお雇い外国人が行なっており、当然英語やドイツ語である。こういう話をすると、日本では意外がられるが、ここデリーでは「日本もそうだったのか」

という反応だった。

中央集権国家日本

この先の展開が、インドと日本ではかなり違う。日本では、よくも悪くも強力な中央集権制のもとで、東京の言語に全国の言語が強制的に統一された。マスメディアが東京に集中しており、印刷物や放送がすべて東京の言語だったことも大きい。ところがインドでは、植民地時代にすでに英語の中等・高等教育が普及していたこと、連邦制で地方の自立性が高いこと、地方言語での出版・映画などの作成が盛んなことなどのため、言語の統一は進まなかった。

当然インド側からは、過去には政府の統制があったとしても、現在の日本では地方言語による出版や放送はないのかという質問があった。それに対し、日本では地方の放送局はたいてい東京の支社であることや、たとえば沖縄の人口は百三十万しかおらず、沖縄語の映画や番組をつくろうにも、市場が狭くて採算がとりにくいことなどを話した。以前に触れたように、インドでは「少数言語」でも数千万の人口があり、それが文化の多様性が市場的にも成立する基盤となっている。

多様性と格差

もちろんインドでも数十万の人口しかない少数民族の言語もあり、「人数が少なくて映画などをつくれない言語があります」というコメントもあったが、やはり日本とは状況がちがう。強制的な統一のもとに、いろいろな意味で均質化と近代化を達成した日本と、多様な文化をもつが紛争と格差に悩むインド。どちらがよいかは難しい問題である。

講義のあとタクシーで大学を出て、交流基金事務所に立ち寄り、二月の出張の打合せをする。このときもらった資料で、バンガロールのシンポジウムは「アジアにおける人文科学」というテーマで、日本からデリー大学での講演用に持参してきた英文報告ではミスマッチであることが明らかになった。小川氏はただ行って視察報告を書くだけでもいいと言ってくれたが、せっかくのチャンスだから、そのテーマで新しく報告を書くことに決めた。

プレミアム上映会

一仕事終えて帰宅し、一時間ほど執筆したあと、五時半からラジブ氏の運転する車で、国際映画祭のプレミアム上映会に行く。場所は先日インド舞踊のシンポジウムがあった、「インドでいちばんきれいな施設」であるインド国際センター。プニマ夫人もサリーでドレスアップしている。到着すると、ゴタム氏が先に会場に入れてくれたので、席を確保できた。

私は「カメラマン」として招待されたわけだが、予想通りプロのカメラマンもきていた。しかしせっかくだから、写真もしっかり撮ることにする。かつて出版社に勤めていたときに、座談会だの取材だので写真はけっこう撮ったので、こういう場で撮影するのはわりあい慣れている。ハント氏と主演女優、ゴタム氏などが並んで挨拶する様子を、最前列に出ていって写す。しかし固定ピントの安物カメラの悲しさ、不満の残る撮影しかできなかった。

カナダのインド移民映画

映画の題名は、“Seducing Maaria”（『魅惑のマーリア』）。カナダのインド移民たちの話である。カナダで「デリー」という名のインド料理屋を営む父子がおり、その息子とインドからきたばかりの若い娘マーリアが結婚する。彼女は料理がやたらとうまく、店は繁盛するが、息子は実はホモセクシュアルで、ロックバンドの仲間と恋仲。新婚当初から性交渉のなかった娘は、父親と関係を結ぶ。父親は、インドとパキスタンが分裂したときにパキスタンから逃げてきた難民の一人で、心に傷を負っていた。インド・パキスタンの分裂時には、インドではイスラム教徒が、パキスタンではヒンドゥー教徒が襲われ、百万人が死に、一千万人が難民になったといわれる。

その後、父親との関係が発覚して息子と対立が起こるなかで、インドから娘の兄が店に現われ、マーリアに「いつ改宗したんだ。俺とインドへ帰れ」と迫る。父子はヒンドゥー教徒だったが、マーリアはスラム育ちのイスラム教徒だったのである。マーリアはいったんそれを断るが、その後「It is freedom without choice」と書いた置き手紙を残し、自分の意志でインドにもどる……といったお話だった。

マーリアと父親の会話中、「パキスタン、インド、バングラデシュは家族だ。なぜ争うんだ」という言葉があり、「家族の関係」と「国家の関係」をダブらせているのがうかがえる。ホモセクシュアルや近親相姦といった題材から「家族の新しい関係」を問い、歴史的経緯や宗教対立を描くことで「国家の新しい関係」を問うという、いたってマジメな内容の映画である。

「マーリア」という名前も、イスラム教徒なのかキリスト教徒なのかわかりにくい名前をあえて選んだものだ。こういうジョーカー的人間が、周囲の人間をつぎつぎに魅惑し、それまで安定していた関係の再構築を行なわせてゆく内容である。「どこからともなくやってきて、美人で料理がうまく、どこへともなく去ってゆく」というキャラクターも、人間のもつ外部への二大欲望(食欲と性欲)を開放させ、人びとの自我と関係をいったん破壊したうえで、新たな再生の契機をつくる役柄にふさわしい設定であるとみた。セックスと食事のシーンが頻出するのも、『魅惑のマーリア』という題名も、そういう意図からだろうと思う(あとでこの感想をラジブ氏に述べたら、「いろいろな解釈があるのはいい映画の証拠だ」という「大人の回答」だった)。

もっともありていにいって、展開の手法や撮影技術は、過去のいろいろな映画の影響がミックスされた手堅いもの。「ああ、この展開は小津だな。これはカヴァーニか」と思わせられる場面が多々あった。問題意識はよくわかるし、過去の映画・音楽・歴史など、いろいろよく勉強しているまじめな監督だとは思ったが、映像芸術としてはさほど衝撃は受けなかった。一見刺激的そうな題材を盛り込んであるが、手法はけっこう古典的で、商業映画としても手堅い感じ。映画中、息子が自分の音楽を「父さん、これはオルタナティヴだ。ポップじゃない」と説明する場面があったが、オルタナティヴらしくみえるがけっこうポップな映画だというのが正直な感想。

映画で議論

とはいえ、インドでは外国映画の輸入にあたって検閲があり、女性の胸が見える映画はご法度というお国柄。そこへセックス・シーン頻出で、同性愛やら近親相姦が描かれ、さらには国家分裂と宗教対立の経緯も盛り込まれているとあっては、インドの知識人が刺激を受けるのも無理はない。あとで聞いたら、ラジブ夫妻も「ずいぶん思い切った映画だ」との意見。上映後の質問時間では、そうした点に質問が集中し、インド人たちがつぎつぎと立ちあがって意見を述べた。こういうとき、インドの知識人はじつによく発言する。もっとも、ひたすら自分の意見をまくしたてる人が大部分で、全体の議論を発展させる目配りとか、短いが的確な質問とかは、ほとんどなかったのが気になったが。

ハント氏はそうした質問に、いちいち答えている。マレーシアの華人で、カナダ国籍でインド人を使って英語の映画を撮るということについて、ふだんからいろいろ考えている人であることがよくわかった。先日のラジブ邸での夜会では、「ナショナリズムなんて知らないね」とか「僕の信仰は睡眠だけだね」とか斜にかまえていたが、そうしたポーズのわりには実にマジメな人である。

国境のでき方

ほかに知性を感じさせたのが主演男優で、「インド、パキスタン、バングラデシュという区別はイギリスがつくったものだ。われわれがそれにとらわれる必要はない」という回答をして、一場の感嘆をよんだ。たしかにこれらの国々の国境線はイギリスが中心になって決めたもので、それによって人びとが引き裂かれたのである。インドにかぎらず、元植民地だった第三世界の国境線は、その多くが宗主国が決めたものだ。しかしいったんその国境線に沿って独立すると、あたかも太古の昔から国家が存在したかのようなナショナリズムが生まれてくるのである。

このあとラジブ夫妻はパーティへ出席し、私も一応誘われたが、断って自分でオートリクシャーを拾ってひきあげ、執筆作業をして寝た。出版社勤務のころに出版記念パーティだのレセプションだのにはよく出たが、作家や監督は友人や賓客の対応に忙しく、一面識しかない人間が割り込む余地などないのが普通。多少の好奇心はあったが、ここは引き際が肝心である。

あとでラジブ氏から聞いた話では、パーティは銃を構えたセキュリティが、入口を厳重にチェックする状態で行なわれたそうな。たしかにテロを行なう側にとって、国際映画祭の受賞監督と新進女優を殺害すれば、大衆映画館を爆破するより政府を威嚇する効果はある。この点はさすが日本とはちがうと、妙に感心した。

一月二十五日（火）　晴のち曇、ときどき雷雨　フェミニストと会う

午前中はバンガロールでのシンポジウムにむけた英文報告の準備。昼前、小川氏が車で迎えにきた。今日はインドのフェミニスト、ウルワシ・ブタリア氏と昼食会の予定である。

ウルワシ氏は、インド・パキスタン分裂時の難民の娘で、この分裂の悲劇を当事者の聞きとりを中心に描いた本を出版した人である。前述の通り、分裂時にパキスタンからはヒンドゥー教徒が、インドからはイスラム教徒が追われ、膨大な死者と難民を出した。この人の本を、小川氏夫人の藤岡氏が翻訳しつつあるのは前述のとおり。

フェミニズム出版社

　またウルワシ氏はフェミニズム出版社「女性のためのカーリー」の設立者でもある。「カーリー」とはヒンドゥー神話の女神。意識してやっているのではないかもしれないが、日本側の感覚からみると、やはりインドの社会運動は宗教との関係が根強くみえる。

　事務所は裏通りの小さいがこぎれいなビルの一室。本の在庫とオフィスがある、典型的な小出版社風景。ウルワシ氏は中年のウィットに富んだ女性で、きれいな英語を話す。インド人は「ブラザー」を「ブラダル」、「ワーク」を「ワルク」などと発音する人が少なくなく、わかりづらい場合があるが、これほど聞き取りやすい英語を話す人ははじめてである。「名前はオグマだが、チョタバルー（小さい熊）でいいですよ」と言うと、事務所の人びとも笑っていた。

インドの原宿

　事務所でしばらく話をしたあと、小川氏が「インドの原宿」とよぶハウズ・カース地区で、なかなか豪華な昼食をとった。遺跡と公園が見下ろせるレストランで、ムガール料理がうまい。ふだんの昼食は六ルピーか十ルピーぐらいの定食を屋台で食べるだけだし（これはインドでもかなり安い食事）、夜はたいていラジブ邸だから、はじめて「インド宮廷料理」らしいものを食べた。とはいえ、「インドの原宿」といっても、しっかり牛と物乞いはいたが。

　話の内容は、多岐にわたった。彼女の活動内容のこと、日本のフェミニズムのこと、日本のナショナリズムのこと、等々。当然といえば当然だが、日本のフェミニズムのなかでも、欧米の理論をベースにしたものより、農村や女性労働の調査などに彼女は興味を示した。彼女が知っている日本のフェミニストとして名をあげたのは、松井やよりだった。

　こちらが話をしたなかで、彼女がとくに関心をもったらしいのが、森崎和江や石牟礼《いしむれ》道子といった、漁民や鉱山労働者など底辺層の人びとと関わりをもち、知識人的ではない民衆の語りを書きつづった人びとのこと。森崎や石牟礼のような、民衆的かつ民俗的、というよりなかば宗教的かつ神秘的な女性知識人に関心を示すというのは、やはりインドのフェミニストである。

私が高群《たかむれ》逸枝《いつえ》のことを話すと、これにも関心を示した。私見では、一九三〇年代の日本で高群が直面した問題は、日本の文化的アイデンティティの保持と女性の地位向上をどう両立させるかだった。西洋的なフェミニズムを導入すれば自国の文化的アイデンティティが失われ、文化と伝統を保持しようとすると女性の地位が向上できないというジレンマに陥って悩むことは、インドでも共通のものである。

それにたいし高群がとった手法は、「伝統」や「神話」の再解釈だった。つまり、『古事記』や『日本書紀』の時代、古代神道のもとでは女性の地位はむしろ高く、その後に儒教の影響で女性の地位が低下したのだ、というのが彼女の見解だった。それなら、日本の伝統の「正しい」維持と、女性の地位向上は矛盾しないことになるわけである。

ハウズ・カース地区のブティック

「伝統」の再解釈

こういう戦略はけっこうどこでも見られるもので、イスラム世界にも、コーランの記述そのものには性差別は少ないと主張しているフェミニストがいたと記憶する。現代日本でも、元女優の市民運動家で参議院議員にもなった中山千夏氏が、近年では『古事記』研究の本を出していた。ウルワシ氏の出版社が出した本にも、ヒンドゥー神話における女性の地位を論じる論文が掲載されている。

しかし高群の場合、神話の解釈を実体的に受けとめたために、古代神道の精神をアジアに広め

原理主義への対抗戦略

るという姿勢から、最終的には日本ナショナリズムと侵略の賛美へと流れていってしまった。こうした戦略には、つねにナショナリズムや原理主義への接近という危険がともなう。

しかしウルワシ氏の反応でおもしろいと思ったのは、高群について「彼女の思想は民衆の支持を集めたのか」と私に聞いたことだった。

ウルワシ氏は「伝統の創出」、つまりインドをふくむ近代国家がナショナリズムの高揚のために伝統や神話を操作した歴史をよく知っているし、ヒンドゥー至上主義には反対である。いささか深読みかもしれないが、彼女にとって「ヒンドゥー神話の言葉でフェミニズムを語る」ことが、文化的アイデンティティの問題という以上に「民衆に近い言葉で語る」ことであるなら、神話を過度に実体化してヒンドゥー原理主義に同調する必要はないだろう。となれば、重要なのは「神話をどう解釈したか」よりも、「それによって民衆にどれだけ語りかけえたか」であることになるわけだ。

だいたいインドとパキスタンの対立は、国家がいかに宗教対立を生み出し、利用してきたかの歴史である。かつては村内でそれなりに共存していたムスリムやヒンドゥーの人びとが、国家の分裂や政治勢力の煽動を契機に、相互に暴行を行なうという事態が生まれた。そうした歴史の研究者であれば、宗教的原理主義に反対なのは当然だろう。

そこで普通なら、政治から宗教を排した「世俗国家インド」をうたうことが多いわけだが、文化的アイデンティティをうたうヒンドゥー至上主義にくらべ、知識人の支持はあっても民衆に人気がない。リクシャーに乗ってもタクシーに乗っても、神様のブロマイドが貼られていない場合のほうが少ない社会である。そこで知識人というものは、ポピュリズムの台頭を「民衆の無知」

とだけ批判するか、それとも原理主義に同調してしまうかという二者択一に陥ってしまいがちだ。しかし「神話」や「文化」を実体化することなく活用するというやり方は、そうした二項対立を超えた戦術かもしれない。日本で「歴史修正主義」が人気を集めている状況に、どう対応するかを考えるうえでも参考になる。

小川氏は、この機会にインドで私にいろいろな人に会わせようという計画のようで、ウルワシ氏に誰に会わせるべきか教えてくれと質問した。それがきっかけで、インド・パキスタン国境に近いパンジャブの都市アムリトサルの大学で彼女の友人が働いており、そこで私がレクチャーをする計画となった。これで、ベナレス・バンガロール・パンジャブと、インドの東方・南方・北方に行くことになりそうだ。

約二時間半の会談が終わり、交流基金事務所で打合せとメール送信を行なったあと、タクシーで帰宅。その後執筆に励み、ラジブ夫妻と夕べの映画の話をしたが、昼間の会談で喉が痛くなっていたので、早々に寝た。「インドで無理は禁物」である。

一月二十六日（水）　晴　共和国記念日

朝から調子が悪い。昨日の会談は公園が見渡せる屋上庭園のレストランで行なわれ、かなり強い風のふきさらしになったので、体をやられたらしい。もともと子供のころに扁桃腺をとってしまっているので、風に吹かれると風邪をひくたちなのである。

幸いにして今日は共和国記念日とかで、大学の講義は休み。ほんとうは記念日のパレードが「インドの凱旋門」インディア・ゲートの前であるとかで、見に行きたかったのだが、数日前パレードの予行演習で爆弾が発見され、交流基金側からは行くなと言われている。共和国記念日のパレードなどは、テロ効果抜群だから、狙われやすいのである。もしただの個人旅行なら自分の責任で行ってもいいが、公式に招かれている身だから、ここで私が死にでもしたら交流基金デリー事務所のスタッフが責任を問われてしまう。おとなしくテレビで見学することにして、各地での講演用の英文草稿を書き始める。

テレビをつける

午前十時前からテレビをつけた。もともと日本の自宅にはテレビがないので、テレビを見る習慣がなく、つけたのはインドに来てはじめてである。どこのチャンネルだかわからないので回していると、ヒンディー語に吹き替えのディズニー・アニメや、ムンバイ（ボンベイ）でやっているインド版ＭＴＶ（番組のリクエスト募集で、ケミカル・ブラザーズをバックに電話番号をがなっていた）などのあと、パレードの準備段階らしい画面が映った。

どこの国家記念日もそんなものかもしれないが、まずは首相をはじめとしたお偉方がひな壇に着席する。やがて最近のパキスタンとの国境紛争で功績を挙げたらしい軍人が、つぎつぎと首相のもとに上がり、勲章か何かをもらってゆく。

もともと「インドの凱旋門」インディア・ゲートは、第一次世界大戦にイギリス軍へ動員されて死んだ約九万人のインド人兵士たちを記念してイギリスが建てたものだから、戦争色がはじめから強い。日本も第二次世界大戦に勝っていたら、日本軍に動員されて死んだ朝鮮人兵士を記念して、ソウルに凱旋門でも建てただろうか。もっともイギリスも、自治とか独立とかをちらつかせてインドを協力させたものの、戦争が終わったらそれを棚上げにしてしまったのだが。

軍隊のパレード

十時からパレードが始まった。まずは軍隊の大行進。騎馬隊やシーク教徒部隊など、各種の部隊がまず行進を開始するが、みんなイギリス風なのがおかしい。ロンドンのお土産に売っていそうな警備兵の格好を、インド人がやっている。

だいたい植民地で編成される現地軍は、幹部はみなイギリス人で、現地採用者は尉官以上には採用しないうえ、反乱を起こしても大丈夫なように二流装備しか与えない。代わりに、ヨーロッパではすでに旧式になっていた派手な服装やら儀式やらで飾り立て、現地兵士の虚栄心をくすぐっていた。

遠いところで文化が残る

こうやって、本国ではすでに古くなった文化が、帝国の外郭地域に残ることになる。いったん波及したこういう様式は、独立後も、現地ではなかなかなくならない。ほかにやり方を知らないので、とりあえずその様式のまま儀式を行なってしまうのである。軍隊にかぎらず、官僚の気風とか、統治システムも残留しやすい。

そういえば、邱永漢の初期小説集を読んでいたら、戦後の台湾で国民党政権が現地採用の兵士を入営させたさい、台湾の人びとが入営儀式をどうやったらいいか考えつかないので、旧日本軍に徴兵されたときのやり方そのままで、「天に代わりて不義を討つ」とか歌いながら万歳の歓呼に送られてやってきたというエピソードがあった。邱永漢といえば、いまは財テク専門の書き手になってしまったが、もともとは一九四七年の二・二八事件（国民党政権による台湾住民の大弾圧事件）の余波で台湾を追われた人で、初期はまじめな小説を書いていたのである。

ソウルで韓国の戦争博物館を見学したときにも、朝鮮戦争における韓国の青年義勇隊のマネキン人形を見たが、これも「必勝大韓健児」とかのハチマキを巻いたもので、太平洋戦争中の日本軍による動員スタイルを国名だけ入れ替えた感じだった。もっとも、「遠いところで文化が残る」

事例については、日本も他国のことはいえない。シャンソンが現在もっとも盛んなのは、パリではなく東京だと聞いたことがある。真偽のほどは確かでないが、あっても不思議ではない話だ。自衛隊の服装だって、一昔前のアメリカ軍のものによく似ている。

騎馬隊その他の行進のあと、戦車だのミサイルだの兵器のパレードがはじまる。戦闘機も台に載せられて出てきたが、それが国際的にはもはや旧式機であるミグ21だったりするのが少し悲しい。戦闘機の原産国が古い順にソ連、フランス、英米と変わっているのもインド外交の変遷を感じさせてご愛嬌である。アナウンサーは「この戦闘機はマッハ二のスピードが出て……」とかしきりに誇っていたが、「ソ連製です」とか「フランス製です」とかは述べていなかった。まあ、兵器が国産できれば偉いというものでもあるまいが。

民俗舞踏の行進

次は先日の人形博物館とおなじく、インド各地方の民俗舞踊団。「WE ALL THE INDIAN PEOPLE」というプラカードを掲げていた。日本の建国記念日の行進で、「WE ALL THE JAPANESE PEOPLE」というプラカードを掲げさせて、アイヌ舞踊や沖縄舞踊をやっているようなものだ。こうした国家統合誇示の志向は、戦後日本よりも、多民族帝国だった戦前の日本のほうがむしろ強かった。

インド統合のシンボル

戦前日本の統合の中核は天皇だったが、今のインド統合の中核は何なのだろう。ガンディー主義は下火だし、戦後日本のように「豊かな国」とか、アメリカのように「世界でいちばん強くて豊かで正義の国」といった豪華三段重ねみたいなナショナル・アイデンティティ（どれか一つでも脅かされればかなりのアメリカ人は納得しないのじゃなかろうか）でもあるまい。

テレビを見ている限りでは、過去のヒンドゥー文明と、最近のパキスタンとの紛争に勝利したことが、統合のシンボルとして掲げられているように感じられてならなかった。各地方のパレードが山車《だし》を連ねて続くなかで、タージマハールとかの遺跡を模した山車と、戦場で闘う地元兵士や生産に励む軍需工場の山車が目についた。土地の名産物を模した山車とか、テレコム産業の山車とか、あるいはゴア州のように西洋式コテージの脇でサンバを踊っているというよくわからない山車もあったが、遺跡と軍隊がやはり多い。経済は先進国にくらべて見劣りし、独立運動の栄光も古びたとなれば、あとは戦争と古代文明くらいしか思いつかないのだろうか。

昼にはパレードが無事終わり、どうやらテロもなかったようだ。今日のメイン・イベントはこれで終わり。ふたたび地味な執筆作業にもどる。昼食時に、ラジブ氏に「少し熱っぽいんだ。三七度五分くらいかな」と言ったら、「そんなのは平熱だ」というコメント。インドではこれは平熱かと思ってひたすらに会議の報告準備で英作文に明け暮れていたら、体調が悪くなってきた。熱を測ると三八度で、少し休む。

プニマ夫人も体調が悪いそうで、どうもこの人が最近落ち込み気味なのは体調のせいもあるようだ。ラジブ氏と息子は外出で、病人二人で黙々と夕食。へばったので早めに寝た。

一月二十七日（木）晴　講演会

朝から調子が悪く、セキがとまらない。土曜日には、ティワーリー氏のNGOが活動している農村に行かねばならない。日本から持参した薬を飲みつつ、英文の会議報告の準備をする。ひたすら英作文をやっていたら、どうにかこうにか夕方には書けたので、国際交流基金の事務所に持っていって英文チェックに回すことにする。今日は以前からの約束で、交流基金事務所で日本からの滞在者むけにレクチャーをしなければならない。体調は最悪だったが、熱はなんとか三七度台後半なので、これも仕事と思って出かける。

完全にへばって気力がなかったので、リクシャーの運転手どもと交渉する気分になれず、やや近いがタクシーを呼んだ。来たのは英語の通じない運転手ティラート。なんだかやたらと遠回りして事務所に到着し、通常なら五十ルピー前後と思われるところを七十ルピー請求されたが、面倒なのでそのまま支払って帰ってもらう。気分は最悪だったが、レクチャー室には人が集まっている。とにかく気合を入れて精神を集中し、ステージに上がる（私にとって講義はライヴである）心理的準備を整える。

レクチャーは疲れる

レクチャーに来ていた人は、インド在住の留学生とか、文化人類学者とか、駐在員関係者とか、新聞の支局員といった人たちが約三十人ほど。七時開始でレジメを配り、先日デリー大学でやったのと同じ「明治日本における伝統の創出」の話をする。とにかく講義をはじめればその間は精神がハイになっているので、気合を入れて部屋に満ちる人びとの関心や「気」の流れをコントロールしつつ、なんとか好評のうちに約二時間あまりのレクチャーと質疑を終えた。

終わったあとにはビールとピザが出た。私は酒を飲まないので、水で薬を飲む。インドでピザとはこれいかにと思ったが、インド人は日本料理よりイタリア料理のほうがつくるのが得意なのか、けっこういけた。インド料理もイタリア料理も油が強くて味が濃いからか、などとくだらぬことを考えた。というより、くだらないことしか考えられないくらいへたばっていたのである。いろいろな人から名刺を渡されて質問がきたが、講義で精神エネルギーを使い果たしたのか、つらくなってきていた。小川氏が気をきかして、適当に打ち切って事務所の運転手ダス氏を呼んでくれる。

結婚式の行列

　ダス氏の運転でディフェンス・コロニーまで車を走らせたら、パンジャブ出身の人たちによる結婚式の行列で、道が通れない。一月から二月は結婚シーズンなのだ。着飾った新郎新婦とにぎやかなバングラ・ポップの楽隊、親戚の人たちも楽しそう。ふだんなら降りて見学するところだが、その気力がない。遠回りして帰りついたら十一時。熱をはかったら三九度。外では楽隊の音が続いていて、見に行きたい衝動にかられたが、体がいうことをきかない。倒れるようにして寝る。

一月二十八日（金）晴　風邪でダウン

　明日は農村に行かねばならない。今日は一日寝ていることに決意して、風邪薬・抗生物質・ビタミン剤を飲んでひたすら寝る。予定では、私に同行することになった国際交流基金スタッフの佐藤氏が、明朝六時過ぎには車で迎えにくるはず。それまでに体調が治るかどうかの勝負である。今日は夜に共和国記念日の特別プログラムでまたパレードがあるという話で、誘われてもいたのだが、とてもそれどころではなかった。

ひたすら寝る

　昼も夜もひたすら寝ていて、夕食時にラジブ氏やプニマ夫人と少し話したのがこの日のすべてだった。プニマ夫人は延期するかと問い、私も現地で熱を出してティワーリー氏のお荷物になったりするのは避けたかったが、二月は各地で講演する予定がいっぱいで、これを逃すとチャンスがない。夕方には熱も三七度台前半まで下がったので、「インドではこれが平熱」と判断して行くと返答する。

ラジブ氏は心配し、列車に乗るときの注意とか、ホームの探し方とかをしきりにアドバイスしてくれる。私は、「外国人というのはそういうものだが、この国では僕はまるで子供だな」と述べた。しかし続けて、「でも、子供の目でしか見えないものだってあるはずだと思う」と言うと、ラジブ氏は少し微笑みつつ頷いた。

第五章　農村のＮＧＯ

一月二十九日（土）　晴　農村へ見学

早めに寝たのに、まずいことに一睡もできなかった。日本にいるときから、一カ月に一回くらい、どういうわけか眠れない夜がある。頭脳の中期的サイクルで、情報処理をまとめて行なう必要でもあるのか、最近インプットされた経験がつぎつぎと浮かんでその整理に頭を働かせてしまい、ベッドのなかで徹夜になってしまう。

よりによって体調を整えなければならない日にそれが来なくてもと思ったが、やむをえない。体調はぱっとしなかったが、とりあえず熱は三七度ちょうどぐらい。五時半ごろベッドから這い出してバナナをかじりつつ、仕度をはじめる。

佐藤氏は予定よりやや早め、六時前に迎えにやってきた。まだ真っ暗である。玄関口で待ってもらっているあいだにラジブ氏を起こしてしまい、恐縮しながら出発。例によってラジブ氏は優しく見送っていた。

デリー駅に着くと、すわりこんだり寝そべったりしながら列車を待っている人でホームは混雑している。まだ暗いので、慣れていない身としてはその光景にやや緊張を感じた。おまけにこちらの列車は出発当日までどのホームから発車するのかわからないので、駅の放送をよく聞いていないと乗りそこなう。しかもその放送がヒンディー語か、聞き取りにくいインドなまりの英語である。

佐藤氏は学生時代からインドを貧乏旅行した経験があり、ヒンディー語もできるので、手際よく案内してくれて助かった。チャイを飲みつつ七時発の列車を待ち、指定席に乗り込む。

インドの新幹線

乗った列車シャタブディは、いわばインドの新幹線。最近デリーを中心に発達しつつある幹線特急で、早いときは時速百二十キロぐらいで走る。イギリスが整備した鉄道線が基本になっているとはいえ、インドは世界有数の総路線距離数を誇る鉄道大国で（たんに国が広大だから合計距離が長いというのもあるが）、ホームが混雑して汚いのと列車がややボロいのを除けば、鉄道は発達している。シャタブディは一応豪華特急なので、お茶や朝食も出た。体調が悪かったので朝食は半分残し、景色をときどき眺めつつ仮眠をとりながら三時間ほど乗っていると、デリー北方の駅サハランプルに着く。

地方都市

ホームにティワーリー氏の運転手が待っていた。彼の四輪駆動車に乗りこみ、村にむかう。サハランプルは、デリー北東のウッタル・プラデーシュ州の地方都市。林業と工芸が盛んだそうで、材木の野積み場や、その材木を加工した家具の店がたくさんある。街で目についたのはデリーにくらべ自動車が明らかに少ないことで、木材や人を満載した馬車や、水牛の引くワゴンが行き交っていた。

十分ほど走るとサハランプルの市街は終わってしまい、サトウキビとマスタードの畑の真中を走る一本道になった。あとで聞いた話では、このあたりは夏にはコメと小麦、冬はサトウキビとマスタードが中心の作物で、菜の花に似たマスタードの黄色い花が一面に咲いている。二十分ほどかなりのスピードで走り、目的地スルタンプルに到着した。

スルタンプルはレンガ造りの古い家々がならぶ小さな町で、その中心部にティワーリー氏の家はあった。歓迎の挨拶のあと、ふたたび車に乗り、町外れ（二百メートルも走るともう「町外れ」だが）にある宿泊所に案内される。

旧ディシャー本部前の人びと（ＤＩＳＨＡ提供）

宿泊所は、質素だが立派なベッドが備えられたツインルーム二つを持つ、コンクリート製の立派なもの。ティワーリー氏が代表を務めるＮＧＯ「ディシャー」（ヒンディー語で「方向」の意）の集会所とオフィスもそばにあったが、これも小さいながら立派なものである。あとで聞いた話では、これらの土地はこの地方の名家であるラジブ家の寄付、建設資金はドイツのＮＧＯからの援助、建物の設計はデリー大学の教授によるもので、三年前に完成したそうだ。その前に本部として使っていた建物は、ティワーリー氏の家の隣にまだ建っている。

スタッフの案内で、施設の様子と、「ディシャー」の活動内容の説明をうける。机がいくつかとチラシの山があるオフィスには、韓国製「ユンダイ」のパソコンと、インド製のコピー機がある。こうした設備は、デリーでもさほどお目にかからないものだ。

政治家の肖像画

百人くらいは入れそうな集会所には、インド憲法の草案を書いたことで知られる独立時の法務大臣で、不可触民出身のアンベドカルの肖像がある。こういう公共の場に政治家の肖像があるのは通例で、「偉大なリーダー」志向の強いインドではネルーやインディラ・ガンディーといった「強い政治家」の肖像が多いが、北部インドでは旧「不可触民」の政治的台頭とともにアンベドカルの肖像が増えているらしい。

NGOの歴史

「ディシャー」の創設は、一九八四年にさかのぼる。スルタンプルのあるウッタル・プラデーシュ州の西部は、農業の資本主義化にともない、大規模経営の地主と土地のない農業労働者に分化が進んだ地域である。一九八二年にこの地方にやってきたティワーリー氏が、周辺の部落で働く土地なし農民の労賃値上げ運動を指導しはじめたことが、組織の始まりだった。八九年には、約百カ村を糾合した大規模なストライキを組織して、大幅な賃上げに成功している。

さらに九一年には、反アルコール運動も行なっている。当時は、サトウキビの絞り滓からつくった悪質でアルコール分の高い酒を、政府が税収のため農民に売り、アルコール中毒や暴力事件が男性に蔓延しそうになった。そのため地域の女性を中心に政府への抗議活動が組織され、こうした酒類の村での販売をやめさせる運動が起きたのだ。この二つの闘争に勝ったことで、支持基盤が広まるとともに農村女性たちが自信をつけ、現在の活動につながっているという。

活動内容

現在この「ディシャー」は、スルタンプル周辺の約百カ村を指導しており、さまざまな活動を行なっている。法律相談や農業技術の指導、啓蒙劇の上演、補助教育活動、村でのリーダーとなるNGO活動家の訓練、貧困層が多く住む山岳地帯への援助、それに農村女性の地位向上運動などである。「パンチャーヤット」と呼ばれる村の寄合いの運営を、ボス支配から解放させる指導もしているという。農村女性のエンパワーメント（識字教育や意識向上活動で女性に「力を与える」こと）は第三世界における運動の中心の一つだが、ここでもそれは同じである。

共同金融制度

とくに力を入れているのが共同金融。発展途上国の農村では、都市銀行からお金を借りるのが容易でなかったり、返済率が悪かったりする。そのためちょっとした病気や災害で経済的危機に陥ったり、高利貸の搾取を受けるはめになったりしやすい。それをカバーするため、小額借入が容易なマイクロ・ファイナンス制度が必要となる。

「ディシャー」では地域の農民を二十人ぐらいずつの自助グループに編成し、各自毎月十ルピーずつを持ち寄って基金をつくり、銀行に預けて運営させる制度を奨励している。そこから利子を得たり、事業や病気の時などに借金をしたりするわけだ。とくに女性の経済的自立向けの融資を心がけているという。

一年にグループでつくれる基金が二千四百ルピーだから、たいした事業資金にはならないが、それでも無担保で借りられるから貴重だし、顔見知りグループからの借金だからほぼ必ず返済する。この共同金融グループは村内における「ディシャー」の末端グループも兼ねていて、農民の経済状況を把握したり、組織的団結の強化にも役立つ制度となっている。

日本には江戸時代から、「頼母子講《たのもしこう》」とか「無尽《むじん》」という名称で、似たような制度が農村や下町にあった。現在、「相互銀行」という名称がついている小銀行は、この手のマイクロ金融がルーツのものもある。明治以降に、都市銀行がカバーしていない地場産業の発展をこうしたマイクロ金融が支えたこともあるため、日本の近代化が成功した理由の一つに数えられたりもする。

現在の途上国では、大資本や国営、あるいは援助によって行なわれる巨大プロジェクトと、地元の零細農民のギャップがありすぎ、それを埋める中小産業の育成が一つの課題となっているが、日本では明治政府の巨大プロジェクトと並行して、こうしたマイクロ金融に支えられた地場産業が発達していったのだ。もっとも、その末裔である相互銀行が、現在の金融自由化で危機にさらされていることは、周知の通りである。

NGOの財政基盤

ティワーリー氏に聞いたところでは、インドには歴史的にはこうした制度はなく、彼が創案して導入したそうだ（彼がインド全域の経済史に詳しいという保証はないが）。バングラデシュでも、「はだしの銀行」とよばれたグラミン銀行が、これをさらに大規模なネットワークにしたようなかたちで成功して最近有名になった。しかしここでの制度は、経済的金融に徹したグラミン銀行とはちがい、経済だけでなく生活全般の改善運動の一環として生まれたもので、より地道かつ総合的な内容といえる。

「ディシャー」の財政は、基本的にはヨーロッパのNGOからの支援によって支えられているそうだ。ラジブ氏が代表を務めているNGO「センディット」は、農村教育などの啓蒙活動用ビデオの作成が業務なので、各地のNGOや国際機関からビデオの撮影と編集を受注してその代金で運営しており、援助は受けていないと聞いている。ディシャーの場合は、儲かる仕事ではないから援助に期待するしかないのだろう。聞いた話では、インドのNGOといっても玉石混交で、なかには外国から援助金をもらうだけが目的でろくに活動していないようなNGOもあるらしいが、ディシャーの場合はラジブ氏やタンカ氏が折り紙をつけた優良NGOである。

田舎の町

宿泊施設を出て、ふたたび中心部のティワーリー氏の家へ行く。彼の家の前にある旧ディシャー本部の建物には、やや古びた看板が立っている。ティワーリー氏は周囲の村からつぎつぎにやってくる住民の相談に忙しいので、法律相談係というスタッフの案内で、スルタンプルを一周することにした。

スルタンプルの町は、どれも百年以上は経っていそうな崩れかけたレンガ造りの家々が細い路地にそって並び、中央には二百年前からあるというジャイナ教の立派な寺院がある。ただし古いレンガの町並みとはいってもやはりインド、ヨーロッパの都市のような落ち着いた感じではなく、牛・ブタ・羊・ヤギ・犬などがうろうろしており、燃料用に牛糞の塊があちこちに積んで干してある。住んでいる人には申し訳ないが、「カオスじみた廃墟」という印象。人口はヒンドゥー教徒とイスラム教徒が約半分ずつで、地主はジャイナ教徒が多いそうだ。おなじくジャイナ教徒であるラジブ家も、ここの名家である。

半径二百メートルくらいの小さな街並みを案内してもらうと、住民はもの珍しそうに集まってくる。ただしデリーなどとちがい、物乞いやタカリ屋はおらず、ただ単純に好奇心で集まってくるだけ。

「男か女か」

集まってきた人びとが、私にむかってきまって発した質問は、「おまえは男か女か」というものだった。インドの男性はたいていマッチョ志向でヒゲ面だから、髪が長くてヒゲの生えていない細身の男性というものが想像しにくいらしい。それでいてこの地方のたいていの人間よりは背が高いし、ズボンをはいているから、とまどったのだろう。そして次にくる質問が「どこの国から来たか」である。自分の類型概念にない人間を目にしたときに、まず男女の二分法から分類作業を開始し、次に国籍がくるというのは、面白いというべきか恐ろしいというべきか、人間の業のようなものを感じた。

農家の構造

ディシャーの女性メンバーであるラジョーさんのお宅におじゃまする。日本の農村も来客は縁側で迎えるが、ここは庭に縄で編んだ台を出し、そこに数人で腰掛けて話すのが通常だ。とくに家のつくりが西洋式の奥行きのあるものではなく、中庭の周辺に一部屋ずつ並んでいるのが普通なので、庭ないしテラスが家の中心になっているのである。この応接スペースは男性専用で女性はお茶を出すだけであったりしたそうだが、この近辺の村では女性も並んで腰掛けて話をすることが多い。この近辺の人は英語がほとんどできないので、ヒンディー語のできる佐藤氏が通訳してくれた。

ラジョーさんは四十歳で、争議時代からの参加者である。話によると、八九年の賃上げストライキは、地主が暴力団を雇い入れて中心メンバーを脅迫するなど、かなり困難なものだったらしい。みながティワーリー氏を信頼し、このあたりの中心地であるサハランプルやデリーにも陳情やデモを行ない、ようやく県長（District Magistrate という。州政府首相 Civil Minister とちがって選挙ではなく政府の任命で派遣された官吏）が調停に出て解決したそうだ。今では、女性や農業労働者の地位向上を目的とした集会を毎月行なっているという。

女性の力

女性によるデモ（ＤＩＳＨＡ提供）

印象的だったのは、意外なほどの表情の明るさと自信。今でもインドの農村女性は夫の許可がなければ行動の自由がなかったり、男性のいる場所では顔を布で覆う人が多かったりすることもあると聞く。ここでも運動の初期には、女性たちは遠慮気味に参加していたが、活動のなかで自信と行動力をつけていったという。

ラジョーさんは「役所や地主は私たちを虫けらのように扱ったが、ディシャーはちがった」「今では一人でも立ち上がれる自信がついた」と述べる。ラジョーさんの教育程度は、「ディシャーの成人教育のおかげで名前が書けるようになった」というくらいのものだが、教育は低くとも「エンパワーメント」の成功例といえるだろう。月並みな表現だが、「人間の尊厳」という言葉がよくあてはまっている。

二十二歳になるラジョーさんの娘も出てきて、話に参加。サハランプルの大学《カレッジ》で絵を習っているそうで、絵具と書きかけのインド絵画がある。私をみて、髪や爪がきれいだとしきりに言う。自分の毛を引き抜き、「すぐ抜けちゃうし、あなたみたいにきれいじゃない。どういう手入れをしているのか教えて」と聞く。別に特別な手入れはしていない、要するに栄養状態がいいからだというのがいちばん正確な回答だったろうが、それを言っては身もふたもないので、適当に答えてお茶をにごす。それから結婚持参金（ダウリー）の話となり、「一万ルピーくらい用意しないとなかなか結婚できない」と言う。

結婚持参金制度

インドのダウリーは女性から男性の家に払うもので、日本や中東の結納金とは逆だ。こうした結納金は、貴重な労働力になる女性を男性側の家が「受け取る」代わりに、金銭などを女性側の家に「支払う」という一種の売買契約として機能していた。これはこれでけっこう大変な制度で、中東などでは結納金が用意できないため結婚できない男性も少なくないというが、インドではどういうわけか男性側の家が労働力と金の両方が入手できる片務的なシステムである。

聞いたところでは、一九八九年のストライキ以前は、この地域の平均的な日雇い農民の稼ぎは一日に男性が十ルピー、女性が七ルピー。ストライキは賃上げだけでなく男女平等賃金が目標となり、現在は一日六十ルピーくらいだという。運動の成果として、職も増えたそうだ。インフレを計算に入れても、相当な向上にはちがいない。

それでも、月収に直せばデリーのヌイグルミ一個分。一万ルピーの持参金はたいへんな負担であり、逆に男性側からいえばたいへんな収入である。この慣習の廃止が、現在インドで課題になっているというのも当然だ。

こういう持参金制度については、こんな説明も後日聞いた。男性側の家柄が高い上昇婚が多いため、女性側の一族は男性側の一族と親族関係になれるだけでコネを得るなどのメリットがあり、だから持参金を払うというのである。しかし有力階層ではともかく、農民どうしの結婚にまで、多額の持参金とは異常である。

創られた「伝統」

国際交流基金事務所長夫人の藤岡氏に聞いた話によれば、このダウリーはもともと上層カーストの間で行なわれていた慣習が、インドの国民国家形成とともに下層にまで浸透したものであるらしい。近代日本でも、一部の上層階級の文化が下層にまで模倣され、国民全体の「日本文化」になっていった事例は数多い。江戸時代には人口の六パーセント（数え方に諸説ある）にすぎなかった武士の、しかもそのなかでも例外的な行為として存在していた「切腹」が「日本文化」として有名になったり、江戸の富裕な商人の慣習だった「七五三」が明治以降に全国的に波及したりしたのは、その一例である。

太平洋戦争時は、農民出身の兵士や将校までが、腹を切って自殺することを「日本の伝統」とみなした。しかし実際の江戸時代では、帯刀は武士の特権だから、農民が切腹するなど許されない。近代社会になって、マスメディアの発達とともに中央の文化が浸透し、また身分制度がゆるんで下層が模倣しても許されるようになり、さらに「われら日本人は日本の伝統文化を身につける」という国民意識が形成されるようになると、こうした現象が起きるわけだ。

フェミニズムと「伝統」

インドをはじめとした途上国のフェミニズム知識人にとっては、「伝統といっても、実はその多くが近代以降に創られた伝統だ」という論法は、有用であるようだ。頭から「よくない慣習だ、やめろ」では民衆は動かないし、場合によっては「インドの伝統を破壊する西洋かぶれ」という反発をくらう。それを回避するためには、「実は近代以降に創られた伝統だった」という論法、とくに「植民地支配下にイギリスの慣習調査やセンサスで固定化された慣習だった」という論法がもっとも説得力がある。インドで近年この種の歴史研究が盛んになっているのも、こういう政治的背景が一因とも考えられる。

学問の社会的文脈

こう考えてくると、「伝統の創出」を強調する歴史研究と、ヒンドゥー神話のボキャブラリーを使う女性運動のあり方は、日本からみるとまったく別の現象のようにみえるが、インドの土壌ではどちらも「民衆に受け入れられる」うえで有用だということがわかってくる。イギリスのセンサスや登録で「インド人」や「ヒンドゥー教徒」のアイデンティティができたという歴史研究も、国際映画祭のプレミアム上映会で主演男優氏が述べた「インド、パキスタン、バングラデシュの区別はイギリスがつくったものだ。われわれがそれに囚われて争う必要はない」という言葉、つまりインドにおける常識的通念を、学問というかたちで延長した位置にあると考えられる。

日本では、ポストコロニアル論や「伝統の創出」論などは、もっぱら「日本文化や日本国家という虚構を暴く」というナショナリズムの否定として導入されている。しかしインドでは、ナショナリズムの否定というより、ナショナル・アイデンティティと社会変革を両立させるための緩衝材として機能しているといえる。学問という一見普遍的なものも、やはりその土地ごとの文脈に適応した形態で根付いているのだ。

女性議員の比率

ところでラジョーさんは、いまでは村のパンチャーヤット（長老会議）のメンバーだそうだ。もっとも名称は「長老会議」だが、日本農村の寄合いのように慣習としてあったものではなく、独立後に制度としてつくられたものである。インドは日本にくらべ連邦国家であるだけでなく地域自治も強く、村内政治はパンチャーヤットにかなりの権限がある。このパンチャーヤットも、かつては男性メンバーばかりだったが、五年前に新法ができて、三分の一を女性にすることになったそうだ。現在、この女性比率を国会議員にまで適用する法案が提出されて、議論を呼んでいるところである。

インドの知識人のあいだでは、この国会議員定数案には、「女性の社会進出につながる」という賛成論と、「地方女性は教育程度が低く右翼支持者が多い」とか「地方ボスの奥さんが議席を占めるだけで保守に有利」という反対論の両方があるらしい。後者はなんとなく、日本で敗戦直後に女性参政権が付与されたさい、「女性票は夫に同調する保守票だから、共産党の進出を防止するのに役立つ」という保守系の賛成論があったことを思い出させる。

とはいえ、教育がなくともラジョーさんのような女性もいるから、いちがいに「地方女性は教育程度が低いからダメ」とはいえまい。こうした議論のなかで、「インドも古代には女性が審議に参加していたが、イギリスの支配下でそれが変わり……」などという歴史研究も行なわれていそうな気がした。もっとも、これが「イギリスの支配下」でなく「イスラムの支配下」という物言いになると（実際にそういう主張はあるらしい）、ヒンドゥー至上主義と複雑な関係を持つことになるのだが。

ビデオとNGOの活動

二時間くらい話してそろそろ暗くなってきたので、さらに一回りしてティワーリー家にもどる。夕食をご馳走になり、ディシャーの過去の活動にかんするビデオを拝見した。このあたりはあまり電気がきておらず、ティワーリー家の自家発電である。ラジブ家もそうだが、インドは停電が多いので、知識人の家にはたいてい燃料使用の小型発電機が備えてある。

ビデオは、スウェーデンのNGOが取材してつくったもの、インド国営放送の番組を録画したもの、そしてラジブ氏のNGO「センディット」から機材を借りて撮影した映像をセンディットのスタッフに編集してもらったものの三種類があった。各地の村で上映して意識向上やNGOスタッフの教育に使ったり、私たちのような外国人への紹介に用いているそうで、ビデオ作成が現代のNGO活動に重要な役割を占めつつあることがわかる。識字率の低い農村でも映像ならわかりやすいし、ビデオは小型発電機とテレビがあればどこでも上映可能だから、パンフレットよりも効果がある。

集会で発言するティワーリー氏（DISHA提供）

ビデオの内容は、一九八九年の小作争議や九一年の反アルコール運動の記録、そしてディシャーの活動概要などだった。九一年のサハランプルのデモでは、警官隊が殴りかかるなかで村の女性たちがティワーリー氏を取り囲んで守ろうとする様子が映り、彼がいかに信頼されているかがよくわかる。これらのビデオでも、村の女性たちが自由に外出もできない状態から、いかに自覚と自信を深めてゆくかの過程に重点が置かれていた。

闘争は楽しい

女性たちの集会や夜会のシーンでは、音楽に合わせて踊ったり発言が飛び交う様子が映され、表情が生き生きとしていかにも「楽しそう」。彼女たちにとっては、外出ができるようになったり、互いの悩みを話し合う機会を持てたりしながら、計画や組織を自分たちで築き上げ、それによって状況が変わる手応えを感じ、自分の力を確かめてゆく過程そのものが、とても「楽しかった」にちがいない。単なる経済闘争でも、意志の力で義務を耐え忍ぶだけのような運動でもなかったのだ。だからこそ、多くの女性が運動に加わってきたのだろう。一九七〇年代に、三里塚の成田空港反対運動の渦中で死んだ老農婦が発した、「おらの一生で、闘争がいちばん楽しかった」という言葉を思い出す。

民衆説話と運動

もう一つ印象的だったのは、女性たちが大集会でも臆せずによく話すこと。ヒンディー語なので内容はよくわからないが、やはり「あのときカーリーの女神が彼を助けたように……」といったふうに、ヒンドゥー神話のボキャブラリーで正義を訴えたりするものもあるらしい。こういう言葉は、教育水準の低い農村部でも、誰でも話せ、誰にも共感を呼ぶ民衆レベルの共通ボキャブラリーとなりうるものである。

日本でこれにあたる民衆説話といえば、豊臣秀吉の草履とりの話とか、徳川家康や二宮尊徳の我慢の逸話とか、なんだか状況を耐え忍んで努力していれば立身出世できるだろうという内容のものばかりである。こういうボキャブラリーで日常行動が規定されることは、勤勉な労働力を生み出して近代化には有利だったかもしれないが、民衆運動の高揚にはつながりにくい。

あとは水戸黄門とか清水の次郎長とか、民衆の外部にいる人びとが悪者を懲らしめてくれるストーリーが中心で、民衆が自力で蜂起する話は少ない。戦後の左派系歴史学者や小説家たちは、江戸時代の一揆の記録などを掘り起こしたり、小学生むけの学習雑誌などに民話風の抵抗物語などを書いて民衆説話の形成に努めたが、成功したとはいいがたい。

もっとも、日本にはこういう説話しかないから、民衆運動が不調で近代化は成功したのだ、などとは簡単にはいえない。戦前の日本では記紀神話が共通ボキャブラリーだったが、そうした神話の解釈を政府が独占してしまったため、天皇の仁政逸話ばかりが教えられて、記紀のなかでも暴虐的な天皇である武烈の逸話などは隠されてしまっていた。二宮尊徳の逸話なども、学校教育の修身の授業で教えられて広まったものである。

民衆側にしたところで、そこそこ近代化が軌道に乗っていたため、「我慢して働けば出世できる」という実感があるていどあったから、この種の「民話」を受容したのだ。こういう民話があったから近代化に成功したというよりも、近代化に成功したからこの手の民話が定着したと考えたほうが適切だろう。インドの人びとも、ヒンドゥー神話のなかから、自分たちの状況に必要な部分を選んで活用していると思う。

二宮尊徳の実像

ちなみに脱線すると、実物の二宮尊徳は、成長後には酒と道楽が大好きな人物だった。彼が財産を築いたのも、開墾をすればしばらくその土地からの収穫は免税になるという当時の制度を活用したからだ。戦後日本の法人税制度は、会社が赤字なら法人税が安くなるという特例があったため、日本の大企業には土地に投資して名目上だけ赤字経営にし、法人税を安くしたまま土地の転売で利益をあげつつ、土地を担保に借金をして経営資金を調達していたところがあった。尊徳はいわば、こうした「税金を払わない大企業」の先駆者である。

もっとも、こういう土地転がしのためもあって地価がやたらと高騰し、ついに一般市民が家を買えないレベルにまで到達して、一九九〇年代には地価の下落がはじまった。そのため、高値の土地を担保にしていた日本の銀行や企業が危機に陥ってしまったのは、周知の通りである。その意味で現在の日本の不況は、戦後日本を支えた経済構造そのものの限界から生じたものだから、そう簡単には回復するまい。

政府とNGOの関係

話をティワーリー氏の活動にもどす。一九九一年のビデオには、ビデオの撮影者が警官につかまり、ビデオ映像が乱れる場面があった。それでも、警官はビデオを奪ったりはしない。「日本ならなかなかこうはいかない」と言うと、ティワーリー氏は興味深そうにうなずく。インド国営放送がディシャーの活動を紹介したり、政府機関が調停に乗り出したりと、インドの政府機関とディシャーは、対立関係だけではなく協調関係にもあるようだ。

ティワーリー氏は、日本ではなぜＮＧＯが盛んではないのかと質問する。それに答えて、日本は中央政府の主導で近代化が行なわれ、民間の公共活動は反政府運動の芽のようにみなされて、常に圧迫されてきた歴史があることを説明した。日本の現在のＮＧＯは多くが一九七〇年代以降のもので、日本政府がＮＧＯへの敵視をやや改め、法律の整備をはじめたのは九五年の阪神大震災以降であるとも述べた。

日本における「公」

援助関係でも、ＪＩＣＡ（国際協力事業団。日本政府の技術協力特殊法人）や大使館などは、一昔前までは日本のＮＧＯが管轄地域で活動することを、「仕事の邪魔」同然にあつかっていたものだ。公安警察は、現在でもＮＧＯへの監視調査をやめていないはずである。要するに、日本では中央政府がすべての「公共活動」を独占するかたちで近代化が成功したが、インドではよくも悪くもＮＧＯが補ってやらないと、政府だけでは国の運営がうまくゆかないのだ。佐藤氏はこういう状況を、「インドでは『政府』と『私』の中間に『公共』という観念があるが、日本には最近まで『国家』と『私』しかなかった」と説明していた。

ビデオを拝見したあと、ティワーリー氏は本棚から「日本に行ったときのものだよ」と言って数冊の日本語の書物を探し出してきた。見ると、総理府（現在は総務庁）が行なっている、「青年の船」の一九八一年版プログラムである。ティワーリー氏はこのプログラムによって、アジア各地や日本の青年と船に乗り、日本を見学したわけだ。

日本見学体験

氏はしきりに「なつかしいなあ。一緒のグループだったみんなはどうしているだろう。みんなとても純粋でいい青年たちだった。彼らが話していた夢が実現したかどうか知りたいよ。ちょっとプログラムを読んでくれないか」と言う。佐藤氏は彼が所属した班のメンバーの住所録をアルファベットに直す約束をする。今では住所が変わっている可能性が高いが、みなに手紙を出したいそうだ。

夜九時過ぎにティワーリー家を辞し、宿泊所にもどる。心配した体調のほうも大丈夫そうだ。少し寒いが、電燈もスモッグもない空は満天の星。しばらくスター・ウォッチを楽しんだあと、ベッドに入って寝た。

一月三十日（日）晴　村めぐり

今夜はよく眠れた。朝七時に起床し、着替えていると朝のチャイがくる。体を洗うためにお湯もバケツ一杯くれたが、これは寒いので顔を洗うにとどめた。

八時過ぎ、ティワーリー氏の家へむかう。氏は体調が悪くまだ眠っていたので、付近を一周してジャイナ教の寺院を見学する。田舎の寺院といっても大理石造りの立派なもので、われわれ異教徒も一応神像の前でひざまずき、ジャイナ教の真理概念を説明される。もどって朝食。ふだんはインド風だそうだが、今日はわれわれ客人むけにパンとコーンフレーク。感謝していただいたあと、ディシャーの女性活動家であるスレーシュさんほか数名とともに、自動車で周辺の村へ行くことにした。

車は屋根付きの小型トラックで、後部の荷台に私と佐藤氏を含め合計八人が乗りこむ。舗装されていないデコボコ道で、車はつねに「ガタゴト」というよりは「ガッタンゴットン」という感じで揺れるため、スピードはせいぜい時速二十キロくらい。やわな自動車だったら、この道では

田舎の道路

歌をうたう

農村部での井戸くみ

すぐにサスペンションがいかれるだろう。そのせいか、この周辺は日本車をはじめ輸入車は見あたらず、すれ違うのはもっぱら牛車かトラクターばかりだった。途中でマスタードのカラシ菜を少しお土産に積み、その茎をかじりながら村へむかう。

スレーシュさんをはじめ女性たちはインドの映画音楽の歌をさかんに歌い、こちらは佐藤氏と二人で「上を向いて歩こう」を披露する。インドの音楽産業は映画と結びついているため、こちらの流行歌はほとんど映画の主題歌だ。途中の灌木林では、野生の孔雀が二匹いた。先日のタミル語映画『マリ』は孔雀の神の話だったが、農村では珍しくないのだろう。

最初のマジャードウーダン村は、数十戸くらいのごく小さな村。チャイとビスケット、それにナムキン（ベビーラーメンのかけらみたいな塩味のつまみ）、さらにサトウキビの茎の歓待をうける。村の人びととの質問は、あいかわらず「おまえは男か女か」だった。

スレーシュさんは、村の共同金融組合のリーダーたちと、いろいろ打合せや連絡をしている。二月半ばに付近一帯の村の代表を集めた大集会があるので、その連絡に来たのだ。彼女は付近の九つの村に散在している十一の金融組合を統括する担当で、月に最低一回、多いときは数回こうして村を回り、組合の様子を聞いたり連絡事項を伝えるのだという。近く結婚するそうだが、付近の女性の手本になるために、持参金を求められても拒否した勇敢な女性である。金融組合の出納ノートを見せてくれながら、いろいろ説明してくれた。

昼に付近の家に招かれ、ふたたびチャイとナムキン、そしてナンとカレーを少々ご馳走になる。カレーは付近でとれたジャガイモと緑豆を使った、ごく素朴なもの。面

村にもテレビ

白いことにその家にはテレビがあり、隣からはカセットレコーダーで流行歌が流れていた。こんな田舎の村にも、情報化と電化の波は及んでいる。そういえば村の人びともゴムサンダルを履いているし、スレーシュさんが見せてくれた金融組合の出納ノートも、ダイアナ妃の写真を表紙にあしらった大量生産品だった。

記念撮影のあと、次の目的地ナノリー村にむかう。ナノリー村はやや大きな村で、到着すると、そこのやや金持そうな家の中庭で待っていろという。またまたチャイとナムキンの歓待を受けながら、こんどは縄台の上で昼寝をしようとしたが、じっとしていると顔や手にハエが集まってきて、うるさくて眠れなかった。このあたりの農村はほんとうにハエだらけである。

この家には冷蔵庫があり、壁にはヤシの木が揺れる南の島の海岸と、日本の雪景色の写真が飾ってあった（どっちもこのあたりではお目にかかれない夢の風景なのである）。ヒンディー語のわかる佐藤氏の話だと、この家の人びとは何やらお金についての相談をしながら、「あの寝ている外国人は男か女か」と話していたそうだ。

未亡人の相続問題

しばらくしてスレーシュさん一行がもどってきた。ある女性の件をめぐって村の寄合いが開かれていたのだという。その女性は若くして未亡人になったのだが、実家に返されたにもかかわらず、夫側の家が持参金とそれで買った家具などを返してくれないため、ディシャーに相談したのである。会合でスレーシュさんらが交渉した結果、どうやらうまく取り返せたらしい。こういうよろず相談も引きうけながら、地域女性の地位向上の活動に結びつけているわけだ。

ちなみにインドでは、離婚後の妻や未亡人が相続権を主張するのはたいへんだといわれる。ヒンドゥー教の儀式をコミュニティのなかでやるだけで、法律的には届け出ていない結婚が多いため、書類上は結婚の証拠がない場合が少なくないことが一因だそうだ。そうでなくとも、妻の虐待などは数多いという。そもそもインドでは日本の戸籍のような国民登録制度は存在せず、人口センサスその他の調査があるだけ。インドの軍隊は志願制で、徴兵制がないため、近代日本のように国民登録制度を厳格につくる必要がなかったせいもあるだろう。

戸籍制度がない

もっとも、日本女性の地位だって、指標の上では高いとはいえない。日本女性の生涯賃金は、男性の半分である。一部の総合職女性のみが「平等賃金」で、一般職やパートタイマーや専業主婦が多く、総合職女性も出産などで退職すると再就職でよい職につくことが困難だから、平均では男性の半分になるのだ。国会議員に占める女性の比率は、世界でもかなり低い。インドでは前述のように国会議員の三分の一を女性が占めるようにする法案が検討されており、女性の首相もいた。単純に政界進出の程度のみを比較すれば、インドより日本のほうが女性の地位は低いともいえる。もっとも、それぞれ地位のあり方がちがうから、単純に比較はできないのだが。

夕方四時ちかくなってティワーリー家にもどる。農村をまわってきた目で見ると、レンガの家や小商店がならぶスルタンプルは、いかに小さくとも「町」であることがわかる。デリーなどは、このあたりの人にしてみれば目の回るような大都会だろう。

一休みし、ティワーリー氏と話し合ったあと、昼食兼夕食を六時ごろいただく。こちらの慣習では昼食が二時、お茶が五時、たがいに友人や親戚を訪問したあと夕食は九時というのが普通だから、変則的な時間に出してもらったことになる。

教育の状況

ティワーリー氏には、付近の教育や経済状況を聞いた。経済状況は改善されたが、教育はうまくいっているとはいいがたい。スルタンプルには中学校や高校まであり、大学《カレッジ》も車で一時間足らずのサハランプルにあるという比較的恵まれた環境だが、この付近で小学校を卒業する児童は全体の三パーセント、そのうち女性は百人に一人に満たない。どうりで英語を話せる人がほとんどいないはずだ。この近辺で英語であるていど以上のコミュニケーションができるのは、ティワーリー氏のほかはほとんどいない。

識学率

付近の識字率は、三〇パーセントくらい（インド全体の平均では五〇パーセント前後）だという。小学校の卒業率が三パーセントなのに識字率三〇パーセントというのはおかしいと思い、その内容を聞くと、国勢調査の発表数字だそうだ。国勢調査では係員が戸別訪問して用紙に記入するだけなので、極端にいえば名前が書けるだけでも、係員の「文字が書けますか」という質問に「イエス」と答えれば識字能力ありということになりかねない。発展途上国では、小学校高学年くらいまでの進学率を自動的に識字率と換算しているため、小学校の卒業率よりも識字率のほうが高い国があるが、ここも似たようなものである。

ティワーリー氏は農民を説得したり、学校に行く気を起こさせるための補助教育を行なったりしているが、就学率は上がっていない。学校に行って読み書きを習っても、それを活かせる仕事がなく、家業である農業を手伝うことのほうが重視され、学校を中退してしまうのである。

教師一人に生徒二百人

教員や施設の不足もある。一時、世界銀行が農民を説得するため、子供を学校に行かせれば一人あたり月に三キロの小麦をあげるという戦術に出たことがあったという。五人子供がいれば、学校に行かせるだけで月に十五キロの小麦になるわけだ。こういう手段は農民の生産意欲や自立能力の減退につながったりしてあまり好ましくないのだが、とにかくこのときは生徒がどっと増えた。そのため、教師一人に生徒百人から二百人という状況になってしまったそうだ。村の学校はたいてい教師は一人で、おまけに給料が安く、人が集まらない。この近辺では、高校を出て教師訓練コースを経た人が教職についているが、転職してしまう人が多いので、平均年齢は二十八歳くらいだそうである。

仕事がない

学校を出ても、あまり展望がない。小学校卒業生のうち半数はデリーなど都会に出ていってしまう。しかし出ていっても下働きの仕事しかないので、そのうち半分はやがて帰ってくるそうだ。帰ってきても農業か小商店くらいしか仕事がないから、それを見ている農民たちは、やはり教育など受けさせても無駄だと判断する。

経済自由化によるニューリッチの出現といった現象は都市部だけで、このあたりの農村部では変化はないという。収入は運動の結果増加したとはいえ、物価の高いデリーでは、彼らが一日に稼ぐ六十ルピーなど下手をすれば一食でなくなる。この前に「インドの西武」スノーホワイトで買った下着は九十五ルピーだった。農村と都市の格差は圧倒的である。

教育が普及しないから開発が進まない、開発が進まないから仕事がない、仕事がないから学校に行かないという循環は、たいていの途上国に共通のものである。ティワーリー氏は、「とにかく教育が先だ。教育を受けた者は、仕事がなくとも何かを始める」と言う。氏の活動は、おもにヨーロッパのNGOからの援助で成り立っているが、こうした村の青年に仕事を与えるという側面もあるらしい。

教育と軍隊

ティワーリー氏にいわせれば、「インドでは植民地時代から、学校というのは官吏になるために行くところだった。その習慣が今でも残っていて、村に人材が残らない。とくに軍隊がハイスクール卒業者を大量に集めてしまう。軍は給料も年金もよいから、村の教師になんかならないで、軍人になってしまう者が多い。軍の人材をもっと生産的な方面にむければ、この国の状況も変わるだろうに」と言う。インドの軍隊は徴兵制ではなく志願制なので、末端兵士のレベルにまで、数少ない教育を受けた人材を集めてしまうのだそうだ。

日本はよき思い出

氏はそれに続けて、「インドの国防費は多すぎる。戦後の日本は防衛費を削って発展に成功したんだろう」と言う。こちらが少々答えに窮していると、「日本はいい国だった。私の人生最良の日々だったよ」と話す。奥さんは、「主人はいつも日本のことを思い出しているんですよ」と言っていた。日本行きは彼のはじめての外国旅行で、その後は数年前にオランダへ仕事がらみで行っただけ。多感な青年時代に日本に行き、その翌年にこの地方に赴任した彼にとって、ほんとうに貴重な思い出となっているのだろう。

氏に「あなたは立派な人だと思いますよ」と言ってみたが、「とんでもない。ここへ来た当初の自分は、自己の成功だけを考えていた。そのうちに自分の使命を考えるようになって、それを果たしているだけだ」と言う。上層カースト出身で大学出の彼が、出世コースを棄ててこの辺境で二十年近く活動し、かなりの成果を収めたとはいえ、状況はそう楽観できない。すでにインドのNGO界では知られた存在で、周辺百カ村の人びとの期待と信頼を一身に背負っている人物だが、疲労を感じることもあるだろう。「日本からお客を迎えられてほんとうに嬉しい。ふだんの重荷を忘れるよ」と言い、「ぜひまた来てくれ」と手を握られた。佐藤氏は、デリーに帰ったら交流基金の事務所長と相談し、やれることを考えると話していた。

学校に行かせるだけでよいか

帰途の車と列車で、佐藤氏といろいろ話をする。ティワーリー氏の活動は立派だが、既存の学校に行かせるだけで解決になるだろうか。近代日本では、就学率の上昇は、村からどんどん若者

日本の縦割り行政と援助

が出ていってしまう結果となった。ティワーリー氏が望むような、村が人材を得て活性化してゆく状況は、たんに既存の学校の就学率を上昇させるだけで達成できるとは思えない。

佐藤氏は佐藤氏で、縦割り行政の日本の制度内で、交流基金のスタッフとしてできることについて述べた。交流基金の仕事は、ルーティンでやっていれば都市部での日本文化紹介事業だけ、教育関係の援助などは管轄外。援助担当であるＪＩＣＡの職員を紹介することはできるが、もっぱら相手国政府のみを窓口としてプログラム単位でしか金を出さないのが基本の日本の援助システムでは、現地ＮＧＯ活動の支援はむずかしい。そのうえ、日本のＮＧＯには金はないときている。

「それでも、組織は結局人間が動かしているんですから、そのなかで自分のできることをやるしかないですよね」と彼は言っていた。元会社員の私にも、この感覚はよくわかる。幸いにして現在の彼の上司である小川氏は理解がある人。やれるときにやれるだけのことをやるべきだという結論になって、深夜のデリーで別れた。

一月三十一日（月）　晴　教育事情談義

まだ少し喉が痛く、体調は完全ではなかったが、なんとか熱は出なかった。今日は大学へ行く日なので、「農村はどうだった」と聞くラジブ氏に「印象的だった」とだけ答え、朝食をとって出発する。

昨夜帰ってきたときに、タクシー会社に英語の堪能な運転手ハルバン氏を予約したのだが、どうやらそのとき出た相手は英語の注文がよくわからなかったらしく、タクシーが来ない。もう一度電話したら、先日のシーク教徒の運転手モーハンが来た。この人は英語がわからないので、新聞をもらって読みながら大学に着く。

日本連邦国家構想

今回の講義は、明治初期における日本の国家形態の決定過程である。現在のインドは連邦国家、日本は中央集権型の国家だが、明治初期にはさまざまな可能性があった。日本も当初は幕藩体制が連邦制度に似ているということで、アメリカの連邦国家制度を模倣する案が出たりしている。

しかし結局、廃藩置県があって、連邦国家案はつぶれた。当時の藩は借金経営で財政難のところが多く、廃藩置県以前に、自発的に廃藩（藩の倒産）するところまで出ていたのである。こうしたなかで多くの藩主は廃藩に応じ、代わりに華族に任じられて、政府に生活を保証してもらう道を選んでいった。

その後に一転して、明治政府は中央集権制に移行し、従来の村内自治を否定する地方制度を敷き、上からの近代化と国家統一をはかった。しかしそれが反発をくらって、一揆が多発したりしたあげく、政府は地元有力者との妥協を強いられる。そこで、限定的な村内自治と中央集権制を組み合わせた制度ができてゆく。これは言葉を換えていえば、村のボスと中央政府の官僚の連携ということだ。地元では束縛が多いのに、地元の結束が中央に対抗する自立性という方向には向かわないという、現代日本でもおなじみの風景である。

万年与党の低落

インド側からは、連邦制のインドと中央集権制の日本の利害得失を問う質問も出たが、「地元ボスと政府の連携という図式はインドも同じ」という反応もあった。独立いらいの長期政権を誇った国民会議派は、かつてはこの図式のなかで地盤を固めていたのだが、それが支持を失い「インドの右翼」人民党が八〇年代末から急速に台頭した。以前も書いたように、万年与党の低落と

教師を集めるのは大変

右派の台頭という点は、日本も共通した事情を抱えているといえそうだ。

二時間半ほどで講義を終え、学科長のタンカ氏と今後の日程について打合せをする。車に乗せてもらい、ベンガリー・マーケットというところで食事をしつつ、インドの教育状況について話をした。

ティワーリー氏の活動はタンカ氏もよく知っており、高く評価している。インドの地域内での識字率にはばらつきがあり、ティワーリー氏の活動地であるウッタル・プラデーシュ州は、インド内部ではビハール州と並んで貧しいが、ティワーリー氏の活動であの地域は相当に改善されたそうだ。インド南部地域はもう少し識字率は高く、最南部のケーララ州などは識字率九〇パーセントに近いという。

ただ教師に人が集まらないのはどこも同じで、大学でさえ事情は同じらしい。「日本研究科の学生でも、通訳になれれば大学の教師の二倍は稼げます。日本の合弁企業にでも雇われればもっとですよ。私は自分の政治的志向もあって大学教師になりましたが、日本語教師を集めるのはたいへんです」とタンカ氏は言う。

教育を受けた人間が村を出てしまう問題については、タンカ氏は「南インドのほうでは、読み書きとかだけでなくて、教師と生徒が一緒に生活し、時間単位で科目を教えるのではなくて、全人格的な教育を行なっている私立学校もあります。そういう試みで、たんにお金を稼ぎたいとか、都会に出たいといった方向にむかうのとはちがう教育をしようとしている」と述べていた。これも一つの方向性である。

タンカ氏と別れ、交流基金事務所で日本からのファックスをうけとり、メールを送信させてもらう。この日は早めに帰宅し一眠りしたあと、執筆作業。
夜はラジブ夫妻に「農村はどうだった」と質問され、思うところをいろいろ話した。ディナーには、教師で教育関係のジャーナリストでもあるというプニマ夫人の妹が同席した。この一家はつくづくインテリ一族である。話したいことはいろいろあったが、こちらもやや疲れ気味だったので、早めに引きあげて寝た。

二月一日（火） 晴 社会学者に会う

体調の調整も兼ねて、朝からおとなしく執筆作業。今週末には、ウルワシ氏の友人との日程調整がうまくゆけば、パキスタン国境に近いアムリトサルに行かねばならない。二月はインド各地を回る予定で、けっこうハード・スケジュールである。日記やら英文報告書やら、インドで書くと約束した著作やらを書きまくっているうちに、すぐに夕方。

少数民族とダム反対運動

夕方七時半、交流基金事務所の運転手ダス氏が迎えにくる。今日はインドの社会学者、アミタ・バビスカル氏と会食の予定。彼女は、「巨大援助プロジェクトによる環境破壊」の象徴的事例として日本でも有名になったナルマダ・ダム反対運動を調査し、みずから運動にもかかわったあと、この事例から伝統文化と開発の問題を論じる本を出版した人である。夫はインドのロックバンドのベーシストで、彼女の方は新進気鋭の学者だ。

若手女性学者

交流基金事務所で小川氏夫妻と合流し、「インドの銀座」コンノート・プレイスにむかう。けっこう豪華なインド料理屋で待っていると、アミタ氏がやってきた。いかにも利発そうな美人（こういう形容を学者相手に使うのはフェミニズム的視点からはどうかと思うが、本当にそう思ったのだから仕方あるまい）である。彼女もきれいな英語を話す人で、あとからやってきた佐藤氏も加わり、会話はスムースに進んだ。

会話の内容はじつに多彩だった。自分が関係した話題だけにかぎっていうと、彼女は日本の近代化過程における伝統文化の変容の問題や、伝統の創出についてどんどん質問してきた。インドの近代美術における、西欧美術の技法とインドの文化との調整という話題も出したら、これまた（あたりまえだが）深い教養と視点で感想や意見を聞いてくる。

しかし私としては、自分の意見を話すより、彼女に質問するほうに興味がある。インドの女性運動や社会運動は、宗教的な表現をよく使うと思うがと聞くと、あっさり「そうは思わない」という返答。具体的にはどんな女性運動をみてそう思ったかと聞くので、ウルワシ氏の話をすると、どうもウルワシ氏とはやや志向がちがう様子。ジェネレーション・ギャップもあるのだろうか、環境保護とヒンドゥー神話を結びつけるインドの女性知識人のことも、批判的に語っていた。

「インドのフェミニズム」も多様

まあ日本で若手の女性研究者をつかまえて、森崎和江や石牟礼道子の名前を出して「日本のフェミニズムの印象」を語ったら、やっぱり賛同はしないだろう。だいいち、「宗教的な表現」を使うといっても、インド側の人びとはそんなに自覚的にやっているのではないかもしれない。こういう、自分の構築したインド像を崩してくれる相手は貴重である。

もう一つ質問したのは、彼女の「伝統文化」観。彼女の文章は、国際交流基金が沖縄で開いたシンポジウムで彼女が行なった短い報告文を小川氏からもらって読んだだけだが、近代化による環境破壊も、性差別を含んだ「伝統文化」に閉じこもることも、彼女は批判している。その文章では、少数民族の生活慣習を「環境と共存した持続的経済利用」といった科学の言葉で語れるように、またヒンドゥーの土壌から出てきたガンディーの思想が「非暴力」といった人権概念で翻訳可能なように、「伝統」や「文化」も普遍的な言葉によって語られるなかで広がりを得ていると主張されていた。こうした「伝統」と「普遍」の関係は私も興味があるので、どうやって「伝統」を定義するのか聞いてみたのである。

「伝統文化」の使い方

これについてはずいぶんいろいろ考えを話してくれたが、一つ印象に残ったのは、伝統はつねに人びとによって活かされ直すということ。「伝統」はつねに現代の必要から再解釈されることで、人びとの武器として使える。私の解釈を勝手に加えて敷衍すれば、たとえば環境保護運動を「伝統文化」を強調しながら行なうときにも、「伝統文化」のすべて（たとえば結婚持参金とか）を肯定する必要はなく、環境保護に使える部分だけを強調するような再解釈を施して利用してもよいわけだ。

私は自分の著作で、一九二〇年代の台湾人たちが、日本の植民政策学を利用して抗日運動を起こした事例を書いたことがある（『〈日本人〉の境界』新曜社、一九九八年）。植民政策学はもちろん支配者のための学問だが、「もっと合理的なよりよい統治を」というかたちで、自治獲得運動の言葉に利用したのである。このように、ある支配的な言葉の体系を、必要に応じて解釈を施して利用するというパターンは、「伝統文化」や「宗教的言葉」の利用にもあてはまるだろう。

「伝統の自己決定権」

こういうことを思い出したので、自分の本に「伝統の自己決定権」というたぐいのことを書いた話をした。何が「伝統」かは、自分で決めてよい。たとえば何が「インドの家族の伝統」かは、政治家や宗教家ではなく、女性たちが決めてよい。何が「インドの伝統音楽のスタイル」かは、レコード会社や評論家ではなく、ミュージシャンが決めてよい（彼女の夫のバンドは「インド伝統音楽と西洋音楽の融合」を掲げている)。そういう権利があっていいはずだと話すと、彼女もほぼ賛同しつつ、個人的な自己決定権のみでなく周囲を巻き込む必要性を主張した。やはりこのあたりは、個人が救済されれば一応満足してしまう現代日本の知識人(などと一般化されたら不満な人も多かろうが)と、社会運動を広げねばならないインドの知識人のちがいが出るように感じた。

小川氏、藤岡氏、佐藤氏もいろいろな話題を出し、三時間ばかりしてお開きとなる。アミタ氏は私に、自分が講義しているデリー大学の社会学部で、日本の伝統と近代化の歴史について英語でレクチャーをしてくれと言ってきた。英語の報告はいちおう各地のシンポジウム向けに用意してあるので、日本研究科の科長であるタンカ氏と相談して可能だったらと回答する。十一時過ぎに帰宅し、二時過ぎまで執筆作業をして寝た。

インドの時間感覚

二月二日(水) うす曇 ヒンドゥーと神道

朝から講義に出かける。タクシー会社には英語のできるハルバン氏を予約したが、また会話の通じないティラートがやってきた。とにかく出発する。

十時前に到着するが、あいかわらず十時の始業時間になっても誰もこない。十時過ぎからぼつぼつ学生がきて、授業開始。もちろん悪気があるわけではなく、教師への対応はたいへんていねい。遅れても気にしないのである。しかし一方で、一昨日私がタクシーの都合で五分ほど遅れたときは、タンカ科長からラジブ家に「どうした」と電話があったそうだ。インド人の時間感覚はよくわからん。

日本の宗教感覚

今日の講義は日本の宗教について。日本では「あなたの宗教は」と聞かれればたいてい「仏教です」と答えるが、結婚式はキリスト教式だったりするという「ナゾ」についてである。話の内容は、要するに神道は多神教なので、神道の体系内で他の神を受け入れるのは容易であるということ。太陽の神やキツネの神が、キリストやブッダに入れ替わっただけで、多くの神を並行して崇めるという姿勢そのものが神道の構造だ、という私の持論である。この意見は、インド人にはわりあい通りがよい。というのも、ヒンドゥーもサルの神様やゾウの神様がいる多神教だから、彼らにも感覚的にわかりやすいのである。

おもしろいのは、学生から「インドでも、ヒンドゥーの夫婦で子供ができないときなどに、イスラムの聖者廟にお参りに行くことがよくあります」と返答があったこと。インドのイスラム教徒はヒンドゥーの夫婦より平均の子供数が多いと聞いていたが、イスラム参りが子宝に効くという民間信仰ははじめて聞いた。イスラム排撃を叫ぶようなヒンドゥー至上主義者はともかくとして、もともとの庶民感覚はこんなものなのだろう。

ヒンドゥーと神道の相違

ただしヒンドゥーと神道は、大きなちがいを持っていることも説明した。最大の相違は、宗教と国家が結びついた時期の差である。

ヒンドゥーの場合、古代に国家と結びついたため、ヒンドゥーの経典や法典などが整備された。古代国家は宗教の体系のもとで国家の法律を整備するからで、イスラム教なども法典を持っている。

ところが日本の場合、古代国家が中国から仏教と法典をセットで輸入してしまい、神道が体系的な法典や経典を持つということがなかった。神道にとって経典に近い存在は、天皇家が自己の正当化のために天皇賛美を加味して記録した記紀神話があるだけである。天皇家と関係のない、古代の庶民神道がどんなものだったかは、文字記録では確認する手段がない。

そのため神道は、明確な教義や体系をもつイスラム教やキリスト教にくらべれば、むしろ自然崇拝のアニミズムのほうに近い状態のまま近代にまで至った。江戸幕府はキリスト教の浸透を防ぐため、形式的に全住民をどこかの仏教宗派に所属させたので、みんな名目上は「仏教徒」になったが、神道は庶民信仰として、仏教と融合しながら残っていた。

近代国家と宗教

つまりヒンドゥーは古代から国家と結びつき、神道はそうでなかったわけだが、近代に入るとこれが逆転する。独立後のインドは、政教分離の世俗国家を基本方針としたので、宗教と国家が分離された。ところが、日本では明治時代から神道と国家の関係が強まり、神道国教化は挫折したものの、義務教育で神話教育が行なわれた。この話をインド人にすると、「インドではありえない。ヒンドゥー至上主義の団体が運営している学校などで神話教育をやることはあっても、公教育でそんなことをしたら大問題になる」と言う。戦前の大日本帝国の教育内容や、戦後の靖国神社公式参拝は、政教分離を原則とする近代国家のルール違反なのである。

政教分離と神道

ところが興味深いのは、日本の政府や政治家たちのこの「違反」に対する弁明である。日本政府によれば、神道はイスラム教やキリスト教とちがい、明確な教義や法典がない。だから神道は宗教ではなく、日本の文化であり生活習慣だというのである。宗教ではなく生活習慣だから、靖国神社などを国が援助しても、政教分離に違反しないというのが公式見解だった。

もともと「宗教」という日本語は、近代以降には religion の翻訳語として定着している。上記のような政府の見解もあって、日本では「宗教」といえば、「キリスト教やイスラム教のように、明確な経典があって、たいていは一神教のもの」というイメージができあがった。日本では多くの人が、一方では神社や寺にお参りに行きながら、アンケートをとると「特定の宗教を持っていない」と回答するのは、こういう「宗教」観からだと考えられる。寺院にお参りに行くことは、「宗教」だと思われていないのだ。

寺院参りは「宗教」ではない？

この説明も、別の意味でインド人に通りがよい。というのは彼らも、ヒンドゥーとは「インドの生活習慣」であって、それをイスラム教などと並列して「宗教」とみなし宗教別人口センサスなどをとったのがイギリスだ、という意識があるからだ。神道は「宗教」ではなくて「生活習慣」だと説明すると、多くのインド知識人は大きくうなずく。

しかしもう一段階複雑なのは、最近は「インドの右翼」のなかに、「ヒンドゥーは宗教ではなくてインドの生活習慣だ。だから国家が後援しても政教分離に違反しない」などという主張があることだ。政治家というものは、どこでも似たようなことを考えるものだと思う。

神道は寛容か

講義でもう一つ説明したのは、「どの宗派の寺院でもお参りに行く」という日本の宗教意識の問題点。一見開放的で、どの宗教でも受け入れているように見えるが、じつは「多くの神を同時に崇める」という点は頑固に変えない。そのため、「私はキリスト教徒だから、神社には参拝できません」といった姿勢をとる者には、極度に不寛容である。戦前に朝鮮のキリスト教徒が神社参拝の強制に抵抗したさい、参拝を強要する総督府側が「神社は宗教ではない。だからこれは宗教の強要でもなければ、信教の自由の侵害でもない」と応じた史実もある。

さらに神道の多神教性はヒンドゥーよりも激しく、明治天皇でも東郷元帥でも神様になって神社に祭られてしまう。日本の企業では、企業の創業者を神社に祭っていたり、朝礼時に神棚を社

日本語の「協調性」をどう訳すか

員に拝ませるところもある。インドの学生たちに、諸君が日本企業に入ったら、場合によってはこういう神社に参拝に行くことを命じられ、拒むと「協調性がない」などと非難されることもありうると言ったら、さすがに気持のよい顔はしていなかった（ちなみに、日本語の「協調性」を英語ではどう翻訳するか議論になったが、「同化 assimilation」がいちばん適切だという結論をインド側の人びとは下した）。

このあと、修士二年のハリーやアシュトシを相手に、ラボ室で通訳の実習。日本近代の主権概念を研究しているというラジブ講師が監督役。ここでも同じ宗教の話を実習に供したら、やはり好評。ラジブ講師は、「私は日本に留学に行って神道の様子をみて、ヒンドゥーというのはどういう宗教か理解できるようになりました。日本のことがわかると、インドのことがわかってくる」と言う。こちらも、「私もインドにきてから、日本への理解が深まりましたよ」と答えた。

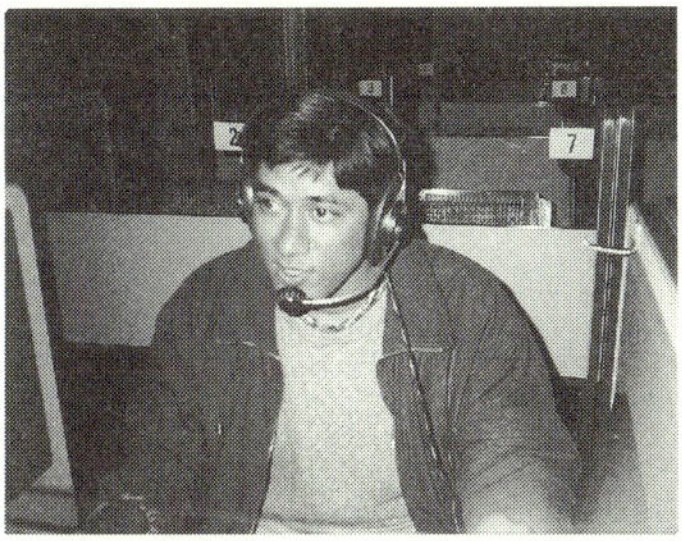

ラボ室で実習するハリー

彼は、非ヨーロッパ圏にヨーロッパの主権概念が導入されたときの事例として近代日本を研究しているそうで、インドとの比較が興味深いそうだ。

授業後、ハリーやアシュトシとチャイを飲む。この若い二人はインドのナショナリズムに批判的で、ハリーは共和国記念日のパレードを「私はああいうものは嫌いです」と評していたと佐藤氏から聞いた。

二人は、日本のポストモダニズムと、そのナショナリズム批判についてどう思うかと質問してきた。私は、日本でもポストモダニズムや「伝統の創出」といった議論は流行しているが、日本とインドでは少し文脈がちがうように思うと答えた。日本ではナショナリズムそのものの解体という志向が強いが、インドの場合は近代化とナショ

「わかった」は
あぶない

ナル・アイデンティティの緩衝材になっている（「持参金は創られた伝統だから改革してもインドの伝統破壊にはならない」云々など）という意見である。

それを聞いて、ハリーは「そうですかあ」とやや不満げ。こういう抽象的なことは、インド側内部でも人によって見方がちがうはずだ。日本でも、外国人に「日本ってこういう傾向ありますよね」などと指摘されれば、賛同する人も違和感を述べる人もいるだろう。先日のアミタ女史の反応もそうだが、こちらの観察に違和感を表明される機会に出会うのは貴重。「もうインドはだいたいわかった」などと思い始めた段階が、安直なステレオタイプの形成に陥るいちばん危険な状態なので、少し気をつけることにする。

待っていてもらったタクシーで銀行に向かう。昨夜プニマ夫人が、一月分の家賃を請求してきたので、トラベラーズ・チェックを換金しにゆくのである。カタコトのヒンディー語で話したら、運転手のティラートは北方のヒマチャル・プラデーシュ州出身で、奥さんを地元に残して子供二人とデリーで暮らしていることが判明した。しかし、インドの銀行は日本より早く二時に閉まっていて無駄足。

そのまま国際交流基金事務所に行き、日本から届いた各種連絡の処理。ついでに判明したのは、今週末のアムリトサル行きは先方の都合でむずかしいとのこと。小川氏と相談し、急遽週末にはカルカッタに行って知識人と会ってみることにし、チケットの予約にとりかかってもらう。講演への派遣などではないので、交流基金の正規の仕事ではなく、彼の好意で手続きをしてくれるのである。優秀な旅行代理店がついているようなもので、まったく助かる身分だ。帰宅して執筆作業をして寝る。

二月三日（木）　うす曇　「帝国」ホテル

朝から執筆作業。英文の報告書を仕上げ、発表用のレジメも作成。昼前から、昨日失敗した銀行での換金のため出かける。タクシーを呼んだら、こんどは頼まないのにハルバン氏がきた。

昨日閉まっていた東京三菱銀行の支店に行くと、ドルの現金には換えられないとの返事。宿泊費の支払い請求がドル・ベースなので、ドルの現金がよいと思ったのだが。隣の銀行に行くと、窓口には日本語のできる行員が坐っている。相談したがここもダメ。彼は上司と相談したあと、近くのホテル・インペリアル（インドでこういう名前はすごい）にイギリスのトーマス・クック社の支店があり、そこは換金レートもよいとこっそり教えてくれた。

コロニアル風ホテル

ホテル・インペリアルに行くと、そこは思いっきりコロニアル風で大理石造りの巨大なホテル。門からホテルの入り口まで、百メートルくらいある道にはヤシの巨木が並んでいる。制服の門番の敬礼とともになかに入ると、客は外国人ばかり。先日の「インド政府経営の最高級ホテル」アショカよりも、キンキラぶりが板についている。

赤じゅうたんを踏みしめて銀行の支店に着くと、やはりドルはダメ。これは政府の方針であり、要するに私が無知だったのである。あきらめてルピーの現金にしてもらう。窓口の態度は、悪くはないが慇懃無礼。インドの銀行は、換金するとよく金額をごまかすとガイドブックには書いてあるが、ここは目の前で機械で札束を数えて見せ、「これこのとおり」と出してきた。

時間が早かったので、評判がよいというデリーの工芸博物館にでも行こうかと思ったが、札束を抱えての見学は危険。交流基金事務所でカルカッタ行きのチケットを確認し、早めに帰宅した。

帰宅して午後いっぱい、本の執筆。近代国家誕生による言語環境の変化について書きまくった。インドの状況に足をつっこんでいると、こういう執筆はよく進む。夜には支払いをして、現金の山をさっさとラジブ氏に渡してしまう。

インド音楽についての説明

夕食は例によって九時ごろだが、執筆を一区切りつけて応接間に行くと、ラジブ氏がまたインドの古典音楽を聞かせ、いろいろ説明をしてくれた。北インドの古典音楽は、いわゆるラーガ（旋律の法則）とターラ（リズムの法則）、それに一部の決め所が決まっているだけの即興で、朝に演奏すべきラーガとか、雨の日に演奏すべきラーガとかが決まっている。つまり、音楽は大地や空気とおなじく宇宙の一部であり、朝の空気には朝のラーガしか合わない。そして同じ天候や同じ日が二度とないように、同じ演奏も二度とないのだ。

そういう原理からいえば、どんな風土の場所でも、どんな天候でも、あらかじめ作曲された通りに演奏するということはありえないし、したがってラーガとターラさえはずさなければ、「演奏をまちがえた」という発想もない。合奏は会話のようなもので、同じ会話は二度とないし、「会話をまちがえた」という発想もない。会話のように、いつ終わるかも決まっておらず、終了の合図でやめるだけだという。

インドにかぎらず、非西欧世界の音楽にはそういうものが多い。現代では、最初の骨格を決める作曲家がいわば頭脳、演奏家はその手足という分業が、あたかも理性と身体の分離のように成立している。そこでは、作曲家が特権的な位置に立ち、譜面に書かれた内容に「著作権」という概念が成立する。ほんとうは音楽では、楽譜に現われないニュアンスや音色が大切で、演奏家の真骨頂もそこにあるのだが、近代では「紙の上に記録されないものは存在しない」のだ。

市場経済と古典音楽の変容

しかし近年では、インドの古典音楽にも「著作権」とか「作曲家」という概念が生まれつつあり、あらかじめ決められた通りの展開で終わる「曲」も演奏されるという。音楽がレコード（記録）というかたちで市場に流通しはじめると、「記録されたものには著作者がいる」という論理に立たなければ、音楽家の市場における権利も守られなくなってしまう。いったん近代社会に入れば、その論理は音楽の形態まで変えるのだ。

夕食は、なぜか中華料理が出た。ヤキソバと八宝菜、酢豚というメニューで、コックのラジューが自慢そうにしている。しかしインドには酢を使うという習慣がないので、酢豚は酢ではなく、なんと唐辛子味。ラジブ氏は、ヤキソバの味が物足りないとみえて、チリソースをまぜて食べていた。

第六章　カルカッタ

二月四日（金）　うす曇　ベンガルの愛州青年

午前中は執筆作業。午後からカルカッタに出かける。タクシーで空港にむかい、飛行機に搭乗。機内で簡単に食事をし、夕方にはカルカッタに着く。

カルカッタに着くと、まずはデリーよりはるかに暖かい気温と高い湿気を感じた。例によって空港周辺には、観光客狙いの運転手やらタカリ屋やらがたむろしている。小川氏がホテルとともにカルカッタでのタクシーを予約してくれていたので、「ミスター　オグマ」のプラカードを下げているはずの出迎えを探す。意外にすぐ見つかり、旅行代理店の社員とともにタクシーでホテルにむかった。

代理店の社員はとても愛想のよい青年で、名刺を渡してアルンと名乗り、車中でいろいろ話しかけてくる。こちらもホテルに着くまでの約一時間ヒマなので、いろいろ聞くと彼はまだ十九歳、代理店に勤めはじめて一年足らず。インド男性らしくヒゲを生やしているが、まだ子供気の抜けない顔である。外国人と友達になるのが楽しいそうだ（あまり成功しないと言っていたが）。

英語がうまいのでどこで習ったかと聞いたら、ヒンドゥー教徒だがカトリックの修道会であるドミニコ会の学校に通ったとのこと。おなじくカルカッタでドミニコ会の学校に通ったゴタム氏（ラジブ氏の友人であるカナダの映画プロデューサー）のことを思いだし、校則は厳しかったかと聞いたら、「いつも制服を着て靴をピカピカにしていないとダメだった」と言う。

中産階層と私立学校

ドミニコ会の学校はカルカッタでもそう多いというわけではないそうだが、教育の階層間格差の激しいインドでは、中産階層の親がよい教育を求めて私立の名門学校に通わせるのである。とりわけ英語は、インドではどこに行っても、仕事上の資産にもステイタス・シンボルにもなる。「英語がうまいじゃないか」と言ったら、アルン青年もうれしそうだった。

聞けば彼は、カルカッタ生まれのカルカッタ育ち。父親は同じ旅行代理店で働くホワイトカラーで母親は専業主婦、兄弟は妹が一人だけと、典型的な都市中産階層である。

カルカッタを州都とする西ベンガル州は、現在はバングラデシュとなっている東ベンガルと、かつては一体だった。しかし東ベンガルは、一九四七年のインドとパキスタンの分離独立時に東パキスタンとなってベンガルは東西に分かれ、さらに一九七一年にはこの東パキスタンがバングラデシュとしてパキスタンから独立したのである。東ベンガルの分離や独立に伴い、カルカッタには大量の難民が流れ込み、貧困がうずまく町となったが、一方でアルン青年のような手堅い中産層のいる町でもあるのだ。

インドの関西人

しかしこのアルン君、一方でベンガルを愛する、なかなかの「愛州」青年である。「カルカッタはとても西洋化された町だ。僕は西洋化したカルカッタのスターは嫌いだ」と言い、「ベンガルの文化を守っている芸能人が好きだ」と言う（彼自身は洋服を着ていたが）。ためしに「デリーには行ったことがあるか」と聞いてみると、「ある。まあまあだね」との返答。西ベンガル人はいわば「インドの関西人」で、西ベンガルを気候および人情があたたかい土地として自慢するが、東京にあたるデリーを「冷たいところ」とみなす傾向がある。言葉もヒンディー語とはちがうベンガル語。「カルカッタはデリーよりよさそうな町だね」と言うと、嬉しそうだった。

ベンガル人にとって西郷隆盛か坂本龍馬のような存在である独立運動の英雄、スバス・チャンドラ・ボースについて問うと、「大好きだ。彼は自由のために闘った偉大なリーダーだ」と言う。インド人の例にもれず、「偉大なリーダー」が好きなようだ。カルカッタの町にはボースの肖像がいたるところに見られる。

カルカッタ街頭のボースの肖像

チャンドラ・ボースは第二次大戦の終了時に日本軍の飛行機で事故死したのを知っているかと言ったら、しばらく黙ったあと、「彼の死についてはいろいろ議論がある」と述べた。前にも述べたようにインドでボースは独立運動の闘士としては有名だが、日本政府が戦争中に彼を対英戦争に利用するため援助したことを知っているインド人は意外に少ない。そのうえベンガルでは、地元の英雄を尊敬するあまり「ボースはまだ生きている」という噂話が絶えないので、こういう返答がくるのである。

原爆について

さらにアルン君は、「ヒロシマとナガサキはいまどうなっているか」と聞く。学校で原爆投下について教わったそうだ。インドでは一種の反米感情のゆえもあって、ヒロシマとナガサキは有名である。これはロシアもそうで、いつぞや旧ソ連の小学校を日本のテレビ局が取材した番組を見ていたら、「日本について何を知っている?」という質問に小学生たちが答えたのが、「アメリカがヒロシマに原爆を落としてたくさんの人間を殺しました」というものだった。

親戚が欧米に移民

風呂が感動的

アルン君に「ヒロシマなら今は再建されているよ」と述べ、「君はインドの核実験についてどう思う」と聞いてみた。インドでは、ヒロシマ・ナガサキは有名でも、「アメリカに対抗するために、そしてヒロシマのようにならないために、核武装で力を持つべきだ」という意見はけっこう多いと聞いていたのである。ソ連の小学生だって、ヒロシマは知っていても、自国の核武装に反対はしなかっただろう。幸いにして、アルン君は「支持しない。政治家が人びとを動員するためにやったことだ。インドは（非暴力をうたった）ガンディーの国なんだ」と返答した。

もう一つ、「外国に行ったことはあるか」と聞いてみた。アメリカのサウス・カロライナに親戚がいるので、一度訪ねたが、「アメリカは一度行くにはいいところだが、好きになれない」とのこと。ロンドンにも叔父がいるそうだ。先日のハント氏製作のカナダにおけるインド移民の映画もそうだったが、インド・パキスタンの分離で難民が多数でたパンジャブやベンガルは、欧米への移民が多い土地なのである。

ひとあたり会話しているうちに、ホテルに着く。小川氏が気を使って予約してくれただけあって、ピカピカの豪華ホテルである。何もここまできれいでなくともと思ったが、今回のカルカッタ行きは交流基金による公用出張ではなく私の私用旅行で、私が代金を払うのだから、気兼ねをする必要はない。

ホテルでありがたかったのは、バスタブがあってお湯が入れられたこと。インドにきてから初めてお湯を入れた風呂で手足を伸ばした。インド人はお湯につかるという習慣がないのか、デリーでもカルカッタでも道端で井戸水をくんで浴びている人ばかり目立つ。この日はもう遅かったので、明日に備えて寝る。

二月五日（土）　曇ときどき雨　サバルタン・スタディーズの学者と会う

ルームサービスで完全西洋風の朝飯を食べ、九時半から昨日のタクシー運転手の運転で観光めぐりに出かける。高級ホテルに専属運転手という贅沢旅行だが、サバイバル旅行の趣味はないし、短時間に見まわらなければならないので、これでよしと思う。

街を回る

まずは観光名所である、マザー・テレサの墓がある家に行く。街角の小さな家で、観光客がひっきりなしに来ていた。とくになにも感慨はなかったので、西ベンガルの民俗工芸品が多いと聞くカルカッタ大学付属のアシュトシ博物館に行くが、ガイドブックの説明とは異なり週末は休み。しかたがないので付近のイスラムのモスクとジャイナ教のお寺を見学する。これらはすべて観光名所だが、べつにお寺に深い関心があるわけではなく、名所回りのついでに街が見たかったのである。

デリーとくらべた場合のカルカッタの特徴は、まず建物が古くて西洋風なこと。カルカッタはもともと、十七世紀にイギリスが政庁を置くために寒村だった地域につくった町で、西洋風の建物が多い。といっても日本の都市に慣れた目には、やはりインド風に（といっては申し訳ないが）すすけて汚いという感じを与える。路上生活者は明らかにデリーより多いが、これはたんに気候が暖かいからかもしれない。デリーの冬だったら凍死してしまうだろう。

牛が都市にいる理由

もうひとつ、カルカッタにはデリーのように牛がいない。野良犬が若干と、ヤギが少々いるだけである。

あとでラジブ夫妻から聞いた話では、ニューデリーは一九七〇年代から八〇年代に急成長した

カルカッタの街

町で、もとは村だった地域が多いため、住民がいまだに牛を市内で放牧しているのだそうだ。ラジブ家のあるディフェンス・コロニー地区も、今は住宅でいっぱいだが、七〇年代まではほとんど草地だったそうである。そして政府は、聖なる動物である牛が交通事故死したりゴミをあさったりしている状況を憂慮して、牛を郊外に出す政策をとっているとのこと。そういえば佐藤氏も、彼がはじめてインドを旅行した六年前にくらべ、デリーの牛は減ったと話していた。

　つまり「デリーの市街地に牛がいる」という現象は、「インドの文化」などではなくて、急速な近代化の副産物として近年になって出現したものだったわけで、当のデリー市民も困惑しているのである。そして、おなじくインドでも古くから市街地だったカルカッタには、牛がいないというわけだ。安直に「インドの文化」などと思ってしまっている現象には、意外とこういうものが少なくないのかもしれないと反省する。

　さらに、カルカッタの道路には、デリーのような「山」がない。デリーの道路には、ところどころに道路を横断するかたちで「山」がつくってあり、自動車がスピードを出せないようになっている。ただし幹線道路はカルカッタのほうがずっと狭く、やたらと渋滞する。デリーの道路は広くて直線的なので、スピードを出そうと思えばいくらでも出せるから、「山」が必要なのだろう。どうやらこれも、もとはイギリスの計画都市で急速に人口が増えたデリーと、古い町で旧市街の道路をそのまま使っているカルカッタのちがいからきたものらしい。やはり、「インドの都市」といってもいろいろある。

　もう一つ、デリーとの大きなちがいは、どこに行っても共産党のカマトンカチの落書きや旗があること。西ベンガルは共産党の強い土地で、現在の州政府も共産党政権である。もっとも昨日のアルン君は「共産党は嫌いだ。彼らは州政府をいいように使っている。みんな変化を求めている」と言っていた。九〇年代にはインドの経済開放政策に呼応するように、西ベンガルの共産党も柔軟化して、外資系企業をたくさん誘致している。

ベンガル共産党

名所観光に続いて、名高いベンガルの詩人で岡倉天心などとの交流でも知られる、ラビンドラナート・タゴールの生家に行く。いまでは私立大学になっており、講堂ではヒンドゥーの神様の絵画をバックに、何やら卒業式のようなものが開かれていた。こういう行為は政教分離の建前に抵触しないのかと思ったが、公立学校ではなく私立大学だから自由なのかもしれない。

タゴールの一族

タゴールの生家は、いまは大学付属の記念博物館になっていた。ボースとならんでベンガル人の自慢だけあって、名家の生まれでロンドン留学、詩も書けば絵も玄人はだし、独立運動ではガンディーと論争という輝かしい人物である。ガンディーとおなじく、若いときは目いっぱいに気取ったイギリス紳士風の服装だが、年をとると白髪白ヒゲのインド哲人に容貌が変化するのも馴染みの展示。

屈折した自慢

もっともタゴールの偉大さを称えるあまり、オックスフォード大学から名誉博士号をもらったときの記念式典とか、世界旅行でアインシュタインやヘレン・ケラーと撮った記念写真とか（意外と俗っぽい人だったのかもしれない）、はては彼の祖父だかがヴィクトリア女王にもらった紋章やらが展示してあった。「インドの自覚」で名高い知識人の展示に、オックスフォードの名誉博士号だのヴィクトリア女王のくれた紋章だのを並べるのかねとは思ったが、このあたりがインド人のお国自慢の微妙なところである。明治日本のナショナリスト知識人だって、「留学時によい成績をとった」とか「欧米の知識人にも認めてもらった」とかが自慢だった人は少なくない。

ヴィクトリア女王がくれたという紋章は、「勤勉に働いていればいいことがある」(works will win) という文字と金色のゾウをあしらった、ワケのわからないもの。「インドらしい紋章」ということでゾウにしたのだろう。イギリス女王が、農民の間接統治に貢献したインドの地元エリートに出してやった紋章というのは、みんなこんなものだったのだろうか。

植民地時代の肖像画

ある展示室には、十九世紀初頭からタゴール一族代々の肖像画が集めてあった。それがみんな、「いかにも地元貴族」という風情の「伝統風衣装」を着て、彫金を施した短剣などを吊り下げている。

デリーの国立博物館に行ったときに感じたことだが、植民地支配下の十九世紀になると、やたら派手な彫金を施した短剣だの首飾りだのが増えてくる。そういう成金趣味の興隆を支えたのが、イギリス支配下で地位が認められた地元貴族たちだったのだろう。こうした人びとは「ザミンダール」とよばれた不在地主が多く、農村を支配して都市に住んでいたといわれる。植民地支配下で安定した地位を得た貴族たちのもとで、「いかにも」の「伝統的様式」がつくり上げられてゆく過程は、興味深い問題だ。

「伝統風」の誕生

一方で、これらの肖像画はみんな服装が「伝統風」なのに、絵画の様式とか人物のポーズはまるっきり西洋肖像画風。そもそも、正装して肖像画を残すという発想じたいが、西洋から輸入されたものだったはず。明治天皇の「御真影」も、イタリア人のお雇い外国人画家に書いてもらった西洋式肖像画を写真にとって、全国の学校にばらまいたものだった。インドの近代絵画というのは、こういうところから派生したのだろう。

ナショナリズムは西洋化の産物

「様式が西洋風で材料は伝統風」というのは、アジア諸国のナショナリズムに共通の現象である。伊藤博文は、ヨーロッパ諸国が君主の名所旧跡を保存していることを参考にして、日本の名所旧跡を保存する提案を行なった。「伝統文化を国家や民族のシンボルとして大事にする」という発想じたいが、西洋から入ってきたものだったといえる。

それゆえナショナリストというものは、しばしばもっとも西洋化された人物である。岡倉天心は外国人に教育されたため、英語は得意だったが子供時代には日本語が読めなかったし、前にも述べたように三島由紀夫は『ダフニスとクロエ』にヒントを得て『潮騒』を書いた。タゴールもこういう家系に育ったことが、彼のその後の思想を考えるうえで無視できまい。

不思議な日本寺院

タゴールの家を出て、有名なカーリー寺院に行く。カーリーはヒンドゥー神話の女神で、「カーリー寺院」が「カーリーカッタ」つまりカルカッタの地名のもとになったといわれる。毎日午前にはヤギの頭を切り落とす儀式をやり、子宝に効くとかで有名な寺院だ。しかしガイドブックをみて寺院へ行くと、ガイドブックに書いてあったように頼みもしないのに英語で説明を押し売りする人物が現われ、ガイドブックにあったとおりに日本風の名前がたくさん記入してあるノートを持ち出して寄付をせまり、断るとガイブックに書いてあったように最低限のお金を要求した。すっかり観光化した場所で面白くもなんともないので、早々に退散する。

ガイドブックに書いてある場所はおもしろくないので、カルカッタ観光局からもらった地図のすみに載っていた、「ジャパニーズ・ブディズム・テンプル」というのに行ってみる。ただの仏教寺院ではなく、わざわざ「ジャパニーズ」と書いてあるのが気になったのである。

行ってみると、インド風寺院の頂上にペンキで日の丸が描いてある、何やら奇妙な建物があった。建物の前には、赤地に金文字で「NAM-MYO-HO-REN-GE-KYO」と記された題字。二匹の黄金のライオン（狛犬だったんだろうか）に守られた「立正安国」の碑石を抜けて、ほとんどヒンドゥーの寺院と区別がつかない建物に入ってみると、インド人が「南無妙法蓮華経」と唱えながら太鼓を叩いている。本尊は日本の僧侶の写真と黄金のブッダ像で、お供えは日本のカゴメトマトケチャップ数本と味の素のパック。周囲は子供でいっぱいで、笑いながら本尊にインド式お辞儀をしたりしている。

お寺の前で清掃をしていたインド人（スディープと名乗った）に、いろいろ聞いてみた。それによると、ここは日本山妙法寺のカルカッタ道場。一九七〇年に建立されたという。ほかにインドには、デリー、ボンベイ、ダージリン、ラダックなど各地に道場があるそうだ。ただし、ここの信徒は彼を含め三人だけで、周囲の子供は遊んでいるだけ。道場の経済は日本からの支援で成り立っており、一カ月に一度は日本の僧侶がきてくれるそうだ。彼自身はもとヒンドゥー教徒だったが、日本の僧侶が英語を教えてくれるなど親切だったので入信したという。

日本山妙法寺カルカッタ道場内

日本山妙法寺は、日蓮宗僧侶としてアジア主義思想から満州やインドで活動していた藤井日達が、日本の戦争中の行為を反省して戦後に平和宗派として設立した。六〇年安保闘争やベトナム反戦運動では、太鼓を叩きながら平和を唱えるデモ行進を行ない、注目を集めたこともある。さきほど本尊として飾ってあった僧侶の写真は、藤井日達のものだったわけだ。

もっともインド人のスディープ氏は、妙法寺の反戦活動などは知らず、インドにおける支持政党も「なし」という回答だった。それとなくカーストを聞いてみたが、「今は仏教徒だから関係ない」という返事。インドでは、仏教は十二世紀までに事実上滅びていたが、ここ四〇年ほど勢力をやや盛り返し、とくにヒンドゥーの秩序内では優遇されていない低位カーストの間に若干の信徒を獲得していた。仏教徒に改宗すればカーストから逃れられるからだ。

インドにおける仏教

不可触民出身でインド憲法を起草したアンベドカルも、五〇年代に仏教徒に改宗しているし、このスディープ氏もそうした人びとの一人かもしれない。それにしても、一度インドでは滅びた仏教が日本から再輸入され、カルカッタの地で「南無妙法蓮華経」が響いている光景は、なんとも不思議な感じがした。

そのあと、ホテルにもどる。夕方六時には、小川氏が紹介してくれたインドのサバルタン・スタディーズの学者、パルタ・チャタジー氏と会う予定なのである。

サバルタン・スタディーズ

サバルタン・スタディーズは、最近は日本でも紹介されて、その名が知られるようになった。「サバルタン」とは下層民衆の意味で、インドの社会主義系の学者たちが、おもに一九八〇年代から、下層民衆とくに農民の心情と論理を重視して行なった研究の名称だ。近年では、「伝統の創出」や、「テクスト解釈」などのポストモダン系の概念も導入されている。日本でも、オックスフォード大学出版局から出たサバルタン・スタディーズのアンソロジーの抜粋が翻訳出版されたが、そのさいの看板スターは、フランス現代思想に影響を受けたガヤトリ・スピヴァックだった(『サバルタンの歴史』竹中千春訳、岩波書店、一九九八年)。

チャタジー氏はこの翻訳書に、「ガンディーと市民社会批判」という論文を寄せている。それを通読すると、ガンディーがヒンドゥー神話の言葉で農民によびかけ、支持を集めていったことが描かれている。

ただしチャタジー論文の主眼は、ガンディーの西洋近代社会批判の分析。ガンディーが機械工業や議会制度、自由主義経済や物質的欲望などをヒンドゥーにもとづく農村共同体の道徳から批判し、「道徳的資質を備え真理に必ず従う支配者」に導かれたアジア的な「家父長制」の国家建設を呼びかけていた、という内容だった。国家全体が一つの家になる思想は、なんだか戦争中の日本政府のスローガンを見ているようで、嫌な気分になったことを覚えている。

ガンディーの思想

もっともチャタジー氏の論文や、小川氏が紹介しているやはり著名な学者であるアシス・ナンディー氏の評価によると、ガンディーは当時の独立運動指導者の大半とは、かなり異なる志向の持ち主だった。まず当時の独立運動指導者の多くがタゴール一家のような上位カーストの出身だったのにたいし、ガンディーは商人カーストの出身だった。また他の指導者が西洋近代式の教育を受け、西洋式の近代化や市民社会概念の導入を唱えたのにたいし、ガンディーはそれを批判して農村の共同生活と伝統的手工業を賞賛したのである。

さらに他の指導者が「ヒンドゥーの伝統」を上位カーストの文化や指導に求めたのにたいし、ガンディーは農民の心情と村落社会の論理に求めた。また当時のヒンドゥー・アイデンティティの模索が、もっぱら男性重視的だったのにたいし、ガンディーは庶民的な女性崇拝（生殖能力崇拝）に近く、女性の地位向上のためにはヒンドゥーの聖典の内容も再解釈してよいと主張したというのである。

「インドの伝統」の解釈争い

やや強引に整理すれば、ガンディーと他の独立運動指導者の対立は、ナショナリズムを構築するにあたり、「ヒンドゥーの伝統」をどのように解釈するかの対立だったと考えられる。かたや農民・女性・村落社会・手工業に「伝統」をもとめ、かたや上位カースト文化の指導・男性重視・近代化という方向にナショナリズムを引っ張ろうとしたといえる。近代日本でいえば、明治政府の路線は後者に近いだろう。古代寺院やサムライの伝統に「日本文化」をもとめ、京都の奥の院で薄化粧していた天皇に西洋式の軍服を着せ、ヒゲを生やさせて「男性的」に改造し、一方で近代化政策を推し進めたわけだから。

レズビアン論争

こういう「伝統」の解釈の問題は、現在のインドでもホットな問題だ。「結婚持参金はインドの伝統か」といった議論については以前にも書いたが、たとえば近年では、不幸な結婚をした二人の女性のレズビアン関係を描いた映画に関する論争があった。ヒンドゥー至上主義者たちが、「レズビアン描写はインドの伝統を破壊する」と主張して映画館にデモをかけたのにたいし、それを批判する側は、「レズビアンはインドの古代寺院の装飾にもある。それを蔑視する心情を植えつけたのはイギリスの持ちこんだ西洋文化の価値観だ」と反論したのである。どっちにしても「インドの伝統」そのものを否定する気はなく、「どれが正しい伝統か」の解釈をめぐって争うわけだ。

さて、こういった予習をふまえたうえで、チャタジー氏に会った。やや禿げかかった白髪混じりの頭に、ポロシャツとラフなズボンといういでたち。ホテルの喫茶室でコーヒーを飲みつつ、二時間ほど話した。以下はその応答。

小熊　日本でもサバルタン・スタディーズをはじめインドの学問動向は紹介されていますが、インドにおける政治的背景はよく知られていないように思います。たとえばインドでは、「伝統の創出」という問題設定は、近代化による社会改革とナショナル・アイデンティティを両立させる緩衝材として機能しているように思いますが。

学問のインド的文脈

チャタジー　そうもいえるけど、もう一つある。「伝統の創出」というテーマは、インドでは何よりも植民地支配への反発なんだ。イギリスが統治上の必要から行なった慣習調査や登録などで、「インドの伝統とはこういうものだ」と記述した内容にたいして、「真のインドの伝統はちがう」という意識なんだよ。エドワード・サイードの「オリエンタリズム」が受容されているのも、ほぼ同じ文脈だね。

日本とのちがい

小熊　日本ではまったく違います。日本は植民地化されませんでしたし、西洋諸国ではなく日本政府が「伝統の創出」を行なってナショナリズムを構築したわけです。ですから、日本では「伝統の創出」という考え方は西洋批判などではなくて、もっぱら日本ナショナリズムそのものへの批判として導入されています。そういう日本側の目からみると、「インドの真の伝統」を求めるという心情は、やや原理主義的とも映りますが。

チャタジー　そうかもしれないね。しかし、インドの事情はこの通りなんだ。

ガンディー解釈のあれこれ

小熊　もう一つ感じたのは、「インドの伝統」の解釈問題です。みんな「インドの伝統」を否定するのではなく、その解釈をめぐって争っている。これはガンディーの解釈でもそうじゃありませんか。インドの知識人のなかでも、ある人は「ガンディーは政治にヒンドゥーの伝統を導入した人だ」と言い、ある人は「いや、ガンディーは宗教の融和を目指した政教分離の世俗主義者だ」と言う。またある人は「ガンディーは西洋近代式の理念を否定した」と言い、ある人は「そうではない、ガンディーの非暴力思想は西洋近代の言葉にも翻訳できる普遍的なものだ。だいいちガンディーはインド女性の地位向上のために聖典の再解釈も辞さないと言ったではないか」と言う。みんなそうやって、「自分の思想はガンディーの伝統を正しく受け継いでいる」と主張している。私は頭が混乱しました。

チャタジー　大部分の自称「ガンディー主義者」は、ガンディーの著作をきちんと読んでいないんだ。ガンディーはカオスのような人で、八十巻以上もある全集を読んでみると、相互に矛盾したような内容がたくさん出てくる。誰でも自分の好きな内容を、ガンディーの全集から拾ってこれるだろうね。

小熊　誰でもインドの古代神話から、好みの教訓を拾ってこれるようにですか。ガンディーはそれじたい神話なのですね。

ガンディーは核武装を支持する？

チャタジー　その通り。私はガンディー万歳主義者ではない。彼が生きていたら、いまのインド人民党政権の核政策を支持すると思うよ。「臆病であってはいけない」というのが彼の信条だったからね。

小熊　昨日会った旅行代理店の社員は、ガンディーを引き合いに出して核実験に反対していましたよ。

チャタジー　それも一つのガンディー解釈さ。

小熊　先日デリーのガンディー記念博物館に行きましたが、「世俗主義」という題名の絵があって、ガンディーが血を流しながら各宗教の人びとを抱きかかえて……。

チャタジー　それも一つの解釈、しかもかなり公式的な解釈だよ。ガンディーの実像とは、少々かけ離れていると思うがね。

文学理論は政治である

カルカッタの共産党の落書き

小熊　それじゃ、あなたはなぜガンディーの思想を研究したのですか。

チャタジー　こんな話がある。西ベンガルは一応は共産党の強い土地なんだが、真の意味での革命の思想は知識人や学生に支持されているだけだった。そこでインドの共産主義者がベトナムに行き、ホーチミンに会って、どうやったら民衆の支持を集められるかアドバイスを仰いだ。するとホーチミンは、「インドにはガンディーがいるじゃないか。私はベトナムのガンディーだ。農民に訴えかけたいなら、ガンディーを勉強するべきだ」と言ったんだよ。

小熊　それじゃ、ガンディーを研究したのは、民衆の支持を得るための一種の戦略だったといえるわけですか。インドでは、ガンディーの著作や古代神話、あるいは「伝統」が社会を規定する力が強いので、それをどう解釈するかが、そのまま政治の動向に直結しているように感じます。

チャタジー　そう言ってもいいだろうね。

小熊　インドのサバルタン・スタディーズで、現代思想のテクスト解釈理論を応用したスピヴァックが歓迎されているのも、そうした解釈をめぐる政治があるからなのですね。日本にいたときには、インドのサバルタン・スタディーズやフェミニズムにおいて、一方で農村や下層民衆が重視されながら、同時に現代思想にもとづいた文学理論が導入されている理由がよくわかりませんでしたが、やっと納得できました。しかし日本では、スピヴァックはもっぱら西洋のポストモダン思想の延長として紹介されていて、そういった政治的背景はよく知られていないと思います。

チャタジー　日本には、神話や伝統の解釈をめぐる政治はないのかい。

小熊　戦後の日本にはあまりないと言っていいでしょう。そもそも戦後日本には、「社会の基本テキスト」にあたるものがありません。強いていえば、憲法をどう解釈するかが、もっとも論争的です。この憲法が「伝統的」ないし「土着的」なものであるのか否かをめぐって、「いまの憲法はアメリカに押し付けられたものだ」という主張と、「アメリカは少しアドバイスしただけで、日本の学者や運動が基盤をつくっていたのだから、日本製の憲法と言っていい」という意見の対立がありましたが、それも少し以前のものです。

チャタジー　日本にだって古代神話はあるだろう。

小熊　日本の場合、古代神話を利用して形成されたナショナリズムが、太平洋戦争でたいへんな惨禍をもたらしました。ですから戦後の日本では、神話や「伝統」の言葉にもとづいて政治的主張を行なうということじたいがあまり好まれないので、伝統の正しい継承者の座をめぐって争うという政治が少ないのです。

チャタジー　それじゃ、戦前は？

小熊　戦前にはありますね。私は戦前から戦後を対象に、政府や知識人が古代神話をどのように解釈や操作をして、自分の主張を行なっていったかについて本を書きました（『単一民族神話の起源』新曜社、一九九五年）。だけど、あまり元気の出ない歴史ですよ。

日本の古代神話をめぐる政治

チャタジー　どういうことだ。

小熊　ほとんどの知識人が、最終的にはアジアへの侵略を支持したからですよ。たとえばいちばんわかりやすい例として、私は高群逸枝というフェミニストのことをインドの知識人によく話します。彼女は西洋から輸入された女権思想ではダメだと考え、日本の古代神道を研究しました。そして、古代神道には女性にたいする差別はなく、中国から儒教が輸入されたあとに差別ができたのだと結論しました。そうして、女権思想は西洋の輸入品ではなくて、古代神道精神の復活だと主張したのです。

女性差別はイスラムの影響？

チャタジー　インドにもよく似たものがあるね。一部の女性運動は、古代ヒンドゥーには女性差別はなく、インドにイスラム教が侵入してから女性差別が生まれたと言っているよ。

小熊　しかし高群は、しだいに神道原理主義的になり、最終的には日本の侵略を神道の精神を広める一種の十字軍として支持したのです。彼女だけではなくて、民衆に近い言葉をとりいれなければならないと考えた左派知識人が、最後は反西洋のスローガンや原理主義的なナショナリズムに巻きこまれた例は少なくありません。

日本の宗教原理主義

チャタジー　何てことだ。日本に宗教原理主義勢力はいたのかい。

小熊　それに近いものはあります。日蓮宗という仏教の一派が、一九三〇年代の大恐慌を背景として、知識人や軍人の間に支持を得たことがあります。その支持者の一部は、農本主義的な立場から反西洋・反大都市・反自由主義経済のスローガンを掲げたり、テロ行為やクーデター（二・二六事件）に関係しました。日本の貧しい農民のために中国の土地に進出するべきだという主張や、総力戦体制のために統制経済を敷くことも唱えられました。元左派の人びとのなかにも、反自由主義経済や農村救済という志向から、こうした思想に転向する人が出ています。

チャタジー　本当に元気の出ない歴史だな。民衆に近づこうと努力して宗教や伝統文化の言葉をとりいれたら、原理主義に巻きこまれてしまったというわけか。今のインドの知識人が抱えているジレンマとよく似ているよ。

小熊　ガンディーの思想についてのあなたの論文を読みましたが、なんだか戦争中の日本政府のスローガンとよく似ていますよ。反西洋、反議会主義、反自由経済、東洋の伝統倫理、家父長制国家……。

チャタジー　だけど、日本政府は機械工業を起こして兵器をつくったんだろう。それはガンディーの思想とはちがうね。

小熊　それはそうです。伝統を掲げながら近代兵器を並べるというのは、ナショナリズムの矛盾の一つですね。しかし、今のインドの核実験計画だって、ヒンドゥー神話からとった名前がつけられているじゃありませんか。

チャタジー　日本の近代には、工業化政策に反対した伝統主義者はいなかったのか。

小熊　いたことはいましたが、政府主導の近代化が成功したので、支持はなかったですね。民衆のかなりの部分も、近代化がそれなりにうまく進んでいる以上、それに乗ったほうがよいと判断したと思いますよ。だいたいインドの知識人は、「西洋近代を超えるアジアの伝統的価値観」とかいう言葉にたいしてナイーヴすぎませんか。日本では戦争の歴史があって、ほとんどの人はそうしたスローガンを聞くと不安感を覚えます。

「アジア的価値」というスローガン

チャタジー　インドではそうだろう。東南アジアの知識人はそこまで楽観的ではないね。シンガポールやマレーシアでは、政府が「アジア的価値」を掲げて民主化を拒否したり、開発独裁を正当化していたからね。

小熊　インドでは東南アジアとちがい、独立後の政府が政教分離の世俗主義を建前として、「アジア的価値」とか「ヒンドゥーの伝統」とかを掲げなかった。だから、民衆や知識人にとってそうしたスローガンがまだ新鮮で、夢を抱けるということですか。

チャタジー　まあそんなところだ。

ずいぶん遠慮なくものを聞いたが、ここは議論については後腐れのないインド。おまけに華奢《きゃしゃ》でヒゲのない私は、たくましいヒゲ面の男性がほとんどのインドでは、年齢より若く見られる。プニマ夫人は私のことを「二十五歳にしか見えない」と言っていた。サバルタン・スタディーズの大家チャタジー氏は、「元気のいい若造だ」くらいの感じで対応してくれたのだろう。

話のあと、彼は「あなたはインドでは客人だから」と言い、クレジットカードでコーヒー代を支払ってくれた。社会主義者といってもクレジットカードを持つ上層階級というのは一見矛盾だが、近代日本をふくめ、途上国の社会運動というものはそうしたものといえばそれまでである。こちらだって、インドでは金持の外国人だ。無理をして貧乏旅行を気取るほうがかえって偽善的、無理せずに「分相応」にふるまうべきだと思う。チャタジー氏は、私が報告する予定のバンガロールでのシンポジウムに来る予定なので、再会を約して別れた。

インドの中華料理

夕食はそのあと、ホテル近所の中華料理屋で食べた。旅行ではその土地の名産を食べるというのが原則だが、私には食道楽の趣味はほとんどない。なぜ中華料理にしたかというと、インドでは開放経済とともに台頭した中産層のあいだで中華料理の外食が一種のレジャーになっていて、おまけにカルカッタはインドの大都市で唯一チャイナタウンがある町ということもあり、「インドの中華料理」という存在に好奇心がわいたのである。

まずは、中国系のシェフがいて評判だという中華料理屋に行ってみる。外国料理屋の並んでいる通りで、その店の隣には、「素晴らしいオリエンタル料理」と銘打った「ブルー・フォックス」というタイ料理屋があった。なんでタイ料理屋の店名が「青キツネ」なのかわからないが、どうやらイギリス貴族になったつもりでオリエンタル料理を楽しもうというコンセプトの店らしく、「東洋のダンサー」も出演と書いてあった。「インドのタイ料理」というものの社会的位置も興味深い。

中華料理店でダンス音楽

目的の中華料理屋の店内は、アメリカ風のダンス・ミュージックがガンガンかかった大きなフロア。中産層らしき家族連れや男女の若者たちでごったがえし、入口に行列ができていた。もちろん門前には、路上生活者や物乞いがたむろしている。アメリカ風ダンス・ミュージックと中華料理というのは日本の感覚ではまったく合わないが、インドではどちらも「中産階層風でオシャレ」なんだろうか。

そういえばバブル期の東京にも、「カバラ」というタイ料理屋があった。なぜタイ料理屋がユダヤ経典を店名にしているのか謎だったので、店員に聞いてみたら「カバラとは神秘的哲学という意味です」と回答したものである。店はヨーロッパのデザイナーがデザインしたという思いっきり東洋神秘趣味風のもので、店員は黒ズボンに白シャツだった。ほんらいなら同居しそうにないタイ料理とユダヤ経典も、「神秘的そうだからオシャレ」という分類枠のもとでは結びつく。インドの「ダンス音楽と中華料理」の組合せを笑える立場ではない。

しかしこの大人気の中華料理屋は、店員に三十分待ちと言われたのであきらめ、やや人気のなさそうな店に行く。こちらは飲み屋を兼ねた男客ばかりの店で、出てきた中華料理はなんだかくすんだ色をしており、マサラ香料の混じった「インド中華」。日本でいえば醬油ラーメンみたいなものか。これも興味深い文化接触だと思って食べ、ホテルに帰って寝る。

二月六日（日）　曇ときどき豪雨　インドの誇りは何

インドのオリエンタリズム

またホテルで朝食をとり、出かける。まずは州立の「インド美術館」に行ってみた。展示内容は、デリーの国立博物館を小さくして、科学博物館的な要素を加えたような感じ。古代美術や細密画の展示はあいかわらず。科学コーナーでは、ベンガルの特産農産物と、それをつくっている農民人形が飾ってあるのが教育的配慮を感じさせる。建物はインドの博物館によくあることだがやや古く、展示物にクモの巣が張っていたりするが、あまり特徴なし。ローマ風の門柱・ヒンドゥー風彫刻・イギリス風庭園の混交建築はややおもしろかったが。

唯一興味深かった展示は、古代エジプト学のコーナー。ナポレオンのエジプト遠征からはじまり、イギリスの学者たちの偉業を称えたあと、インド人の学者がピラミッドを「発見」したり「発掘」した様子が自慢げに書いてある。ヨーロッパ人によるイスラム研究を「オリエンタリズム」として批判したエドワード・サイードが、こういう展示を見たらどう思うだろうか。

日系アメリカ人の学者の本で、近代日本の東洋学をあつかった『Japan's Orient』という本がある。東洋の一部であるはずの日本が「東洋学（オリエンタリズム）」とはこれいかに、という問題設定である。日本では中国やインドは昔から「西域」と呼ばれてきたが（日本からみて「西」にあるのだから当然である）、明治以降に西洋の東洋学が輸入されるにしたがい、これらの諸国を「東洋学」の対象とする学者が日本にも現われはじめた。彼らは中国などを調査し、戦争中は日本の優秀さを称えたり侵略を支持したりした。これをもじっていえば、インドの古代エジプト研究は「Indian Orient」である。

そういえば、昨日のタイ料理屋もオリエンタル趣味風だったし、以前にラジブ邸のあるお客と話していたときに、彼が「オリエンタルの女性はいい」とか言って日本女性をほめていたことがある。そのとき、「ちょっと待ってくれ。インド人は日本や中国の人間をオリエンタルと言うのか」とその人に聞いたら、「オリエンタルと言われたら嫌なのか」と答えられた。「そうじゃない。中国と日本がオリエントということは、インドは東洋じゃないと思っているのか」と問うたら、「いや、そりゃあインドも東洋だけど、日本と中国はもっと東じゃないか」という歯切れの悪い返事が返ってきたものである。

インド人の「東洋」

そのあと昨日閉まっていたアシュトシ博物館に行ってみたが、今日も閉まっていた。昨日門番に聞いた情報が不正確だったのである。仕方がないので、デリーの人形美術館にあたる存在である、カルカッタの「ネルー子供博物館」に行く。

子供博物館は、例によって世界各国とインドの人形を展示してあったが、こちらはただ無秩序に並べてあるだけ。しかし興味深いのは、ヒンドゥー神話である『マハーバーラタ』や『ラーマーヤナ』が、それぞれ人形を使った六十個ものジオラマで展示してあること。日本でいえば記紀神話の人形展示である。

子供博物館の神話教育展示

展示の最初には、「『マハーバーラタ』は一つの人種（a race）の偉大な自叙伝です。偉大な神話は古代インドの文明を語ってくれます」と書いてあり、「国民文化協会」（National Cultural Association）の作成と書いてある。ちなみに展示の解説はベンガル語・英語・ヒンディー語の三言語併記だったが、ベンガル語が最初で英語が二番目、ヒンディー語はいちばん下だった。

「国民文化協会」はこの子供博物館を主催している児童教育団体で、博物館の一階には講堂もあり、フランス語やコンピュータを教えるクラスの募集チラシも貼ってある。受付で聞いてみると、この博物館は一九七二年設立。創立者の知識人は五〇年代から児童教育や文化教育で活動しており、インドの歴代政治家と一緒に撮った記念撮影も飾ってある。ただし博物館の「ネルー」の名称はたんなる名前で、有名な首相とは関係ないそうだ。国民会議派のネルーは、一応は政教分離主義を公式見解にしていたはずだから、ヒンドゥー神話を児童教育にとりいれるという志向とは合わないはずである。

子供博物館の壁画

博物館の外に出ると、周囲の壁に、この協会が西暦二〇〇〇年を記念して描いた、コメント付きのメッセージ壁画がたくさんある。「児童労働は社会の恥だ」「子供に教育を」といったコメントの壁画からはじまり、やがて「子供はファンタジーの世界に住んでいる」「動物と仲良くしよう。彼らも神様の創ったものだ」というヒンドゥーの自然崇拝が加わって（このあたりは先日見たタミル語映画『マリ』を思い起こさせた）、それから国家的スローガンの絵になる。以下順番にみてゆくと、

「わが伝統文化の誇り」（シタールや文学者の絵）
「ノーベル受賞者たち」（アマルティア・センやマザー・テレサの絵）
「コンピュータは二十一世紀を支配する」（コンピュータが地球にまたがる図）
「宇宙に出たインド最初の男、一九八四年四月三日」（インド人宇宙飛行士が月にインド国旗を立てている絵）

「インドの誇り」各種

「一九八三年。インドのクリケットの記念すべき年」（世界大会でインド優勝の絵）
「人類への奉仕は神への奉仕」（ブッダやヒンドゥー神の絵）
「文明社会の指標。女性の活躍に敬意を」（インド国旗を立てる女性探検家、女性運動選手、女性パイロット、女性兵士、女性医師、女性文学者などの絵）
「新しいミレニアムと偉大なる記憶」（インド独立運動、ガンディー、ボースの絵）
「二十一世紀。インド史の最も輝かしい時期」（「一九九九」のタスキをかけた老人が「二〇〇〇」と描かれた王冠を子供に渡し、周囲の子供たちがインド国旗を打ち振る絵）

ざっとこんな調子である。現代日本の文脈でいえば、児童労働廃止・教育の普及・環境保護運動・女性の社会進出といったテーマと、「偉大な文化伝統」だの「国家の誇り」だのはまず結びつかない。しかし、それらがすべて「もっとよい国家に」「もっと強い国家に」という共通項で結びついているのが現在のインドであり、また戦前の日本であった。

二〇〇〇年に対して期待が盛り上がっているのは、インドが非同盟諸国の雄として活躍した独立直後にくらべ国際的地位が低迷気味だからで、プニマ夫人も「二十一世紀はインドの世紀になる」と息巻いていた。クリケットはインドでいちばん人気のあるスポーツで、スルタンプルの農村でさえ道端の子供がクリケットで遊んでいたし、ウルワシ氏と会食したときはインドとパキスタンのクリケット試合が放送されていて（日韓のサッカー試合のようなものである）、店員が料理を運んでこないでテレビに夢中になっていた。

コンピュータとヒンドゥー

自然崇拝的なヒンドゥー思想とコンピュータ志向が同居しているところも、興味深い。私の見るところでは、宗教的神秘主義と科学信仰が、「マジック・パワー」というキーワードで結びつきやすいからだと思う。十九世紀の日本に電気製品が入ってきたときも、まずは「摩訶不思議」な見世物として民衆の目に触れた。科学産業の最新成果が、宗教的価値観の残っている社会と出会うと、よく起こる現象である。

宗教的神秘思想と科学技術の同居が、ナショナリズムと結びつくこともある。一方で非合理な人種思想を掲げながら、同時に近代兵器を駆使したナチス・ドイツの科学観を研究した、ジェフリー・ハーフの『保守革命とモダニズム』（岩波書店、一九九〇年）という本が有名だ。インドの核実験も、ヒンドゥー神話のコードネームで行なわれたのは、前述の通り。

勇ましくやがて悲しき「国家の誇り」

しかし、児童教育や女性の社会進出をうたっているこの協会は、おそらくインドでは「良心的」な団体のはずなのである。この一連の「国家の誇り」の絵のなかに、核実験が描かれていないだけでも、私は少々安心した。「女性の社会進出」に女性兵士の絵があるとはいえ、ミサイルや戦車が目白押しだった共和国記念日のパレードにくらべれば、ずいぶんと平和的である。

それにしても、この「国家の誇り」の内容の、ゴチャマゼぶりはどうだろう。独立運動もシタールも、コンピュータもノーベル賞も一緒くたである。インド人の宇宙飛行士とか、クリケットの世界大会なんて、日本で知っている人間がどれだけいるだろうか。核兵器や軍事力を持ち出さずにナショナル・アイデンティティを築こうとすると、他国の人間がまったく知らないスポーツ大会の成果まで動員しなければならないというインドの現実は、いささか物悲しささえ感じさせた。

すべての「国家の誇り」を失った敗戦直後の日本でも、古橋広之進が水泳で金メダルをとったとか、湯川秀樹がノーベル賞をもらったとかをナショナル・アイデンティティにしたものだが、おそらくインドでこの二人の名前を知っている者は数えるほどだろう。現在の日本では、経済的成功がおそらくは最大の「国家の誇り」だが、現在のインドにそれは望めない。

先日のアミタ氏も、「今のインドでは、もうガンディーや独立運動の歴史では民衆をひきつけられない」と述べていたが、こういう状況でヒンドゥー至上主義に対抗しなければならないインド知識人の困難は思いやられる。そんなことを考えながら壁画の様子を手帳にメモしたあと、売店でミネラル・ウォーターを買うと、「外国人がまじめにインドの勉強をしている」と思われたのか、売店のお兄さんが親切だった。

一通りカルカッタ市内の名所を回ったので、ホテルにもどって清算し、空港へむかう。またアルン君が同乗し、「カルカッタはどうだった」と聞くので、「やはりデリーよりいい町だ」と言うとニッコリ。私の名刺が欲しいというので渡してやると、そのうち日本へ手紙を書きたいと言う。空港で彼は親切にチェックインの仕方まで教えてくれ、握手して別れた。

飛行機は、例によって予定より遅れた。デリーに着くと、カルカッタに慣れた体には寒かった。

第七章　僧との対話

講義中止

二月七日（月）曇　ブックフェアの日本書籍

今日は大学へ行く日。しかし到着してみると、またまたスタッフは会議中。会議が終わるまで待っていたら、なんとチベットの宗教事情について特別講義を組んだので、私の講義はまたの機会にしてほしいとのこと。

これまた、別に悪気があるわけではない。最近、中国がダライ・ラマの代わりに据えていたチベットの少年ラマがインドに逃げてきて、中国への対抗意識の強いインドではこの話題で盛り上がっている。だからチベットの宗教事情の特別講義を組んだわけだが、たんに私に事前連絡がなかっただけだというのである。

中国・日本研究科の事務室は現在ストライキ中で機能しておらず、私だけでなく学生たちも、この講義変更は初耳だったらしい。日本留学の経験が長いラジブ講師は「どうもすみません」と盛んにあやまっていたが、他の教授はあまり気にしていない様子で、「小熊さんも聞けば面白いですよ」とのお言葉である。ダブルブッキングや連絡の不備は事務員の責任だという、完全分業社会インドの感覚なのだろうか。相手を「日本研究科」という集団ではなく、教員や事務員といった各種職能の人間が同じ建物にいるだけと考えれば、たしかに教授たちに責任はない。

私の側は、講義はサービス業だと思っているので、お客が「またにしてくれ」と言うなら、それに従うだけである。とはいえチベット事情の講義は途中で中座させてもらい、学科長のタンカ氏と打合せにゆく。インドにくる前の予定では、英語の講義を一回やってくれということだったので、それをいつ行なうか決めようと思ったのである。

ところがタンカ氏は、あっさりと「もうあなたの帰国まで日時も少ないし、やらなくていいです」と言う。それじゃ用意した英文の講義内容は、各地のシンポジウムや、アミタ氏（ナルマダ・ダム反対運動を研究した先日の若手女性研究者）に頼まれた社会学部の特別講義に回してよいかと言ったら、「かまいません」という返事。日本事情の講義が増えたかと思うと、英語の講義は中止。いいかげんというか柔軟というか、とにかくそう決まったので、社会学部へアミタ氏に会いにゆく。

アミタ氏はまだ講義中だったが、私を見つけると教室から出てきて自分の研究室のカギを渡し、すぐ終わるから待っていてくれと言う。会議やシンポジウムでも自分の意見ばかりまくしたてる人が多いインドにあって、この人はけっこう周囲の様子に気を配る人である。あたりまえだが、「インド人」といってもいろいろだ。

日本について質問

講義が終わったあと、学部のそばの売店でチャイを飲みながら、彼女はまたも日本の近代化とナショナル・アイデンティティについて盛んに質問してきた。明治政府はなぜ江戸時代の身分制度の解消に賛成したのか、なぜ日本の民衆は政府による神道の統制（内務省が、天皇家をまつった神社を頂点に神社のランキングを設け、半数近い地方神社を統廃合した）を黙認したのか、な

明治政府の基本方針

ぜ近代化による中央と地方の格差がそれほど深い対立にならなかったのか。すべて、いかにもインドの知識人が関心を持ちそうなテーマである。

私の回答は、だいたいこんなものだった。明治政府が身分制度を解消し、代わりに国民共通の義務教育を導入したのは、要するに国家の強化のためである。政府は、サムライだけに教育を与え、サムライだけを兵士にするという方針ではなく、国民教育を行なって徴兵制を導入し、読み書きのできる兵員と労働力を大量に獲得することなしには、西洋による植民地化から逃れられないことをよく知っていた。神道を統制し、それを天皇を中心としたナショナリズムの形成に役立て、国民教育で古代神話を教えたのも、要するにそれが近代国家を建設するために必要だったからである。

一方で、日本では政府主導による近代化はあるていど成功し、新しい職業を民衆に提供することに成功した。また身分制度の解消と教育制度の普及は、身分による差別を学歴による差別におきかえたが、人びとはそれに抗議するより、自分がよい学歴を手に入れることに傾いた。よい学歴が手に入れば、よい職業が手に入る。こうした社会的上昇の機会と職業を提供したから、多少のことがあっても民衆は政府を支持したのだ。農村はたしかに都市との格差に悩んだが、大部分の地方農村リーダーは、中央政府と闘うよりも、政府から村へ利益を誘導するか、自分の子弟によい学歴をつけさせ都市に向かわせることを選んだ。

これを聞いてアミタ氏は、「要するに、中央政府のリーダーシップで近代化が成功したから、すべてうまく運んだというわけね」とコメント。私が「結果的にいえば、だいたいそういうことだ。でもそのおかげで太平洋戦争では大失敗したし、今の日本では逆に地方分権が問題になっている。まあインドの知識人のなかには、『明治の日本には国民を動員して西洋の植民地化に対抗した偉大なリーダーがいたんだ』と誉める人もいるかもしれないけれどね」と答えると、彼女は肩をすぼめて笑った。各地方が分裂したまま植民地支配され、現在でも国家の統合や近代化の促進などがテーマになっているインド側からみると、近代日本の歴史的経緯は良い意味でも悪い意味でも感慨深いはずである。

私が『〈日本人〉の境界』という本を書き、近代日本における「日本人」の境界に位置する人びと、すなわち沖縄やアイヌ、朝鮮人などの視点から「『日本人』とは何か」を論じたと述べると、日本のマイノリティについていろいろ質問された。北海道の二風谷《にぶたに》ダム（アイヌの聖地にダムを建設する計画）反対運動の話をすると、ナルマダ・ダム建設への少数民族による反対運動の調査をしていた彼女は、やはり関心を示した。

彼女によれば、ナルマダ・ダム計画のさいには、「ダム建設は国民の偉大な発展に必要だ」と主張する政府側にたいし、それによって被害をうける少数民族側から、「犠牲になるわれわれは『国民』の一部ではないのか」という反論がなされ、「インド人とは誰か」という議論に発展したという。

少数民族は「インド人」か

インドでは多様な少数宗派、不可触民など下層カーストにくわえ、「指定部族」とよばれる少数民族がマイノリティとして存在する。そういえば先日彼女とはじめて会食したさいに、デリーの人形博物館における「各州のインド人」の展示の話をしたら、彼女がまっさきに質問したことは、「その『インド人』の展示に指定部族は入っていたか」だった。

インドだけでなく、どこの国でも、ダムができたり原子力発電所が建ったりするのは少数派地域だったりする。日本の原発は「裏日本」や東北に集中し、米軍基地は大半が沖縄だ。「日本の利益のために必要だ」というなら、それらの地域の人びとは「日本人」ではないことになる。「インド人とは誰か」というテーマも、「ヒンドゥー教徒、しかも上層カーストが『典型的インド文化』をもつ『インド人』だ」という主張にどう対応するかに直結する問題である。

彼女の研究室にもどり、私の特別講義の日程を調整する。講義のタイトルはと聞かれたので、「近代日本のナショナル・アイデンティティ」をメイン・タイトル、副題を「誰が『伝統』を定義したか」にしたいと答えると、「副題がとてもいいわ」と言う。明治政府や日本の知識人が「日本の伝統」をどう創出したり解釈しようとしたかを話す予定だが、たしかにこの副題は、「何がインドの伝統か」をめぐる政治がかまびすしいインドでは関心をひくはずである。客層をみて演題を決めるのが、サービス業というものだ。

国際ブックフェアのコンピュータ人気

タクシーで大学を出て、折からデリーで開催されている国際ブックフェアにむかう。カルカッタで会ったチャタジー氏に、いろいろ本を推薦されていたからだ。大きな公園のような会場を借り切って、いくつものパビリオン状の建物がならぶ本の博覧会である。入場料五ルピーを払って会場に入る。

まずは、インド側出版社のパビリオン。多くのコーナーがあったが、目立つのは宗教関係とコンピュータ、それに経済関係の本が多いこと。「コンピュータ」や「インターネット」と書いた看板が目につく一方で、ヒンドゥー宗教書専門の出版社や「世界ヨガ協会出版部」などの出展がならぶ。ヒーリングや自然、健康などをうたったニューエイジ風の書籍も多い。その横には、揃いのアメリカ風の野球帽とパーカーを着た女性店員たちが大声でビジネス本の宣伝をしている、その名も「競争成功レビュー社」(Competition Success Review) のコーナーがあった。

ヒンドゥーとコンピュータの組合せはカルカッタの子供博物館でも見たが、それに経済開放政策以降のビジネス文化が加わっている。ヒンドゥー至上主義、コンピュータ、アメリカ風ビジネス文化の三つが、グローバリゼーション下の「インドの流行」を形成しているようだ。

世界の国は三種類

国際パビリオンの外国出展は、別の意味で興味深かった。世界各国から、その国の出版協会やら大使館の主宰で出展が集まっているのだが、出店の様式が大きく三種類に分かれる。

第一のグループはWHOやILOなど国際機関で、世界の衛生や労働状況の統計本を売っている。第二は自国の文化を紹介した本を集めている国々で、アジア・アフリカ・中南米・中東諸国はほとんどこの類。第三はドイツやフランスなど西欧の国々で、ここは自国文化の紹介本もあるが、それ以上に産業や科学など普遍的テーマの本を並べている。さらに大きな特徴は、西欧諸国の出展には、自国の学者によるインド研究本の棚が大きな比率を占めていることだ。

支配国は強い

要するに、第一グループの「国際機関」を除けば、世界は「自国の文化紹介で懸命の国」と、「他国を研究してやる側の国」の二種類に分かれているというわけだ。よくも悪くも、植民地支配を行なった側は強い。フランスやドイツの出展企画者も、とくに意識したわけではなく、「インドで出展するんだから、インド研究本を並べようじゃないか」という感じなのだろう。インド側の人びとも、そうした西欧のインド研究本を買う。ちなみに日本は国際交流基金が出展していたが、典型的な「自国の文化紹介で懸命の国」の展示だった。

日本の出展ブースに行くと、お決まりの相撲、寺院、柔道、禅といった主題の英文写真集が並び、日本語の教科書がそれに続く。この点はどこの国のブースも同じで。ブラジルのブースはなぜかサンバがかかってカーニバルのビデオが流れていたし、北朝鮮のブースは金日成・金正日親子の肖像をバックに朝鮮舞踊の本が売られていた。

日本書籍のラインアップ

しかし日本のブースで解せないのは、英文写真集や教科書以外に並べられた、現代日本の書物の無秩序ぶり。見てみると、林道義『主婦の復権』、テリー伊藤『大蔵官僚の復讐』、岩波書店編集部編『定年後』、柳美里『ゴールドラッシュ』、乙武洋匡『五体不満足』、半藤一利『ノモンハンの夏』、荒俣宏『二〇世紀 雑誌の黄金時代』、ウォルフレン『なぜ日本人は日本を愛せないのか』、高山文彦『少年A 十四歳の肖像』……といった本が並んでいた。

この本の選定は何なのか。一人の人間が選定したとすれば、乱数表でも使わないかぎり、ここまで無秩序にはできない。あとで国際交流基金の小川氏に聞いたところでは、別に交流基金が選んだのではなくて、日本の出版協会が呼びかけ、出版社から本を集めたそうだ。しかし、『少年A』や『定年後』を選定した担当者は、その本をインド人が興味を持って読むと思って選んだのだろうか？ 相手の関心の所在をまったく考えていないのでは、コミュニケーションもへチマもない。

子供の本は国際的？

もう一つ国際展示で思ったのは、どこの国も子供の本が多いこと。単純に絵が多くて、外国人にもわかりやすいからである。子供の本が「国際的」で、大人の本が「非国際的」というのは、人間は知恵がつくと国際性を失うということなのか？ いやその逆で、ナショナリズムというものは「血」だの「自然」だのを強調するが、じつは人工的に学習されたものであり、理念的な産物であるということの傍証だろう。「ナショナリストの犬」だの、「原理主義者の猫」などというものがないように、学習過程を経ていない子供はナショナライズされていないのだ。

しかし反面、子供の本も小学生向けくらいになると、もう「国際性」を喪失してくる。日本のブースも子供の絵本が多かったが、「あんぱんまん」シリーズがかなり出品されていた。インド人に「あんぱんまん」を説明するには、中国から中世期に渡来した餡と、幕末に渡来したイギリス式ブレッド（日本の「パン」は、なぜか実体はイギリス式なのに名称はフランスないしポルトガル式である）が出会って「アンパン」というクレオール食物が誕生し、さらに戦後にアメリカのテレビ番組「スーパーマン」が輸入されて混交したという、文化交流の歴史を語らねばならない。おなじく、食物にハエが少々たかっても気にしないインド人に、「あんぱんまん」の敵が「ばいきんまん」である意味を説明するためには、近代日本の初等教育でいかに衛生知識の普及が重視されてきたかを説明しなければならないだろう。そんな学習を経てまで「あんぱんまん」を読もうというインド人は、おそらく相当変わった人間にちがいないが。

「あんぱんまん」を説明

国際ブックフェアを出て、国際交流基金事務所で日本からの連絡事項を処理したあと、ラジブ邸にもどる。執筆作業のあと、夕食の場でラジブ夫妻から「カルカッタはどうだった」とさかんに質問された。「よかったよ。とくにタゴールの家とか」と言ったら、愛国知識人のプニマ夫人はニコニコしていた（どういう意味で面白かったかは詳しくは説明しなかった）。

日本山妙法寺の仏教寺院も面白かったと言ったら、なんとラジブ夫妻はラダック地方に行ったさい、その仏塔を見たことがあるという。この日本山妙法寺の件については、もう少し詳しく調べてみることにしよう。

二月八日（火）　うす曇　女性詩人の回心

今日はカルカッタ旅行の疲れをいやすため外出せず、朝から執筆作業。ひたすら書きまくっているうちに夕方になり、七時から出かける。デリー大学の中国・日本研究科長であるタンカ氏のお宅で、夕食をいただく予定なのだ。

新興住宅街と住民による開発

ティラートの運転するタクシーで、例の「インドでいちばんきれいな場所」であるインド国際センターに行くと、小川氏夫妻とタンカ氏が待っていた。ダス氏が運転する車に小川氏夫妻と乗り、デリー郊外のタンカ氏宅へむかう。

タンカ氏の自宅は、デリー郊外の新興住宅街にあった。ごみごみしたデリー中心部とちがい、こちらはきれいなマンションがならぶ。タンカ氏のマンションはなかなかきれいな建物で、大学教授など知識人が会をつくって土地を購入し、デリー大学の建築学の先生が設計したという。日本のように大企業のディベロッパーが主導したのではなく、住民の協同で土地の購入から設計まで進めたというのが興味深い。

マンションには入口に警備員がいて、門を開けたあと、訪問する人と目的、それに自分の住所氏名を書かされて入場。もっともこれは知識人の邸宅では珍しくなく、小川夫妻のマンションも入口に警備員がいて門を開閉するし、ラジブ邸のある高級住宅街ディフェンス・コロニーでは、個人宅の門の横に門番が常駐している番小屋があることが少なくない。格差が大きくて門番の人件費が安いのと、治安上の問題があるからである。こういうことでいちいち驚いていては、インドで客員教授などやっていられない。

インドでは、日本では実感しにくくなった「知識人」という言葉が、いまなお実在感を持っている。彼らの職業は必ずしも大学の教師ではなく、研究所のスタッフだったり、NGOの代表だったり、小説家や芸術家だったりするが、共通しているのは幅広い教養の持ち主であることと、国家や社会の運命に強い関心を持っていることだ。貧富の格差が大きく、識字率も五〇パーセントそこそこというこの国の状況では、少数しかいない上層の教育ある人びとが、「この国の運命を担うのはわれわれしかいないのだ」という使命感を持つのはむしろ自然なことである。

タンカ氏の住居は、このマンションの五階にあった。ドアを開けて入ると、知識人の邸宅に慣れた目にとってはそれほど広くはないが、4LDK（？）に応接間付きぐらいのきれいなお部屋。まずは応接間に通され、小川夫妻、タンカ夫妻、そしてインド研究者の押川文子氏と談笑。タンカ夫人は日本語がわからないので、言葉は英語である。押川氏はなんと日本の大学で私が教えているゼミ学生の母親で、「息子がいつもお世話になっています」などと挨拶された。

応接間は長ソファ二つに椅子がいくつかあり、壁には本棚と数枚の日本画、そしてラジャスタン地方の織物が飾ってある。どこの世界も、知識人の応接間に「民芸品」はつきものだ。タンカ氏の息子二人も紹介され、こちらは写真好きの大学生と、まだ高校生の二人の男の子で、二人ともきれいな英語を話す。奥さんも教養ある美しい人。インドの新興住宅地の、幸福そうな家族の風景である。

会話の内容は多岐にわたったが、カマラー・ダースという女性詩人が、イスラム教に改宗したことが話題になった。カマラーは、一九七三年に自伝を発表して、一躍世界に名が知られた女性である。

カマラーはインド南部のケーララ地方の名家に生まれ、カルカッタのヨーロッパ系学校で教育を受け（ゴタム氏やアルン君のように）、十五歳で結婚した。しかし愛のない結婚生活に疲れ、男性遍歴と詩作生活をはじめたのである。男性優位社会のなかでこうした奔放な生活を自伝に書いたため、彼女は故郷には受け入れられなくなったが、欧米のフェミニストからは注目を集め、日本でも翻訳が出ている（『解放の女神』辛島貴子訳、平河出版社、一九九八年）。

「自由に疲れた」女性

しかし最近、このカマラーが、イスラム教に改宗してヘジャブ（イスラムの女性のつけるスカーフ）をかぶりはじめたため、話題をよんだ。理由は「自由に疲れた」ということだそうで、女性に戒律が厳しいといわれるイスラム教徒にあえて改宗し、夫と家族につくす女性として再出発したというのである。日本語訳のカマラー自伝の「訳者あとがき」によると、彼女は地元ケーララ州から国会議員に立候補して落選していらい、故郷の人びとに受け入れられないことに傷つき、さらに九三年には男性遍歴のすえに最後に結婚した夫と死に別れて、かなり気が弱くなっていたらしい。

こういう話は、六〇年代アメリカのウーマン・リブの看板的存在だったベティ・フリーダンが、のちに家庭にもどった事例を思い起こさせる現象である。押川氏も、「私も大学教授をしていて、疲れると専業主婦になりたいと思うことがある」と言っていた。

しかし私が気になったのは、なぜインドでは、ヒンドゥー教徒の女性が「自由に疲れ」るとイスラムに改宗するのか、という点である。つまり、インドにおける「イスラム」は、どんな位置を占めているのか。

インドのイスラム女性観

じつは近年のインドでは、イスラム女性の地位が問題となっている。宗教的少数派としてのイスラムは尊重するが、イスラム社会で女性の地位が低いことは認められないという意見は、国際的にフェミニストのあいだに存在するものだ。

民法が多様

　また同時に、近年のインドでは、宗派別に分かれている民法の家族法規を統一しようという動きがある。家族関係の慣習は文化によって異なるので、たとえば一夫多妻制のイスラムと、他の宗派の家族法規は別々に分かれているのだ。ところが、これをヒンドゥー教徒の慣習に合わせて統一民法をつくり、インド全国民に適用しようという動きが右派から出ているのである。

　これにたいするインド知識人の姿勢は、複雑だ。前述したように、宗教的少数者としてのイスラムは尊重するが、イスラムの家族慣習は女性差別的だという見解が存在する。イスラムの女性は、がんじがらめの戒律に縛られ、いっさいの自由を奪われているという見方も少なくない。ヒンドゥーの慣習に統一したほうが、イスラム女性の地位向上につながるという意見もあるようだ。

日本の民法とマイノリティ

　じつは似たような話は、日本にもある。朝鮮半島の家族慣習では夫婦別姓が原則なのだが、日本の民法では夫婦同氏にしなければならない。それを避けるためには、在日韓国・朝鮮人は日本国籍を取らないという方法しかないのだ。また戦前の日本では、朝鮮の家族法を改正して日本式に近づけることが行なわれたさい、朝鮮総督府は「朝鮮の女性の地位は低いから、日本の家族形態に近づければ朝鮮女性の地位が向上する」と主張していた。この改正と同時に、希望によって日本風の名前に変えてもよい（じっさいには強制があった）としたのが、名高い「創氏改名」である。

　話をカマラーにもどす。ここでかりに、インドの知識人の間では、「イスラムの女性は地位が低い」、ないし「イスラムの女性は因習的で自由のない生活をしている」という印象が流布しているとしよう。そうなるとこの思考枠組みのなかでは、「自由なヒンドゥー女性」と「自由のないイスラム女性」という図式が生まれる。それゆえ、ヒンドゥーの知識人女性が「自由に疲れた」さいにはイスラムに改宗するという現象が生まれるのではないか、と考えてみた。

ゆらぐインド社会

たしかに現在のインド社会は、都市の中層および上層階級にとっては、ある意味で疲れる社会である。ささいな問題で一時間でも二時間でも議論をし、リクシャーひとつ乗るのにもいちいち交渉。地方の下層民衆は地縁・血縁の社会に生きているからそうでもないが、一九九一年から導入された経済自由化によって、しだいに地縁・血縁が解体し、個人的な立身出世主義や拝金主義が広まりつつある。そのなかで、都市の中層・上層階級は心の疲れを感じているのだ。ラジブ家もタンカ家も核家族だし、国際交流基金事務所の運転手ダス氏でさえ親子三人住まいだから、大家族同居は都市では過去のものになりつつある。ヒンドゥー至上主義が台頭しているのも、こうした価値観の揺らぎが背景にあるからだ。

若者批判

このカマラーの話題につづいて、当然のように、現在のインド社会における出世主義と若者の意識の話となった。タンカ氏は、自分の学生時代とちがい、いまの大学生は個人的な成功や、給料の高い企業に就職することしか考えていないと嘆く。インドでは農村に教育が普及していない一方で、都市部では受験競争が小学校レベルから起こっている。中上層階級のあいだでは、公立の小学校は教育内容や教師の質が高くないとしてこれを忌避し、カルカッタの修道院学校のような名門私立学校に子弟を越境入学させる動きが強まっているのだ。

タンカ氏の息子はまだ学生だが、ラジブ家の長男であるアニルードが政治的な話題を話すのを聞いたことはない。彼はインドの古典音楽よりもアメリカの音楽のほうが好きで、よくアメリカ風の野球帽をかぶっている。押川氏もタンカ氏の意見にたいし、日本でも学生が子供っぽくなり、モラルが低下していると述べた。

とはいえ私は、「最近の若いものは」式の発言は好きではない。二十歳やそこらのときに、遊びたいのは誰でもそうだ。外見が軽薄だからといって、能力がないとはかぎらない。私のゼミにいる押川氏の息子も、髪の毛をオレンジ色に染めていたが、日本の農本主義をあつかったレポートは、腰を抜かすほど優秀だった。人間の能力や社会性が、一世代の変化くらいでダメになるとは思えない。

頼るべき価値観の不在

ただ、近代化とともに社会が複雑になり、頼るべき価値観がわからなくなるということは、時代とともに進行しているだろう。昔なら、インドでは「ガンディーとネルーの理想」とか、大日本帝国では「忠君愛国」とか、それさえ述べていれば「しっかりした青年だ」と評価されるような固定した枠組みがあった。いまの社会においては、それは期待できないのだ。だから依拠できる枠組みをもとめて、原理主義やナショナリズムに頼る人びとも現われてくる。価値観の多様化、出世主義の流布、核家族化、そして原理主義の台頭といった現象は、表裏一体のものなのだろう。

ひとあたり談笑のあと、ディナーとなる。タンカ氏は、現在インドとパキスタンの国境争いがある北方のカシミール地方の出身で、じつにおいしいカシミール料理が出た。タンカ氏が奥さんやコックに教えたのだそうだ。インドで食べた食事のなかで、ベストだったかもしれない。彼の息子なども料理を手伝ったそうで、うまいと言うと、タンカ夫妻は目を細めた。インドの上層家庭では、夫や息子が料理を手伝うのは、珍しくないとのことである。十一時においとまし、またダス氏の運転でラジブ邸に帰った。

二月九日（水）　晴　インドの日本寺院

大学の講義の日なので、朝からタクシーに乗って出発。到着後十時からすぐに講義を開始。この日の講義は、明治初期の初等教育制度について。いかに就学率を上げることに苦労したかの話である。

寺子屋は「学校」とはちがう

まずは、江戸時代の寺子屋と近代小学校のちがいを説明。両者は内実がまったく異なるもので、そもそも身分制度が前提の江戸時代には、全国民共通の教育など存在しない。俗に「読み書き算《そろ》盤《ばん》」というが、算盤を教えていたのはおもに商人地域で、農村の寺子屋は必ずしも算盤を教えていなかった。習っても、農民の仕事には役立たないからである。武士の子にとっては算盤など「賤しい」ものであり、武士の教養である儒学を習う。しかも寺子屋は基本的に個別指導制で、全生徒がいっせいに同じ内容の授業を受けることなどあまりない。

近代日本の教育政策

明治政府は、こうした身分別の教育制度を破壊しないかぎり、植民地化の脅威から逃れるための優秀な労働力と兵士を大量に動員することは不可能であることを知っていた。サムライ階級のみを兵士にするとか、あるいは上層身分のみを教育したのでは、兵力源が限定されてしまうからである。

もうこれを説明した時点で、インド知識人たちは複雑な表情をする。カースト制度が現在でも残存していることと、植民地化されてしまった歴史は、彼らにとって痛恨だからだ。

しかし、その後の初等教育の普及は、日本でも簡単ではなかった。農民の親たちは、農民になるのに意味のない近代教育になど関心がなく、貴重な労働力である子供を学校にやりたがらない。おまけに明治政府は財政難で、初期には授業料を徴収していた。さらに当時は近代教育の前例がなく、教科書のほとんどは欧米の直訳で、日本の生活実態と合わない内容だった。利益のない教育を受けるために金を払う人はおらず、おのずと就学率は上がらない。このあたりは、現在のインドにも通底する状況である。

就学率向上の経緯

ここから先が、インドと日本ではかなりちがう。日本では中央政府が強力で、ほとんどは旧寺子屋や民家の改造だったとはいえ、とにかく全国に小学校を配置した。さらに就学督促を行ない、児童を学校にかき集める。強制就学や授業料徴収にたいし、反乱や学校焼討ち事件が起きても動じない。さらに教科書検定を開始し、日本の事情に合わない(「教育内容が合わない」と「危険思想が混ざっている」の両方だったが)教科書を「日本化」させる。そうこうしているうちにしだいに産業化が軌道に乗りだし、学校で読み書きや計算を習うと有利な職に就けるようになりはじめた。そして日清戦争で勝利し、当時の国家財政四年分以上の賠償金をせしめ、その一部を基金にするなどして授業料を廃止し、就学率は急上昇したのである。

要するに、よくも悪くも中央政府が強力だったこと、産業革命と合わせタイミングよく戦争に勝利した運の良さが、就学率を最終的に上昇させた要因だと説明した。また、植民地化されなかったため、インドのように英語教育を受けた中産層が形成されてしまったあとに教育政策をはじめたということはなく、白紙の状態から開始できたことも大きい。「国家のリーダーシップ」に憧れと反発の両方をもつインド側の教員や学生は、複雑な表情で聞いていた。

ただし、中央集権がゆきすぎ、教育の画一化や自由のなさが問題になっていることも説明した。

「不登校」について質問

インド側から、「日本では小学校の不登校などという現象があるそうですが、なぜですか」という質問があったのである。日本では政府が認可した小中学校以外の教育ルート、たとえば家庭教師やフリースクールなどによって学習して、学校には行かないということが基本的に認められておらず、それが親や子供を追いつめ、「学校に行かないと社会の脱落者になってしまう」というストレスを与えている。そのため、かえって圧迫感のなかで学校に行けなくなってしまうのだと述べると、「学習内容が同じなら、そこまで規制する必要があるのですか」と聞いてくる。私は日本政府の代表ではないから答えられない、と応じるしかなかった。

その後、例によって通訳の実習で「日本語の見本」を務めたあと、いくつかの用事をすませるため国際交流基金事務所に立ち寄ると、所長の小川氏が「日本山妙法寺の中村上人と連絡がつきました。会うなら今夜がいいそうなので、行ってください」と言う。じつは、昨夜タンカ邸での会食のさい、カルカッタで見た日本山妙法寺の話をしたところ、小川氏が「日本山妙法寺はデリーにもあって、そこの中村さんという上人はたいへんおもしろい人です。よければお引き合わせしましょう」と言ってくれていたのである。

日本山妙法寺へ行く

日本山妙法寺のデリー道場（寺のことを「道場」という）は、住宅街の一角にある、これまた奇妙な建物だった。四階建ての住宅なのだが、正面上方にはブッダを描いたステンドグラスがあり、入口からは巨大な金色の仏像が鎮座しているのが見える。通常なら本尊の仏像は奥にあるはずなのだが、ここでは入口近くの真正面に据えられているのだ。

なかに入ってゆくと、中村上人はまだ夕方の「お勤め」の最中で、信徒たちと本尊にむかって拝んでいる。それが終わると、応接間に案内され、上人と対面した。インドでの日本山妙法寺の活動についていろいろ聞きたいというと、快く応じてくれた。

中村上人の本名は中村行明、現在四十五歳。大学教授を父親に持ち、インド在住二十五年。一九七二年、高校一年生のとき、当時全盛期のピンク・フロイド（イギリスのロックバンド）を箱根の野外コンサートで聞き、「人生が変わった」。その後大学へ行き、ライヴハウスで音楽をやっていたのだが、一九七五年には二十歳でインドやネパールへの放浪旅行に出る。

中村氏がインドにむかった七〇年代中期はヒッピー・カルチャーの末期だったが、インドに行くことはヒッピーたちの夢だった。六〇年代から、ロンドンやパリからトルコとアフガニスタンを経由してデリーにむかう直通バス路線は「マジック・バス」とよばれ、ロック・ミュージックの題材にもなっている。このマジック・バスは、七九年のソ連のアフガン侵攻によってアフガニスタン通過が不可能になって廃止となり、折から衰退していたヒッピー・カルチャーにとどめを刺すことになったそうだが、中村氏がインドに来たころは、「デリーの銀座」コンノート・プレイスにはヒッピーたちを満載したバスが毎日到着していたという。

中村氏と日本山妙法寺の出会いは、なかば偶然だった。この当時、インドにあった日本山妙法寺の道場は掃除などをすれば泊めてくれたので、日本の放浪学生などがよく宿泊していたという。中村氏もその一人だったわけだが、ここで創立者の藤井日達に会い感化され、仏教に目覚めたのである。

その後、中村氏は二十代後半から三十歳前後の時期にはニューヨークに行き、国連本部の前にあるユナイテッド・ネイション・プラザ（NGOの組織場所として有名）で、平和運動に従事していたこともある。しかし、その後に藤井日達上人から百ドルを渡され、「北インドはおまえにまかせるから、お仏舎利塔を建てろ」と言われてデリーに赴き、スラムに十数年住む。

インドに寺を建てる

しかしそれがうまくゆかず、ヒマラヤに近いラダックの山でテントを張って修行していた。そのとき、「インドの女帝」とよばれたインディラ・ガンディー首相が通りかかって事情を聞き、「政教分離が建前だから、寺を建ててあげることはできないが、道をつくってあげよう」と言われた。その後、現地の寄付やボランティア、日本からの送金、そして現地軍の全面援助により、仏舎利塔が完成する。

なんだか奇跡みたいな話だが、中村上人によれば、「別に不思議なことではありません。インド政府はパキスタンからのイスラム勢力の影響を食い止めるため、国境地帯であるラダック地区の仏教をてこ入れしようとしていた。ところが、現地の仏教宗派のどれかに支援すると相互の対立が起きるので、日印親善とかで名目が立ちやすい外国の仏教宗派を支援したんです」という。ラジブ夫妻がラダックで見たのはこの仏舎利塔である。

その後、デリーの道場は、日本の駒澤大学の仏教学教授が貯金を寄付してくれたため、現在の地に建てることができた。現在、日本山妙法寺はインド各地に道場があるが、そのうち三つは中村上人が中心になって建てたものだ。

中村上人が建立にかかわったもの以外の道場のうち、カルカッタは、戦前の一九四〇年に現地のビルラ財閥の資金で建設された（現地の寺男に聞いた「一九七〇年建立説」は、誤りらしい）。藤井日達はそのアジア主義的な志向のため戦前からインド独立運動にかかわり、マハトマ・ガンディーと親交があったため、その関係でインドの有力者の知遇を得ていたのである。そのほか、ボンベイの道場もビルラ財閥の資金で建ったもので、ダージリンの道場は藤井がイギリス人の別荘だった建物を買い取った。オリッサ州の道場は、現地の州政府が仏教ゆかりの地である山に観光資源を兼ねた寺を建てたがっていたため、その支援を受けて建設されたという。

このように聞けば、もちろんそれなりに政治的ないし経済的背景があるのだが、やはり有力者やキーパーソンと「友人」になってゆく能力が、藤井日達といい中村上人といい並みたいていではない。ヒッピー世代末期の中村氏は同世代の友人も多く、西ドイツの「緑の党」の看板スターだったペトラ・ケリーと親友であったり（ケリーは「私も修道女になりたかった」と言っていたという）、ミュージシャンの上田正樹や久保田真琴と友人だったこともあるそうだ。

しかし中村上人によれば、日本山妙法寺の活動は、いわば藤井日達の示した法門を各自がそれぞれの土地に合わせて行なうもので、「本部からの指令」といったものはない。そもそも、「信者」とか「会員」という考え方もしないという。彼によれば、「私が祈り修行をしている、その状態が仏教徒であるのです。もし私が南インドで海水浴をしていれば、そのときは仏教徒ではない。仏教徒とはある人間を指すのではなく、魂の状態をいうのですから、誰が『信者』で誰が『信者』ではないといった固定したものではない」という。

この組織原理と人間観は、たいへん興味深いものだ。一九六〇年代から七〇年代にかけて、硬直化したピラミッド組織に堕してしまった共産党にあきたらず、自由な活動原理を求める新しい運動が西欧やアメリカ、日本で発生した。イタリアのアウトノミア運動、西ドイツの「緑の党」の初期、そして日本の「べ平連」（「ベトナムに平和を！市民連合」）などがこれにあたる。べ平連の組織原理をあえて要約すれば、「事務局はおくが、本部や代表はつくらない。誰かが反戦デモをやったら、その時にその人が『べ平連』になる。やりたいときにやって、やめたいときにやめていい」というものだった。

こうした「新しい社会運動」の影響から、ポスト構造主義の思想も出現した。こうした思想では、「人間のアイデンティティや同一性は固定したものではない。たとえば、あるときに人が『男』としてふるまえばそのときは『男』だし、別のときに『女』としてふるまえば『女』なのだ」といった発想をする。こうした思想は、「おまえは男なのか女なのか」といった社会的圧力に悩まされていたゲイやレズビアンの運動、あるいは「おまえは日本人なのか朝鮮人なのか」といった圧力に苦しんでいた「混血」の人びとなどに、自然に受け入れられていった。

そして、修行しているときは仏教徒、そうでないときは仏教徒ではないという思想は、「おまえはイスラム教徒なのかヒンドゥー教徒なのか」といった分類をせまる原理主義とは、対極に位置する考え方である。ヒッピー世代の中村氏は、期せずして現代思想に近い考え方をしているのだ。

ドラッグ体験

ちなみに、中村上人は「ピンク・フロイドのコンサートでは、まわりでアメリカ兵などが吸っていたマリファナがもうもうとたちこめていたので、自分も吸いこんでしまった。その状態であの音楽を聴いて、物の見方が変わってしまった。それからは、たとえば授業中に本を読んでも、『入りこんで』しまって手につかなくなってしまった」と言う。

これを科学用語で説明すれば、感覚器官からの情報は神経繊維上の電気パルスとして脳に伝達されるが、ある種のドラッグはその電気信号を攪乱する。そのため、赤いものが黒く見えたり（視覚情報の攪乱）、絵を見ると音楽が聞こえたりする（視覚情報と聴覚情報の攪乱）。一度こういう感覚の転換を覚えてしまうと、本を読んでも道を歩いても音楽や色彩がとびかって、とても

「集中」どころではなくなってしまうのだ。

ヒッピー・カルチャーのなかでは、こうしたドラッグをやって感覚を広げ、「カラフルな音楽」を演奏したグループが多く、初期のピンク・フロイドはその代表格である。そこでは、「赤は黒であり、色は音であり、男は女である」といった世界観が生じる。

一度こうしたかたちで、世界を「別の角度」から見てしまうと、それまでの「普通の世界の見方」を信じることができなくなってしまう人がときどきいる。べつにドラッグでなくとも、長期の外国経験のあとに「普通の日本人の感覚」にもどれなくなってしまったり、社会運動にかかわって「普通の日本社会の感覚」を疑いはじめたり、学問をやったためにそれまで当然と思っていた「日本らしさ」が信じられなくなったりすることはよくある。

学問はドラッグより効く

この場合の外国体験や学問などは、「世界を別の角度から見ること」、すなわちそれまで「当然と思っていた同一性」がいったん破壊され、そのあとに新しい世界観が開けてくる契機となる、いわば人間の感覚や思考を拡張するための手段であり、半端なドラッグ以上の働きをする。中村上人も、「出家後は、ドラッグのようなインスタントなやり方は反省して、一切口にしていません」と言う。彼の場合は、宗教がドラッグに取って代わったわけだ。

「非原理宗教」としての仏教

こうした思想をもつ中村上人は、「仏教は非原理宗教です。時や状況などによって、行動を変えていい」と言う。彼の解釈によれば、イスラム教などが確固とした戒律（ブタを食べないなど）をもち、どこに行ってもそれを変えないのと異なり、仏教には特定の型というものがない。インドでは仏教の僧服は黄色いが、それは黄色い染料が簡単に手に入るからで、仏教が中国に入ったら中国にある墨汁で染める黒い僧服になったし、チベットでは赤土で染める赤い服である。

「こういう様式を守っていれば仏教徒」ということはないというのである。
もちろん、これは彼なりの仏教解釈だ。イスラムだってそれなりに現地対応をしているし、仏教にだって原理主義的な宗派はありうる。しかし、彼のいう「非原理宗教としての仏教」が、「一つの型やアイデンティティに固まらない」という意味だということはわかる。彼は、「組織された教団は、選民思想になる。そうなれば、『一切衆生』つまり『すべての人を救う』という大乗仏教の考え方に反する」と言う。

国籍不明の様式

こうした柔軟な考え方のゆえに、各地の日本山妙法寺の建築様式は、それぞれ現地の事情に合わせて異なっている。仏教の強いラダック地方では現地の仏教寺院に近い様式だが、仏教それじたいがあまり知られていない新都市のデリーでは、「仏のショールーム」というコンセプトに徹したという。ビルの正面にブッダを描いたステンドグラスを設け、外の道から見える位置にいちばん大きな仏像を置き、夜中にもライティングを施しているのは、そうしたデリーの状況に合わせたものだ。ステンドグラスなどという、およそ「仏教寺院」らしからぬものを採用したところに、中村上人のいう「非原理宗教」の面目躍如たるものがある。

カルカッタの日本山妙法寺

中村上人が建てたラダックとデリーの日本山妙法寺がこのようなものであるのにたいし、藤井日達が建てたカルカッタの道場は、インドで仏教が最初に発祥した様式に近づけつつ、妙法寺独自の様式を折衷したものだという。これは「仏教があまりに現地に適応しすぎ、国際性を失ってしまったので、『ゆるやかな共通項』として原点の様式をとりいれた」からだという。しかし結果として妙法寺の建物は、どれをみても国籍不明、どの国の様式にも所属しないものとなっているところがおもしろい。

そして中村上人は、「一つのアイデンティティに固まる原理主義は、人びとのパワーを引き出すこともあるが、とても危険だ。オウム真理教や大日本帝国がそうだったように」と強調する。彼が代わりに提案するのは、「アイデンティティの複数化」だ。「自分は仏教徒でもあるけれど、日本人でもあるし、東京人でもあるし、インド人としての感覚ももっている。先進国の人間でもあるが、スラムに長く住んだこともある。男でもあり、宗教者でもあり、国籍は日本国籍のままだが、ここデリーのコミュニティの顔役でもある。『私は仏教徒だ。だからキリスト教は敵だ』というふうに、どれか一つだけのアイデンティティに固まってはいない」というのである。

アイデンティティの複数化

こうした「アイデンティティの複数化」も、ナショナリズムや原理主義をのりこえるために、現代思想で強調されているポイントの一つである。たとえば在日の運動でも、「朝鮮人」というアイデンティティだけでは、「日本人」が「敵」になってしまいがちだ。しかしその在日の人に「世田谷在住者」や「女性」というアイデンティティもあれば、「日本人」による世田谷住民や女性の運動とも連帯できる。もちろん、「非世田谷在住者」とはまた別のアイデンティティ、たとえば「仏教徒」というアイデンティティの回路で対話できるわけだ。国家・民族・宗教といったアイデンティティを、対立のもとになるからといって全否定してしまうのではなく、逆にアイデンティティを複数に増やすことで中和してしまうという戦略である。

彼はまた、「冷戦後の世界では、オルタナティヴ・アイデンティティが形成されていない。コンピュータとかグローバリゼーションとかが注目されたが、その反動として原理主義が台頭してしまった。それをのりこえるために、近代産業社会の論理を見直したい」と言う。競争社会の不安のゆえに、原理主義に走ってしまうという問題を解決するためには、近代産業社会の論理そのものを考え直す必要があるというわけだ。

上人がそのために提唱するのは、「プログレッシヴな簡素な生活」だ。「私は一年の三分の二くらいを、インドや世界を旅してすごしています。そういう生活をしていると、『物をたくさん持ちたい』という欲求より、『荷物を軽くしたい』という欲求のほうが強くなる。人生も同じこと。いまの日本の家は、ふだん誰もいない応接間に、誰も弾かないピアノを置き、子供が十歳から十八歳くらいまでのたった八年間だけしか使わない子供部屋を用意している。そんな家を建てるために、長時間労働をして、休みもとらずに何十年も働く。狭い部屋に少しの家具でも、自由に生きられたほうがよっぽどいいじゃありませんか」。

「金がほしい」は自然か

私の側はこれを聞いて、社会学者のマックス・ウェーバーや、見田宗介の話をした。マックス・ウェーバーは、社会学の古典である『プロテスタンティズムの倫理と資本主義の精神』で、「がまんして働いてでもお金が欲しいというのは、欲望の形態としては変態なのではないか」という問いを立てた。

ウェーバーが生きた十九世紀末のドイツでは、現在のポーランド付近に企業が進出したとき、高い給料を払っても労働者が働かなかった。「高いお金をもらうより、必要以上に働かないで休んだほうがいい」という価値観の人びとが多かったからである。彼らの村の生活にたくさんのお金はいらないし、必要のないものは買う気もない。だったら、苦労してお金を稼ぐ必要はない、というわけである。

ウェーバーは次に、「では、現在のような資本主義の欲望形態は、どこからきたのか」という問いを立てた。彼が注目したのが、プロテスタンティズムの一派であるカルヴィニズムである。この宗派は、「神による最後の審判で救われるためには、神の与えた現世の天職につくすことが必要だ。そしてどれだけ現世の天職につくしたかは、その仕事で稼いだ金額で決まる」という考え方をとったのである。この宗派の人びとが、お酒を飲むのも友人とつきあうのも我慢して、ひたすら長時間働いて無駄使いをせず、お金を貯めて事業を大きくした。こうして、「来世のために我慢をする」という禁欲の信仰が、「お金をひたすら求める」という欲望の形態を生み出したというのである。

「未来」という信仰

この視点を延長したのが、現代日本の社会学者、見田宗介である。彼は、「人生の道具化」を問題にする。いま我慢して勉強するのは、よい学校に入るため。よい学校に入るのは、よい会社に入るため。我慢して働くのは、よい老後のため。今日の生活は、明日に備えるための道具であり、明日は明後日のための道具である。しかし、人間は無限に生きるわけではない。それでは、ひたすら我慢して勉強し働くのは、「よい墓に入るため」なのか？

ウェーバーが研究したカルヴィニズムなら、「その通り、現世の生活は、死後の『最後の審判』に備えるための道具なのだ」と答えるだろう。見田はそうしたプロテスタンティズムの精神を、景色を見ることも、鳥の鳴き声を楽しむことも我慢して、ひたすら目的地に直行する旅のようなものだと形容している。金銭や出世のために、友人との交際や家族とのふれあいを我慢することは、欲望そのものではなく「欲望の貧しいかたち」であり、合理的な行為というより「不合理なまでに『未来』を信仰している」結果なのだ。

ひたすら物が買いたくなる

さらにマルクス流にいえば、近代の労働は疎外された労働の形態だ。人は工場や会社などで、生産手段をもつ資本家の命じるまま働き、その対価として賃金をもらう存在にすぎない。そこでは人間は、自己の意志のままには行動できない、いわば奴隷のような存在だ。しかしそうした近代社会でも、人は物を買うときだけは「お客さま」として「主人」や「神様」になれる。いわば一瞬の買物のときに「主人」になるために、「奴隷」として我慢してお金をためるのだ。奴隷としての生活が不満であるほど、「主人」として物が買いたくなる。彼または彼女は、商品を「消費」することによってしか、自分の生活を思い通りに「設計」したり「生産」する場を得られない。人は物そのものが買いたいというよりも、買物という行為によって「人生の主人公」になれる瞬間を求めているといえる。

「生涯現役」は抑圧的

こういう話をすると、上人は大きくうなずき、こう述べた。「仏教やヒンドゥー教では、人生を四つに分けます。最初は学生期で、学ぶ時期。次が家住期で、家族と働く時期。そして林生期で、これは仕事から引退してすごす時期。最後が遊行期で、出家して死ぬのを準備する時期です。この四つが、同じ比重をもっていることに注目してもらいたいのです」。それにたいし私の側は、「わかります。近代社会では、仕事ができてお金を稼げる時期、業績の挙げられる時期だけが人生だとみなす。だから引退後や死ぬ直前は、人生の残りかすだとみなされる。しかし仏教では、働く時期は人生のうち四分の一の意味をもつにすぎないとみなすのですね」と応じた。

上人はさらに、「そうです。この考え方は、日本国を救う上でも必要です。いま、日本の健康保険予算の六割は、死ぬ直前の二週間のターミナル・ケアに使われている。生命維持装置とかは、一分使えば何万円というものですからね。そうまでして死を一週間伸ばすことに、どんな意味がありますか。死は終わりではなく、来世への入口にすぎないのですよ」と述べた。私はそれに、学者は「意識の医者」

「近代の思想では、人間の人間たるゆえんは、理性の存在だとみなします。動物は、理性をもたない機械にすぎない。その場合の理性の働きは、外界を観察し、操作し、物を生み出してゆくことです。すると身体は、理性が外界に働きかけるための道具にすぎなくなる。だから、物を生み出せなくなったら、もう理性の働きがなくなったのと同じで、人間としては『終わった』ものとみなされてしまう。だから『引退』や『死』を恐れ、『まだ働ける、まだ物がつくれる、まだ生きている』ということに固執するのではないでしょうか」と答えた。

こういう社会学や思想の話をすると、上人は「私が宗教からたどりついた結論に、あなたは学問から至ったのですね」と言う。私は、「入口はどこからでもよいことですよ」と述べ、こう続けた。

「宗教者が『魂の医者』であるように、人文社会科学の学者は『意識の医者』であると思っています。人は近代社会の不安に耐えきれず、何らかのアイデンティティを求めようとする。それは人間の業のようなものですが、まかりまちがえば、原理主義やナショナリズムのような、極端なアイデンティティにはまりこんでしまう。それはいわば、『意識の病気』です。そういう病気から回復することを助ける医者として、学者はいるのだと思っています」。

道場に到着したのは七時だったが、会話は食事（おいしい日本風の煮物とうどんだった）をはさんですでに六時間ちかく続き、午前一時になっていた。泊まってもっと話していかないかと言われたが、私のほうはもうグロッキー状態に近かった。私も議論好きだが、上人はそれ以上にタフな人である。さすがスラム生活十数年で、異国に寺を建てた人はすごい。

上人は「たいへん楽しかった。またお会いしましょう」と言って、別れ際に数珠をくれた。私をラジブ邸にもどすため、タクシーを呼んでくれた上人は、寺院の門前で合掌しながら見送ってくれた。

二月十日（木）　曇ときどき雨　インドで沖縄舞踊

明日はベナレスへ講演に行かなければならない。体力温存のため今日は執筆作業に専念しようと思ったが、午前十時ごろに停電。デリーでは、三日か四日に一度くらいの頻度で、停電がある。パソコンが使えないので執筆は中止、外出に切りかえる。

近所でリクシャーを拾って出発。もうこの周辺のリクシャーの運転手には知られた顔になってしまったので、ふっかけられることは少なくなった。

靴磨き屋の手口

まずは東京三菱銀行の支店に行き、旅行の準備のため、トラベラーズ・チェックをルピーの現金にとりかえる。ここから「デリーの銀座」コンノート・プレイスまではすぐ近くなので、歩いていると、「旦那、靴に牛糞が付いてますぜ、私が二十ルピーで磨きますぜ」という声。国際交流基金の小川氏から、最近この手のやり口がコンノート付近で多いと聞いている。観光客とみると仲間が牛糞をひっかけ、靴磨きが声をかけるのである。

「気にしないからいいよ」と言って歩きつづけると、「だったら十ルピー、いや五ルピーでいいです」と言う。まんまと手に乗るのもしゃくだが、牛糞を自分で拭うのもたいへんなので、五ルピーでOK。磨きはじめると、「わたしゃラジャスタン州の奥から来たんです。ラジャスタンには古いお城がたくさんありますよ」とかやたら愛想がよい。英語が話せるということは、地方のハイスクールぐらいは通ったのだろうか。先日訪問したNGOのティワーリー氏は、「数少ない小学校卒業生が、都会に行ってしまう。都会に行ってもろくな働き口がないのに」と言っていたが、その実例かもしれない。

ところがこの靴磨き屋、仕事が終わると「五ルピーは牛糞を拭うだけ、スペシャルの靴墨で磨いたから百ルピー」とか言いだした。ふざけるなと言って五ルピーだけ渡そうとするとゴネはじめ、言い合っていると、「また観光客がぼられてる」というふうに周囲に見物人が集まってくる。まったく観光ポイント周辺にくると、ろくなことがない。うるさいのでさっさと約束の金額を渡し、先を急ぐ。

コンノートにきたのは、土産に買う楽器をみるためだ。楽器屋でシタールやハルモニウムなど、自分がやっているバンドに導入できそうな楽器を物色したが、あまりよいものがなかった。適当に切り上げて、オートリクシャーに乗って工芸博物館にむかう。

工芸博物館

工芸博物館は、ラジブ氏もお勧めで、デリーの知識人のあいだでは評判のよい博物館だ。到着するとなかなか手入れの行き届いたきれいな博物館で入場無料、一九八一年に当時の大統領が「国家に捧げた」ものらしい。

なかに入ってみると、いわゆる指定部族（少数民族）や田舎の民芸品、各地の工芸品などが集めてある。なんとなく、柳宗悦が東京の目黒に設立した日本民藝館の大型版という感じ。現代の民芸作家の特別展が開かれているのも、「民芸品」の模造品を売るみやげ物売店があるのも、日本民藝館とよく似ている。

この工芸博物館の中庭には、「マディヤ・プラデーシュ州の農村の家」が実物大で再現してあった。地元の人にとっては、なんの変哲もない農家である。こういうものを、珍しがって見物する都市の中産階層が、デリーにも台頭しているのだろうか？　中庭の奥に行くと、民芸製作の実演会場があり、いかにも農村民家風の売店が並んで、ツボをつくったり織物を並べたりしながら即売会をやっていた。

　全体に、インドの博物館としては抜群にきれいで、展示も良心的で企画力が感じられる博物館。まじめな博物館だけに、付属の図書室まであり、民芸について勉強もできるようになっている。会場にあった「感想ノート」をみると、知識人や欧米の観光客からは絶賛が寄せられていた。展示がきれいで、「いかにもインド」の民芸品が並んでいれば、観光客は喜ぶだろう。しかしこちらがひねくれているのか、やはり「いかにもの民芸品」というか、ややプリミティヴィズム（「文明人」が「野蛮人」の「民芸品」を見物するの図）ではないかという感は拭えなかった。

工芸博物館の展示

　この博物館でいちばんおもしろかったのは、写真家のバーソロミュー・パブロが撮影した、少数民族ナガ族の写真展。会期限定の特別展示である。ナガ族はミャンマー国境にちかいアッサム地方の少数民族で、日本軍がチャンドラ・ボースを援助してインドに攻めこんだインパール作戦のさいに、戦場になった地域の住民だ。

　展示の解説によれば、ナガ族は自分たちの国家をもたず、ビルマ、イギリス、インドと支配者が変わってきた。独立後のインドに編入されてからは、自治をもとめてインド政府と交渉し、一九六三年に自治州の座を獲得したものの、独立を求める反乱が絶えず、一九七五年に大統領直轄領になってしまった。住民はモンゴロイドで、三十五の部族と六十の方言があり、各部族の共通語はヒンディー語と英語、そして「ナガメセ」とよばれるブロークンのアッサム語だという。イギリス支配下では宣教師が入

少数民族の写真展

り、いまではナガ族の三分の二がキリスト教徒、一割が在来のアニミズム、残りが他宗派だという。産業の中心は、米作をはじめとした農業である。

展示の解説によれば、パブロ氏の父親は戦争前にビルマに住んでいた。その父親がビルマに侵攻した日本軍に追われて逃亡するさい、ナガ族の部落で食料をもらったというエピソードを、パブロ氏は子供のころから聞かされていたという。パブロ氏はデリーの高校をドロップアウトしたあと、手工に興味をもってアート・カレッジに進んだが、そこにナガ族出身の友人がいた。そうしたことがきっかけで、一九八九年から六年ほどナガ族の村に通い、写真を撮影したのだという。

少数民族の描き方

展示は、明らかにナガ族への深い共感が伝わってくるもの。入口正面には、伝統衣装に身を包んだナガの老戦士や、花嫁の巨大なパネル。人物が、いかにも尊厳をもったかたちで写されている写真である。部落の生活や祭りの様子が写真で語られ、最後はインド軍と戦ったナガ独立運動軍将校の墓の写真。キリスト教式の十字架が書かれた石の墓で、碑銘はヒンディー語ではもちろんなく、英語で書いてあった。ナショナリスティックな展示の多いインドの博物館のなかにあって、こういう展示は初めて見る。

しかしこの展示のおもしろいところは、伝統文化賛美一本槍ではないこと。展示の後半には、キリスト教式の村の結婚式で、花嫁・花婿や友人が洋服を着てパーティをしている様子が写っている。ナガの伝統的な戦士の絵が描かれた壁に、ギターが立てかけてある写真もある。伝統様式だけを撮ろうとする写真家は、しばしば老人や祭りだけを写し、近代化した日常生活を関心から排除してしまうものだ。これは一見相手に同調しているようにみえて、じつは自己に都合がよいように相手のイメージを操作してしまう行為なのだが、ここでは「伝統文化」以外の「ナガ族の現在」が写されている。

撮影という行為

展示のラストは墓だが、ラスト前の写真は、ナガ族の結婚式にカメラを向ける人びとの写真。他人を写すはずのカメラマンが、写される対象となるという逆説。私もインドの人びとにカメラを向けるとき、あるいは観察するときには、「自分は相手にどう映っているのか」をしばしば考える。「撮影するという行為」は、「相手を一方的に自己の都合で描き出すこと」に通じやすく、その恐ろしさに自覚的なカメラマンは、「写す」ということに自省的だ。このパブロ氏も、そういう自覚の持ち主なのだろう。

沖縄舞踏団

いったんラジブ邸にもどり、夜に再出発（あまり飛び回るので、プニマ夫人があきれていた）。七時から、国際交流基金の企画で、沖縄舞踊団が公演するのである。場所は「インドの国立劇場」みたいな、シュリラム・センター。堂々とした建物の、千人くらいは収容できそうな広い講堂に着くと、小川氏が忙しそうに最前列に坐った日印の要人たちの相手をしている。

小川氏夫人の藤岡氏も現われ、一緒に座席に着く。会場は先日の現代舞踊がガラガラだったのにたいし、中産層の家族連れやインテリ風の人びとで超満員。藤岡氏の話では、「『日本の舞踊』といったら、現代舞踊より伝統舞踊のほうが喜ばれるし、今回はチラシもよかったから」という。チラシは、白塗りの顔の女性が扇を持って踊り、金屏風に松の絵がバックになった写真もあしらうという、異国趣味を思いきりかきたてるものである。

開演前に、小川氏や日本からの大使の挨拶。小川氏は沖縄文化の独自性を強調し、チラシの裏の解説には琉球がむかし一つの王国だったことが書かれていたが、インドの観客に日本舞踊と沖縄舞踊の区別がつくかは疑問である。

沖縄舞踊が大受け

挨拶が終わって、舞踊がはじまる。プログラムはまず、「伝統舞踊」と題した琉球宮廷舞踊からはじまった。沖縄の舞踊服を着て、メイクアップを施したダンサーが並ぶと、観客は物珍しさでカメラをいっせいにむける。

プログラムの進行は、なかなか巧み。静かな「伝統舞踊」ではじまり、次ににぎやかな「フォークダンス」（漁民の踊りなど）に進む。そして「武闘踊り」と題して「カラテ」や「ヌンチャク」（ダンサーが出てきて空手の振りをしたりヌンチャクを振り回したりする）が披露されると、会場は拍手の嵐。最後は「祭り舞踊」として「獅子舞」が行なわれ、派手にデコレイトされた獅子が踊ったり転がったりし、子供たちに大受け。最後に舞踊家たちは最前列のインド人を舞台に引っぱりあげ、大舞踊大会で幕。観客たちは、大満足の表情で帰っていった。

「伝統」の提示戦略

もちろん、インド人たちは、好奇心とオリエンタリズムを満足させたにすぎないだろう。昔は一緒に踊ることなどありえなかった宮廷舞踊と漁民舞踊が「沖縄舞踊」という言葉のもとに並列に演じられるのも、ほんらいなら一晩でも踊り明かす漁民の踊りがきっちり三分で終わるのも、近代以降に創出された形態の「伝統風」であることはいうまでもない。しかしとりあえず、今日の観客だったインド人たちは「オキナワ」の名前を記憶したはずだ。舞踊団は沖縄の芸術系大学の教師と学生たちだそうだが、変に「古典そのまま」にこだわった舞踊を見せられるより、輸出仕様のエンターテイメントに徹した姿勢になっていて、むしろ潔いと思った。

それにしても、インドの少数民族であるナガの展示を見たあと、日本のマイノリティである沖縄の舞踊を見るというのは、なかなか意味深だったといえる。「伝統文化」の提示や表象の戦略の事例として、どちらも興味を感じさせられた。

インド在住日本女性

帰りは、小川氏夫人の藤岡氏と食事。在デリー日本女性の話になる。駐在員は日本社会のエリートだから、彼らと結婚した女性も高学歴。そうした女性が、夫の赴任にしたがって、日本での仕事をやめてデリーに来ている。なかでもアジアへのまじめな関心をもつ人は、つい「がんばりすぎて」しまう傾向があるらしい。学習会を開いたり、ヒンディー語を勉強したり、とにかく「帰国したあとに活かせるものを学ぼう」という意識が強くなる。しかしなかには、がんばりすぎでストレスがたまり、体調を崩す人などもいるそうだ。

その話を聞いて私は、昨日の中村上人との会話を思い出した。現在の生活は、未来へのステップという意識。昨日よりは今日、今日よりは明日と、前進し進歩しなければならないという観念。勉強し、生産していなければ、人生は無に等しいという価値観。そうしたものが生産性をあげることもあるが、ゆきすぎれば当人を追い詰める。もちろん、女性（だけではない）がその能力を活かせる社会を考えることは大切なのだが、体をこわしてしまうのでは元も子もない。

「自由の重荷」。人びとを出世競争にかりたて、原理主義を求める不安を生み出す近代の病い。インド在住日本女性の問題は、現代社会の普遍的な問題の現われなのだ。そして私は、誰よりも自分が「重病」であることを知っているからこそ、それを研究せずにはいられないのである。

第八章　聖都ベナレス

二月十一日（金）　曇　ボート屋一家へ御招待

今日から講演のため、ベナレスである。朝九時にラジブ邸を出て、十時四十分発の飛行機で十一時半にはベナレスに到着。日本からの団体客が同乗していたが、もう一団アジア系の団体が乗っていたので、声をかけてみたらタイのバンコックからの観光客だった。

右派の映画撮影妨害

ベナレスに行くにあたって、小川氏からアドバイスがあった。『ウォーター』という映画がベナレスで撮影されようとしていたのだが、それがヒンドゥー至上主義者のデモによる妨害で中止に追い込まれてしまった事件があり、それについて現地の意見を聞いたほうがよいというのである。

『ウォーター』は、レズビアン描写を含んでいるとのことでヒンドゥー至上主義者から非難された『ファイヤー』の監督、ディーパ・メタの続作。彼女は、カナダ在住のインド系監督である（ゴタム氏やハント氏もカナダを拠点としていた）。ヒンドゥー至上主義者たちは、ヒンドゥーの聖都であるベナレスでこの監督が続作を撮影することを「冒瀆的行為」とみなし、攻撃したのである。撮影が中止されたのはつい昨日のことで、この件で何か聞けることがあればおもしろいだろうというのが、小川氏の考えだった。

ベナレスの空港に着くと、国際交流基金の予約した観光会社のタクシーと、講演を行なう予定のベナレス・ヒンドゥー大学のアルーナ歴史学部長（女性）、そして同大学の日本語講師である杉本昭男氏が待っていた。杉本氏はまだ二十八歳の男性である。

今回講演をするベナレス・ヒンドゥー大学は、デリー大学のように日本研究科はないが、日本から多くの仏教研究者や人類学者が留学したことで知られている。また現在の副学長（学長は大統領なので、事実上の学長）の夫人が日本出身であることもあり、交流基金としてはこの大学のスタッフに日本への関心を増大させようと、ときどき講師を送り込んでいるのである。杉本氏はこの大学の留学生でもあり、ヒンディー語が堪能で、日本語の非常勤講師も勤めているのだが、

ベナレスの街

私の案内役にと副学長夫人に言われ派遣されてきたのだ。

観光会社の社員はカルカッタのときに会ったアルン青年のような愛想たっぷりの人ではなく、事務的に用事をすますと、あとは運転手に任せて消えてしまう。残りの一同でむかった宿泊先のクラーク・ホテルは、カルカッタの場合とおなじく、けっこう豪華なところ。大理石のロビーのソファで明日の講義の打合せを簡単にすませ、杉本氏とは夕方またガンジス川の川端で会うことにして、市内観光に出かける。

ベナレスは、デリーやカルカッタにくらべると中型都市という感じの町だ。人口は二百万前後あるらしいが、空港からホテルまでの風景は、舗装された一本道の両側にマスタードの黄色い花が咲く、典型的なインドの農村風景。宿泊するホテルがある新市街は、デリーのような大都会というより、先日ティワーリー氏のNGOを訪ねたと

きに列車を降りた地方都市サハランプルのほうに近い印象。

地方都市ベナレス

ガンジス川に近い部分が旧市街だが、そこも細い道で人口が密集した庶民的な平屋建ての店が続き、デリーのように新しいビルが建っているわけでも、カルカッタのように歴史を感じさせる西洋式建築が連なっているわけでもない。強いていえば、日本では一昔前の地方都市によくあった商店街のような感じ。デリーとちがって道は細くてあまり舗装がされておらず、自動車はごく少なくて、交通手段の大部分は自転車、あるいは自転車が引く人力リクシャー。まばらにオートバイやオートリクシャーが通る。農村部が近いだけあって、牛・犬・ヤギの類はごろごろいた。

「母なるインド」寺院

まずむかったのは、バーラトマーター寺院。ここは寺院といっても、宗教的な神を祭っているわけではなく、巨大な大理石のインド地図が「本尊」になっている。マーターは「母」、バーラトは「インド」という意味で、いわば「母国」そのものを神様としている寺院である。植民地化されたインドをレイプされた女性にたとえ、男たちが救援に立ちあがるという言説は、独立運動いらいインド・ナショナリズムの定番である。

到着すると、大理石造りだが、なんとなく薄汚い寺院。なかに入ると、確かに十数メートル四方のプールのような囲いがあり、そこに大理石を浮き彫りにした大きなインドの立体地図がある。インド地図といっても、いわば衛星写真風で国境はなく、スリランカやパキスタンも含んだインド亜大陸全体を示したもの。この巨大地図の周囲には、マハトマ・ガンディーやチャンドラ・ボース、ネルー、インディラ・ガンディーなどの肖像が飾ってある。すっかり汚れた外壁には、もうよく読めなくなっているが、インドを中心とした地球図と宇宙図、そしてインドの歴史的発展が示してあった。

寺院の常で入場料はないが、係員が隅の売店でみやげ物を売っている。見るとベナレス地図やインド神話の絵葉書など典型的なみやげ物で、とくに愛国思想的なものは見当たらない。掲示はヒンディー語のみで読めなかったので、係員にこの寺の歴史を聞くと、植民地時代の一九三六年に創立されたと言っていた。

独立運動神話の衰退

カルカッタの日本山妙法寺の経験からいっても、この種の係員情報はあまり正確でないこともあるが、どうやら植民地時代に愛国運動の一環として建てられたものにはちがいない。寺院内には、みやげ物コーナーの商品を除けばヒンドゥー趣味を排除してあり、宗教的ないし文化的シンボルに依拠しない「インドそのもの」への崇拝を創り出そうとした意欲がうかがえる。

ヒンドゥーの聖地

しかしその「母国インド」思想にくらべ、この薄汚れかたと、みやげ物しか売っていない売店は、いささかみすぼらしい。寺の周囲では、こうした「インドそのもの」の崇拝とは関係なく、折からのヒンドゥー教関係の祭りでにぎわっていた。独立運動神話はヒンディー至上主義にくらべてすたれ気味という状況のなかで、寺のみすぼらしさがなんとなく象徴的に感じられた。

説教を流すラウドスピーカー

この寺院を出て、有名なヴィシュワナート寺院にむかう。この寺院はヒンドゥーのシヴァ神信仰の中心地で、五世紀に開かれたといわれるが、十二世紀以降のイスラム勢力の侵攻で破壊され、イスラムのモスクに改造されてしまったという場所である。現在はモスクがメインの部分を占め、ヒンドゥーの寺院はやや隅のほうに残っている。いわばインドの宗教対立の象徴的存在とされているところで、現在は政府が紛争を警戒して厳戒態勢を敷いている。

この寺院はガンジス河の近くにあるが、お祭りの行進で渋滞して進めない。ようやく到着して降りると、観光客狙いのタカリ屋がたくさん寄ってきて、カタコトの日本語や英語で盛んに話しかけてくる。ヴィシュワナート寺院へ行くには大通りから門前市になっているかなり細い道を抜けて行かなければならないのだが、これらタカリ屋たちは店に連れ込もうとしたり、ガイドと称してあらぬ方向に誘導したりする（人気のないところに連れ込んで金品を奪うのである）。

宗教対立の現場

それらを無視して門前市を抜けて行くと、ラウドスピーカーでヒンドゥーの説教を流しているのが聞こえはじめ、寺院に到着する。寺院の周辺は警備の兵隊だらけで、モスクにはまったく近づけず、その横ではヒンドゥー側の集会が開かれていて、ばかでかい音で説教の放送をしている。ヒンドゥー側の寺院にはヒンドゥー教徒以外は入れないので、二十ルピー支払って近所にあるみやげ物屋の三階の窓から外観を見学する。金で装飾されているのでゴールデン・テンプルと通称されるが、あたりは野良のサルだらけだ。寺はどうということはなかったが、とにかく警戒の厳重さと、モスクを包囲するようにラウドスピーカーを配置して放送されるヒンドゥーの説教の音量が印象に残った。

ガンジス川が近いので、歩いて川端に出て、川を見下ろす縁台に立つ。川沿いは出店と観光客でごった返していた。観光客狙いの「自称ガイド」や、川くだりのボート屋がつぎつぎに声をかけてくるので、落ち着いて流れを見ているという雰囲気ではない。インドの「観光ポイント」に徘徊しているタカリ屋にはもううんざりしていたので、ベナレスはあまりよい記憶は残らないかなと思っているうちに、ヒンドゥー大学の杉本氏が到着した。

火葬場でお話

杉本氏は、今日の午後は日本からやってきた琴の演奏家の一団（先日の沖縄舞踊団のように、インドを巡回しているのである）の案内をしたあと、夕方にはインド人の友人を訪ねるというので、それに同行させてもらう約束をしていたのである。もう観光ポイントは飽きていたので、普通の人の夕食に招待してもらうのに随行したかったのだ。

インドでスーパーを開く計画

まだ時間が早いので、杉本氏にガンジス川沿いの火葬場を案内してもらいながら、彼のこれまでの人生を聞く。彼は大学時代にインドを一度旅行したあと、アジア進出で有名になった商社に入社した。ところが会社の経営の様子がおかしくなってきたのを察知して勤務二年でやめ（その後その商社は倒産した）、「なんとなく」ここベナレスのヒンドゥー大学に留学し、ヒンディー語を勉強しているのだという。ベナレス在住は二年になる。

ガンジス川岸の風景

その昔、三島由紀夫が感動したという火葬風景を見ながら、マキで死体を焼く煙にとりまかれつつ、杉本氏と話がつづく。彼はヒンドゥー大学で日本語の非常勤講師をしているが、商社時代の知識を活かして、そのうちにインドでスーパーを開くのが夢だそうだ。インドに長期滞在する人間は学問や音楽、あるいはヨガなどに関心をもつ人が多いが、彼の場合は夢がビジネスというのがおもしろいと思った。

こちらは、自分なりのインド観から、インドでスーパーを開く場合を想定して話をする。たしかにインドにスーパーはない。それはおそらく、完全分業社会で「八百屋は八百屋、肉屋は肉屋」というかたちに分かれていること、定価販売が定着していないこと、地縁や血縁のネットワークがものをいう社会なので大規模流通や仕入れが容易でないこと、などの理由からだろうと意見を述べた。

近代日本でも事情はほぼ同じで、各種の品物が買える店という発想はなかった。デ

日本におけるデパートの原型

パートやスーパーの原型は、最初は「一箇所で買えて便利だから」という理由からではなく、「そこに行くといろいろ見れて楽しい」というかたちで始まっている。明治期の勧工場《かんこうば》がそれで、日用品を買うのが目的というより、文明開化の品々や各地の物産を出品している各種出店を見てまわるために人が集まるという、いわばフェア形式の見本市のようなものだ。定価販売や大量仕入れによる値下げというシステムが定着していないところでは、「安さ」や「便利さ」を売り物にするよりも、むしろ「物珍しさ」を売り物にして都市の新興中産層をターゲットにしてはどうか、というのが私の意見だった。杉本氏はそれなりに面白がって聞いていた。

火葬場からもとの縁台にもどり、杉本氏の地元の友人チョテラルに会う。チョテラルはガンジスのボート屋で、暴利ではなく手堅い商売を心がけているという。ただし最近、運よく公務員に採用されたので、もうボート屋は兄弟にまかせるのだそうだ。海軍の事務職で、タイピストに採用されたのだという。杉本氏によれば、「ふつうは賄賂とかを使わないと採用されるのは難しいんですけど、彼の場合はそれなしでうまくいったので、家族みんな大喜びらしいです」とのことだ。

公務員は憧れの座

この国では安定して収入の多い公務員になれるのが一つの理想で、とくに軍関係は待遇がよい。その日稼ぎのボート屋よりは、たしかによい仕事なのだろう。ボート屋の人びとのカーストはもともとガンジス川の漁師だった人が多く、これは低位カーストである。公務員採用には平等化促進のため低位カーストの枠があり、それにチョテラルは当たったのだ。

ボート屋の稼ぎは一家総出で月収五千ルピーくらいなのに、チョテラルの月収は一人だけでほぼ同額になる。公務員の座が、憧れの的になるのも無理はない。彼が採用されたときには、周囲の嫉妬から、採用決定に関してあらぬ噂もたったそうだ。ＮＧＯのティワーリー氏が、「この国では植民地時代から公務員になるのが教育を受ける目的だという風潮があって、せっかく教育を受けた若者がみんな政府機関や軍に行ってしまう」と嘆いていたことを思い出す。

遺跡が住居

そのチョテラルを含むニシャード家の住居は、川沿いからほんの少し、細い路地を入ったところにあった。杉本氏の話では、このあたりは十八世紀初頭にラジャスタン（デリーより西部の州で細密画で有名）の王族が別荘として建てた遺跡で、二百年ほど前から地元の人びとがそこに住みついているのだという。独立後はラジャスタン州の所有になり、さらにインド政府直轄地となって、政府は人びとを追い出そうと試みたそうだが、結局はそのまま住んでいるのだそうだ。そういえば日本でも、国立大学の敷地に敗戦直後の混乱期にバラックを建てて住みついた人びとが、結局そのまま居住権を認められた例があったはずである（やや居住年数のケタがちがうが）。

くねくねと曲がりくねった路地裏に、小さな入口があった。石造りの遺跡の一角を住居にしているのだ。なかに入ると、三メートルほど廊下兼台所があり、その奥に五メートル四方ほどの部屋がある。あとは、玄関の横に二畳ほどの小部屋と、数メートル四方の物置があるだけだ。遺跡だけあって石造りだが、ラジブ邸が二階建てで七つから八つの部屋があるのとは大きくちがう。西洋風の靴履き生活であるラジブ家やタンカ家とも異なり、ここは靴を表で脱ぎ、みんな石床の上に薄い毛布を敷いて坐っている。

廊下兼台所

杉本氏の友人チョテラルは、このニシャード家の三男。彼はまだ独身だが、兄たちは結婚しており、それぞれ五人と三人の子供がいる。さらに彼らの両

十七人家族

親、それに二人の甥をくわえ、合計十七人がこの家に住む。この家族の大部分が、五メートル四方の一室や玄関口で寝るのである。ベナレス旧市街の人口密度は高いと聞いていたが、インドの庶民的住生活はこんな感じかもしれない。チョテラルの父親は一度離婚しており、その先妻の子供たちも結婚して周辺に住んでいるというから、かなりの人数になる一族のようだ。

しかし、この家族は貧困層ではない。チョテラルは公務員に採用されたし(「それからここの家の食事もよくなりました」と杉本氏は言う)、何より子供たちは全員学校に行っている。そしてチョテラルは、なんとベナレス・ヒンドゥー大学で勉強したこともあるという。大学で学んでも職がないからボート屋をやっていたのだ。杉本氏によれば「階層は下の上といったところでしょう」とのことだが、インド商工会の定義では「中間層」は年収十二万ルピー以上の階層だから、家族総出のボート屋とチョテラルの月収で合計月に一万ルピーを稼ぐこの一家は、すでに「中間層」に位置している。

テレビの普及と「三種の神器」

そして彼らの部屋も、狭いながらミッキーマウスの壁掛けやカレンダー、映画のポスターなどで飾られ、蛍光灯や煮炊き用のガスボンベもあり、アイワのテレビとミニコンポが置いてある。家具は当然ながら少なく、あとはトランクが大小五つほどと戸棚があるくらいだが、とにかくテレビとミニコンポはあるのだ。

もっとも、この二つは杉本氏が不要になったものをあげたそうだが、以前から中古で買ったテレビとコンポがあったそうだし、先日農村に行ったときも、ほかにはなにもない農家にテレビはあった。この一家のテレビも六年から七年前に導入されたそうだが、一九九一年に経済開放政策がはじまっていらいの高度成長の波に乗りつつある家族といえそうだ。この近所からも、音楽がガンガン聞こえてくる。

「とにかくテレビが楽しみみたいですね。みんな何はなくともテレビを買う」と杉本氏が言う。

テレビ・ミニコンポ・アイロンが、現在のインドの「三種の神器」だそうだ。事実かどうかは確認していないが、インドのトイレの普及率は一〇パーセントほどであるのに対し、テレビの普及率は七〇パーセントくらいだと、デリー大学の教授から聞いた。もっとも、カラーテレビの所有率は全人口の五・五パーセントという数字もあるから、白黒テレビを含めても七〇パーセントは少し多すぎる気もするが、とにかく急速に普及していることは事実である。

テレビとミニコンポがある

携帯電話

ニシャード家の子供の一人は、「インドじゃ『君のモバイル（携帯電話）ナンバーは何番』という曲が流行っているんだ」と話しかけてくる。携帯電話はデリーでも一種のステイタス・シンボルで、たいした用があるとも思えないのに、自慢げに携帯電話をとりだして電話をしている人をみかける。「アメリカのエリートみたいでかっこいい」のだろう。また一般に第三世界では、電話線が整備されるより前に携帯電話が普及してしまうという現象もみられる。グローバリゼーションの波は、インドにも確実に押し寄せているのだ。

杉本氏とこのニシャード家は、もう二年以上のつきあいで、「インドでの家族」だそうだ。杉本氏は、「とにかく、いったん身内と認められると、もうほんとに暖かいです。テレビとかあげたけど、『何かくれ』なんて言われたことは一度もない」と言う。

地縁・血縁社会は、「よそ者」には冷たいが、「身内」にはとても暖かい。観光客相手にはよそよそしい人びとも、家庭ではこのような生活を送っているのだろう。ヒンディー語を話す外国人は珍しく、杉本氏はこの一帯では知られた顔らしい。私を連れてきたことについては、「もともとお客は歓迎されるし、何より女性たちにとっては家庭内だけが世界だから、そこに友人が外国人を連れてくれば喜びます」とのことだ。

髪を結われる

子供たちや女性たちは、入れ代わり立ち代わりに私の顔をのぞきにくる。例によって「あなたは男か女か」という質問があったあと、若い女性たちは私の髪の毛を結いたいと言いだす。「どうぞご自由に」と言ったら、ついに留め輪やピンを持ち出して結ってしまった。

子供たちは、さかんに写真を撮ってくれとか、自分でカメラを使いたいと言う。カメラはまださほど普及していないし、何よりフィルムが一本百ルピー（「現地感覚」だと五千円から一万円）ほどするので、めったに撮影できるものではないのだ。一家のお母さんが、孫の誕生パーティのときに撮影した家族写真を見せてくれたが、これは特別の機会のものなのだろう。

そのうちに、この一家の長男の息子であるサティーシュ君が、英語で話しかけてくる。十五歳だそうで、ハイスクールの九年生だそうだ。この家で英語がそれなりにできるのは、彼を含め数人であり、女性たちはほとんどできない。

英語の負担

サティーシュ君は、「日本では何年生くらいになったら読み書きができるか」と聞く。だいたい小学校四年くらいになったら漢字を含めかなり可能だろうと言ったら、「早いんだな。こちらでは小学校を卒業しても読み書きができない人がたくさんいる。それにヒンディー語の時間のあとには英語の時間が多くて、社会や理科の時間は少ない」と言う。中等・高等教育を受けるためには英語を学ばなければならないという負担が、この国の教育にもたらしている影響ははかりしれない。

職業を聞かれたので、大学教師と答えると、「二十二歳にしか見えない」と言って信じない様子。服装がラフで髪が長いせいもあるらしい。杉本氏は、「格差の大きいこの国では、大学教授といったらこの人たちにとって雲の上の人ですからね。そんな人が遊びに来るなんてありえないと思っている。冗談だと思われても仕方がない」と言う。

どこに宿泊しているのかと聞かれたので、クラーク・ホテルだと答えると、兄弟たちがのけぞった。彼らにしてみれば、一泊で数カ月分の収入が吹っ飛ぶホテルの名前である。続いて「では月収はいくらか」と聞くので、正直にルピーに換算して答えると、これまたのけぞる。農村に行ったときもそうだったが、質問はまず「男か女か」「国はどこか」で、その次はたいてい「結婚しているか」「収入はいくらか」と相場が決まっているのだ。

オニギリ一個が一万円

しかしこちらが、「いいかい。東京のインド料理屋では、サモサ（インドのオニギリ）が一個二ドル、チャイが一杯四ドルはする。稼いでいるようでも物価が高いんだ」と言うと、大笑いになった。これはほとんど、「オニギリ一個一万円、お茶一杯二万円」というふうに彼らには聞こえている。「それだったら、僕らがサモサを東京に送るから、あなたが一個一ドルで街頭で売ってくれ。儲けを分け合ってもいい商売になる」と言われた。

女神の前で踊る

表では、やたら派手な音楽が聞こえている。聞くと、今日はヒンドゥー神話では学問と音楽の女神であるサラスヴァティをまつるお祭りの後夜祭で、各地のコミュニティの人びとがそれぞれの女神像の前で踊ったあと、その女神像をガンジス川に流す日なのだという。誘われて表に出ると、高さ八十センチくらいの極彩色の女神像の前で、大きなステレオスピーカーを置いて映画音楽をかけ、近所の子供たちが踊りまわっている。

コミュニティの女神像

みんな私にむかって、一緒に踊れと言って寄ってくる。しばらく一緒に踊ったが、インドの手振り腰振りはむずかしく、子供たちが笑いながら私をとりまき見本を示してくれる。みな私にむかって「フォト！　フォト！」（写真のこと）と叫び、写真を撮ってやると大喜び。住所も知らない人間に撮影されたところで、写真がもらえるあてはないのだが、とにかく暗夜にフラッシュが光るだけで、何やら祭りの最後にマジック・パワーの花火を打ち上げたような気分になるらしい。

踊り終えてニシャード家にもどり、簡素だがおいしい夕食をいただく。しばらく子供たちの相手をしておいとまし、八時過ぎに外に出た。杉本氏の案内でこの遺跡コミュニティの細い路地を抜けて、表通りに出る。すると通りは、ベナレス周辺の各コミュニティから、女神像をガンジスへ運ぶ群衆で埋まっていた。

お祭りの大行進

ものすごい行列だった。大型トラックやトラクター、オートリクシャー、牛車など、ありとあらゆる車両が各コミュニティの女神像を積んで、ガンジス川を目指している。トラックは市内のコミュニティ、トラクターや牛車は郊外の農村部のコミュニティからやってきたらしい。私が見ただけでも、女神像を乗せた車両は、百台は軽くあったろう。

それぞれが荷台の女神像にライティングを施し、その車の後ろにはスピーカーを積んだ荷車が続いて音楽を大音響で流し、各コミュニティの男や子供たちが踊りながらその車両に続く（女は見当たらなかった）。観光客は夜間には外に出ないからほとんど見当たらず、群集はみな大はしゃぎで、外国人であるわれわれも踊りの輪にさそってくる。

ガンジス河畔にもどってみると、ここも大混雑だった。大騒ぎをしたり太鼓を叩いたりしながら女神像を船に乗せ、花火を打ち上げながらガンジスに沈めにゆく人びとでいっぱいだ。写真を撮ってくれとつぎつぎにせがまれ、フラッシュを焚いてやるとみな大喜び。貧しい彼らにとって、祭りの日はすべてを忘れたい瞬間である以上、明日という日はないという勢いで盛り上がっている。

テクノロジーと宗教の同居

ヒンドゥーの女神像という「伝統的」なものと、ライティング、スピーカー、自動車といった「近代テクノロジー」の同居が、もっとも興味深かった。これは、宗教とコンピュータ関連の本が目立った先日のブックフェアでも感じたことである。両者を結ぶキーワードは、「マジック・パワー」だ。大行進の人びとは、ラウドスピーカーやライティングを、まるで声や視覚が拡張する魔法の道具として楽しんでいるように思えた。

西アフリカのミュージシャンが、西洋の電気楽器を使うと伝統が損なわれないのかと質問されたさいに、「逆だよ。神話のスピリットは新しいテクノロジーを使ったほうが表現しやすいんだ」と言っていたことを思い出す。大行進のなかには、蛍光灯みたいなライトを、まるで『スター・ウォーズ』に出てくる光の剣のように全員で掲げて行進していたコミュニティもあった。私はそこで彼らに、カメラのフラッシュという、「魔法の花火」をそえてあげたというわけだ。

しばらくこの大行進のなかを歩いたが、これがおそらくこれまでのインドの日々のなかで、もっとも劇的な体験だった。しばらく歩いたあと大行進はようやく途切れ、杉本氏がホテルにもどるオートリクシャーをつかまえてくれる。夜中まで、大行進の音楽はホテルにまで聞こえてきた。

二月十二日（土）　曇のち晴　ガンジス川下り

朝からボート漕ぎ

朝はクラーク・ホテルのルームサービスで、「現地感覚」でいえば「一万円の朝食」をいただく。九時半からタクシーに乗り、昨日のガンジス河畔へ行く。

十時になると、昨夜訪ねたボート屋一家の少年サティーシュ君がやってきた。杉本氏がニシャード家で待っているから、そこへ行けという。彼は朝のボート漕ぎの仕事を終えたので、近所の仲間とクリケットをして遊びたいそうだ。ガンジスの日の出を見たいという観光客が多いので、彼らを乗せるため、いつも五時に起きてボートを漕ぐのが彼の日常である。

ニシャード家に行くと、杉本氏が出てきた。昨日は暗くてよくわからなかったが、確かにここは遺跡である。遺跡の屋上に案内されると、ラジャスタンのマハラジャがつくった天文台があり、野良サルがうろうろしていた。人が住んでいないこの遺跡の中心部は、もうすぐ政府経営の博物館になるそうで、のんびりと壁塗り工事をやっているのが見える。「外国人観光客とかが住居のそばまで押し寄せて、子供たちに悪い影響を与えなければいいんですけど」と杉本氏は言う。

コミュニティを出て、サティーシュ君が漕ぐボートに乗せてもらう。相場だったら五十ルピー、外国人観光客にはもっとふっかけるボート屋が多いが、「もう身内あつかいだから、料金は受け取らないと思います」と杉本氏が言った。よくも悪くも、インドに「定価」はない。しかし考えてみれば、相手が友達であろうと見知らぬ外国人であろうと料金が同じということのほうが、近代社会になってから発生した異常な価値観なのだ。

女神像のリサイクル

ボートが漕ぎ出すと、昨日ガンジスに投げ込まれた女神像の残骸がたくさん浮いている。木の芯にワラを巻き、土を塗って顔を描いたものなので、土が水に溶けてワラ人形みたいになったのが流れているのだ。この流れ出た土や塗料が、川の汚染問題にもなっているそうである。

河畔では、流れ着いた「元女神像」を、マキや燃料にするため解体している人びとが多数いる。日本でも精霊流しのように川に宗教シンボルを流す習慣はあるが、再利用している風景は現在では珍しい。しかし江戸時代のある豪商が、まだ無一文だったとき、お盆に使われたナスの馬が川に流されたあと漂着しているのを、漬物にして売ってもうけたという話は聞いたことがある。

女神像は、村やコミュニティの職人がつくったものが多いようだ。これもいずれは大量生産品のプラスチックとなり、川に投げ込まれても溶けたりしないようになるのかもしれない。もっとも現在のインドでは、カースト制度で職人が固定して存在しているのと、労働賃金が低くて機械生産よりも安いから、女神像の製造も手仕事だ。ボートもほとんど手漕ぎボートで、モーターボート（例によってディーゼル・エンジンで排気ガスをもうもうと出していた）は数少ない。杉本氏は、「燃料代も高いし、とにかく人があまっていて人力が安いから」と言う。

女神像の解体

しかし一方で、変化は確実に押し寄せている。川沿いに係留してあるボートには、商品やお店の広告を横腹に描いたものが目立つ。何より、いわゆるインド式の服を着ている男性や子供はごく少ない。若い男では外国人である杉本氏くらいで、もっぱら老人と女性だけだ。これはベナレスだけでなく、デリーはもちろん農村でも感じた現象である。「十年前に初めてインド旅行に来たときは、洋服の人のほうが珍しかったんですけどね」と杉本氏は言う。
しばらくボートに乗っていると、サティーシュ君が「親戚の家に行くけどいいか」

と言う。観光ポイントより普通の家に関心があるので、もちろんこちらはＯＫ。

川端の石段にボートを係留して上陸すると、あたりは沐浴する人、洗濯する人、女神像の残骸を解体している人でいっぱいで、牛糞や洗濯物が所狭しと干してある。石段から階段を上り、さらに細い路地を抜け、狭い入口をくぐると、サティーシュ君の祖父が先妻との間にもうけた子供夫婦が住んでいる家に着く。家といっても、数十年前に建ったとおぼしき迷路のような建物のなかの一角だ。

核家族化

家はニシャード家より狭く、入口からすぐ三メートル四方くらいの部屋となり、奥に台所がある。夫婦二人と三人の子供で住んでいるそうだ。なんでも、親や他の家族と折り合いが悪くなって、夫婦と子供だけで別居した（といっても近所だが）らしい。ラジブ家やタンカ家のような都市のインテリはもちろん核家族だが、庶民でも大家族同居から核家族化への流れがある。

ファミコンの音楽が響く

チャイとビスケットのもてなしをうけながら観察すると、部屋は狭いがやはりテレビとミニコンポ、ガスボンベ、蛍光灯などがある。ほかはランプ（停電が多いのだろう）、クリケットのバット、鏡台、壁にはカレンダーと小さな本棚、ヒンドゥー神のブロマイド数枚などがあった。隅っこをネズミがちょろちょろしているが、そんなことを気にしなければ、そこそこの暮らしのようだ。細い路地のむこうからは、ファミコンのＢＧＭらしい「イッツ・ア・スモール・ワールド」のメロディが聞こえた。

それと同時に、ミニコンポの上には、しっかりとヒンドゥーの小さな神像が置いてある。こうしたテクノロジーと神話の結合は、昨夜の祭りのような活気の源でもあるが、しばしば言及しているように宗教的原理主義の基盤でもある。近年のヒンドゥー至上主義団体もビデオを作成して主張の普及に使っているし、核兵器製造計画だって神話の言葉で行なわれる。明治政府も、明治天皇の肖像画の写真を全国に配布して神話教育と併用した。よくも悪くも、神話とテクノロジーの結合から力が生まれているのが現在のインドである。

チャイを飲みながら、小川氏が言っていた映画『ウォーター』の撮影中止について、杉本氏の観察を聞いてみた。杉本氏のインド人の友人の間では、比較的お金のある中層の人は「撮影反対」という意見が多かったそうだが、貧乏な下層の友人は「撮影が進めばたくさんお金がこの町に落ちるはずだったのに」という声が多いという。もちろん最上層の知識人は「撮影を妨害するヒンドゥー至上主義に反対」という立場だ。

右派の支持層

いわば最上層の将校でもなく、最下層にあたる平の兵隊でもない「下士官」クラスが、いちばん原理主義的なわけだ。もちろんその根底には、上層クラスへの反感もあるにちがいない。丸山真男が戦前の日本ファシズムの中核として、「小学校教員、僧侶、神官、小工場の親方、小地主」など、社会の「下士官層」を挙げていたことを思い出す。

現在「インドの右翼」人民党の支持基盤も、「中の下」といった階層だ。九一年から国民会議派が導入した経済開放政策で、中産層は増加したが、核家族化や競争の増加といったストレスが増えている。ニシャード家だって、「中産層」の仲間入りはしたものの、コミュニティのなかでは周囲の嫉妬を買った。一方で、自由化のなかで没落を強いられた旧上層カーストは、権威はあっても富はさほどでもなく、これも「中の下」として心理的不安を持っている。

ヒンドゥー至上主義団体は、経済政策では開放政策への反対や、反西洋・反物質文明・反多国籍企業といったスローガンを掲げており、これが地域共同体の解体や価値観の動揺にとまどう

「中の下」階層に受容されているわけだ。また開放政策への反対は、同時に自営業や小地主の保護でもあるから、文化だけでなく経済においても、原理主義はグローバリゼーションへの反発なのだ。

政治意識と階層

いまのインドの国家に対する意識を図式的にいえば、以下のようになるだろう。

まず最上層の知識人は、多宗教国家インドを維持してゆくには、ヒンドゥー至上主義の台頭を許してはならないと考えている。これは賢明な官僚層もそうだろう。しかし「中の下」のなかには、国家の大局的統合などにはおかまいなく、ヒンドゥー至上主義を支持する人びとがいる。一方で、経済開放政策の「勝ち組」である「中の上」の人びとや、地元コミュニティのなかで安定している「下」の人びとは、抽象的なナショナリズム論議には関心がうすいのではないだろうか。あくまでこれは推測だが、とりあえずこうした図式が考えられそうだ。

「デモ」の実態？

もっとも杉本氏によれば、「撮影反対のデモといったって、ここは十人くらいで騒ぎだせば、野次馬が集まって脹れあがってしまうところです。わけもわからず参加した人も多かったろうと思います」という。近年の研究では、フランス革命などでも指導層の理念に共鳴して参加した人びとばかりではなく、都市部にたまっていた貧民が革命さわぎのなかで暴動に参加して、王権が倒れてしまったという説もあると聞く。貧しい者が多いところでは、よくも悪くも民衆のパワーが鬱積しているものである。

お礼を述べておいとまし、ふたたびサティーシュ君の漕ぐボートに乗って、ガンジス川をもとの場所にもどる。ボートに乗りながら、杉本氏が問わず語りに話す。「インドにいると、日本にいたときとちがって、未来に不安をもたなくてもやっていけるんですよね。日本にいると、会社かりじゃないですか」。

人生について考える

彼の言わんとするところも、よくわかる。インドでは庶民はあたたかい身内社会に囲まれ、そこそこ食えるお金を稼ぎながら、はしゃいだり踊ったり、友人や親戚を訪ねながら日々をすごす。家はたしかに狭いが、先日の中村上人風にいえば、少しばかり広い家に住むために毎日何十年も生命をすり減らして働くのと、どちらが幸福かはいちがいに決めがたい。

現在の生活を「明日への準備」とみなして手段化している日本のサラリーマンと、明日のことは考えず今日を楽しく暮らすインドの庶民。未来への展望もないが、未来への不安もない。こうした図式化が「日本人」や「インド人」すべてにあてはまるとは思えないし、インドにも確実に変化は訪れている。「インドの生活」を過度にロマン化するのも嫌いだが、ガンジスの流れの上で少々考えさせられた一瞬だった。

日本も変わるか

もっとも先日の中村上人は、こんなことも言っていた。「日本の人びとが未来のために今を犠牲にするような生き方をしてきたのは、とりあえず政治と経済が安定していたからですよ。日本でも終身雇用と厚生年金制度が崩壊したら、価値感は大きく変わるはずです」。たしかに、「苦労して偏差値の高い大学に入っても、将来はどうせリストラ」という認識が広まったら、今の楽しみをがまんして受験勉強するという価値感は変わらざるをえないだろう。今後の日本の人生観がどう変化するか、まだ予測はつかない。

もとの川岸にもどってサティーシュ君と別れ、杉本氏と一緒にタクシーでベナレス・ヒンドゥー大学にむかう。ヒンドゥー大学はデリー大学やカルカッタ大学より広くてきれいなところで、大きな門をくぐると、喧騒のうずまく外界とはまるで別世界。落ち着いた建物と芝生が続く学園で、なんとなく空気からしてちがう。

まずは杉本氏の宿泊所である留学生会館に行き、その食堂で昼食をとる。会館はけっこうきれいな外観で、食堂は十メートル四方に長机が四つ。定食を食べていると、彼の留学生仲間がやってきた。ウガンダからの留学生はエンジニアリングを勉強しており、モンゴルからきた青年は農業を学んでいるという。インド音楽を学びにきている、インド系南アフリカ人女性もいた。「インドはどうか」と聞かれたので、「好きだよ。観光地の周りにいる奴らを除けば、人びとがいいよね」と言うと、くだんの南ア女性が「冗談でしょ。そのうち嫌いになるわよ」と笑いながらコメント。外国在住インド人のインド評価は辛口というが、その類だろうか。

杉本氏に聞くと、ヒンドゥー大学に先進国の学生は日本を除けばほとんどおらず、その他はケニア、タイ、インドネシア、ミャンマーなど、アジア・アフリカ圏からの留学生らしい。日本からの留学生はインドの音楽や文学を学びにきている人が多いが、先ほど会った留学生たちがエンジニアリングや農業を学んでいたように、その他のアジア・アフリカ圏の学生の場合は、インドの大学でなくても勉強できることを学びにきている人も多いらしい。杉本氏によれば、「インドのほうが、ヨーロッパやアメリカに留学するより費用が安いというのも一因じゃないですか」ということだ。

安いから留学生が来るというのはあまり名誉なことではないかもしれないが、日本の大学よりはましな状況だと思う。なにせ日本に留学しても、苦労して日本語を勉強したあとで、読まされるのは欧米の本の翻訳だったりする。そういう国の大学に、しかも物価も高いのに留学する外国人は少ないのである。

　留学生会館を出て、ヒンドゥー大学付属のインド美術館に行く。古代神像や細密画といったお定まりの展示のあと、大学創立者であるマーラビーヤの展示がある。ここでもガンディーと一緒に撮った写真があり、とにかくガンディーと一緒に写っていることがインド知識人の誇りになるようだ。

インドの小泉八雲

ベナレス・ヒンドゥー大学の一角

　全体にあまり展示は刺激をうけなかったが、唯一興味を持ったのが、画家でありインド研究者であるアリス・ボナーの展示室。彼女はベルギーとパリで美術を学んだあと、おそらくは当時のパリ知識人のオリエンタル趣味にそってチュニジアやモロッコを訪ね、それから一九二五年にインドにやってきた。そしてインド舞踊に魅せられ、一九三六年にはベナレスに住みつき、一九四〇年代に「ガンジスの日の出」とか「シタール弾き」といったインド的題材の絵を描いている。ヒンドゥー神話に題材をとった絵もあった。
　展示の最後には、「アリス・ボナーはインドの伝統の再発見者だった」という解説の言葉があった。日本でこれに近い存在なのは、有名なラフカディオ・ハーン。彼もカリブなどを経たあと日本にきてはまってしまい、住みついた。しかしハーンの場合、当時は「変わり者の外国人」くらいにしか日本では思われていなかったらしい。ハーンが再評価されるのは一九二〇年代後半以降で、昭和の国粋主義台頭とともに、「日本の伝統を再発見してくれた欧米人」として有名になった。
　アジア諸国のナショナリストは、反西洋のスローガンを掲げるわりには、「自国の文化を評価してくれる西洋人」が好きで、その人が現地に住みついたりなどすると一段と評価があがる。いわば、アリス・ボナーは「インドの小泉八雲」といえるだろう。ヒンドゥー大学の「インド美術館」で、わざわざ一室とって展示してあるのもご愛嬌である。

もっともその後の研究では、ハーンの描いた日本像は相当にオリエンタリズムで脚色されたものだったことが知られているが、ボナーはどうなのか確認できなかった。ボナーの場合、インド定住は単に「インドが好き」という理由だけでなく、一九四〇年代に戦争でベルギーやフランスがナチス・ドイツに占領されて、帰るに帰れなくなったという事情もあったような気がするが、これも当て推量である。

講演前に儀式

時間になったので、講演を行なう予定の歴史学部に行く。会場にはきのう打合せにきたアルーナ学部長がおり、ていねいに迎えてくれた。講義室に案内されると、部屋は四十人くらいの客でいっぱいである。

驚いたのは、講演前の儀式。演台はヒンドゥー寺院によくある黄色い花で飾られ、私には花輪がかけられて、額に赤い印がつけられた。さらに創立者の写真の前にある線香とロウソクに火をつけるように言われ、学生の一団が校歌を合唱したあと、司会者による私の紹介がはじまった。講演前に儀式やら校歌斉唱やらがあるのは、やはりここがインドでもっとも格式ゆかしい大学だからだろうか。

インド向け日本史の工夫

講演の内容は、日本のナショナル・アイデンティティを政府や知識人がどうつくり上げてきたかを、明治から戦後までサーベイしたもの。近代化と伝統の変容、そしてナショナリズムの関係は、インドでもっとも関心をよぶテーマの一つである。

例によって明治政府による「伝統の創出」や宗教政策、そして日本知識人が「反西洋」を掲げる戦争の支持に傾いていった経緯などを話したが、インド人の前で日本近代史の話をするときには、ちょっとした工夫が必要だ。

たとえば彼らに「二・二六事件」と言っても関心を示さないが、「ブディズム・ファンダメンタリズムに影響されたクーデター」と言うと耳を傾ける。「戦艦大和」と言っても彼らが知っているわけはないが、「今日の原爆がそうであるように、当時は巨大戦艦が強国のシンボルだった。日本は貧富の格差が激しかったのに、戦艦だけは世界一巨大なものを建造していた」と言うと、インド人たちは自国の状況にひきつけて想像力を働かす。

そのほか、「生活綴方運動」のことは「農民の識字教育と社会的覚醒の目的を兼ねて、彼らに自分の生活状態を作文させた運動」と紹介する。柳宗悦の民芸運動は、インドの農村民芸品販売のNGOと比較した。石牟礼道子は、「公害に悩む漁民たちの声を、仏教的に記録した『水俣の霊媒』」と形容する。

さらに見田宗介のことを、「消費文明の浸透のなかで、ヨガを学び、欲望の形態の転換を主張した学者」と紹介すれば、経済自由化政策以降の出世主義の蔓延に批判的なインド知識人たちは共感を示す。森崎和江を「朝鮮が戦後に日本から分離独立したさいに、朝鮮生まれの難民の少女として日本に来た女性」と紹介すると、彼らは印パ分裂による難民の苦難を思い出し、さらに「彼女は鉱山労働者のオルガナイザーとして活動したあと、女性鉱夫や娼婦の生涯を聞き書きした」と述べると女性の聴衆が大きくうなずいた。

もちろんこれらの日本の史実や知識人の紹介は、すべて事実を述べたものである。ただ、事実を日本国内で流通している枠組みのままで並べてしまうのでなく、インド知識人の直面している問題意識の枠組みにそって整理しただけだ。もともと日本もインドも、近代化の波のなかで知識人が悩んできた問題は共通するものが多いから、ちょっとインドの文脈に翻訳してやれば、彼らの関心に大きくかかわってくる問題が日本近代史にはたくさん含まれている。

自分の文脈を捉えなおす

翻訳は言語だけでなく、文脈の翻訳も必要だ。そして、こうしてインドの文脈から日本を見なおしてみると、いままでとは異なった日本が見えてくる。他者とのコミュニケーションの基本は、相手の文脈を知り、これまで空気のように感じていた自分の文脈を、新しい観点から捉えなおすことにあるのだ。

英語で一時間半も講演したのははじめてだったが、結果は成功だった。インドの聴衆はつまらないと思えば途中で遠慮なく出ていってしまうが、今回は講演終了と同時に拍手がおこり、質問が集中。その受け答えをすると、さらに質問が涌き出てくる。司会のアルーナ学部長が終了宣言をしたあとも、幾人もが握手を求め、教授たちは講演草稿のコピーが欲しいと希望してきた。

好評のうちに講演を終えると、どっと疲れがでた。休息を兼ねて、日本からきた琴の演奏団の公演会場に案内してもらう。琴の演奏団が来ているという話は昨日杉本氏から聞いていたものの、正直にいえばあまり期待しておらず、和服を着て「サクラサクラ」とか「荒城の月」を演奏するのかと勝手に思っていたが、予想がはずれた。

琴の現代音楽

琴の演奏団は女性七人で、現代音楽系の緻密なアンサンブルの曲を、スリリングに演奏していた。中央で演奏するリーダーは琴の重低音でメロディを弾き、まわりの六人は通常の奏法のほかに、琴を弓で弾いたりパーカッションのように叩いたりして盛り上げる。こういう琴の音楽は初めてなので、眠気がさめておもしろく聞く。あとで聞いたら、リーダーは松村絵里菜氏で、他のメンバーはその生徒だそうだ。すでに海外各地で公演しているそうである。

インドの現代舞踏

そのあと、ヒンドゥー大学の教授や学生による演奏とダンス。これもいわゆる古典、とくに観光化してステレオタイプ化したインド音楽や舞踊ではなく、伝統様式を活かしながらの現代的な新作で、おもしろかった。「伝統的」とされる型から離れつつ即している展開として、興味深い。公演終了後にインド国歌斉唱が観客全員で行なわれたのは、さすがヒンドゥー大学と思ったが。

このあとは琴演奏団の女性たちと、副学長宅で夕食会。副学長宅は大学構内にあり、兵士が十人くらいで警備を固める邸宅である。ディナーはもちろんインド料理で、さすがにおいしい。その場で杉本氏と、私の案内のため彼を派遣してくれた副学長夫人のシマハドリ直子氏にお礼を述べて別れ、待たせてあったタクシーでホテルにもどって寝た。夜は停電となり、自家発電で電燈はついたが、楽しみにしていた風呂はお湯が出なくてだめだった。

二月十三日（日）晴　各国仏教寺院めぐり

朝食をとり、朝九時半からタクシーで出発。今日はデリーにもどる日だから、午前中だけの観光である。

今日の目的地は、ベナレスにある日蓮宗法輪寺。日本の仏教にとって、仏教の発祥地であるインドに寺を建てるというのは一つの夢らしく、日本のお寺がところどころにある。おなじく日本の寺院といっても、日本山妙法寺と比較して、どのようにインドでの展開がちがうか見たかったのである。

スリランカ寺院

ベナレスの郊外にあるサルナートという地名を指定して出発したが、タクシーの運転手は「ジャパニーズ・テンプル」の場所を知らなかったらしく、スリランカの仏教宗派が建てた石造寺院の前で降ろされた。ここもそれなりにおもしろそうだったので、見学する。

運転手が知っているだけあって名所らしく、日本の団体客をはじめ仏教徒がたくさんいた。私と一緒に本堂に入った日本からの団体客が、いきなり本尊の前に全員で坐りこんで、お経を合唱し始めたのには少し驚いたが（きっとどこかの宗派の団体ツアーなのだろう）。

このあたりは仏教寺院のたまり場らしく、例によってカタコトの日本語で話しかけてくる「自称ガイド」に聞くと、付近にはスリランカ・日本・チベット・韓国などの仏教寺院があるそうだ（場所だけ聞いて案内は断った）。このスリランカ寺院はムラガンダークティル寺といい、一九三一年に建立された、比較的あたらしいもの。仏教が根強いスリランカで一八九一年に創立された仏教団体である、マハボディ協会の援助で建ったものらしい。本尊前のみやげ物売場には、各種の仏教図書と並んで、ダライ・ラマとチベット関係の本が一群ある。インドでは仏教といえば、チベット問題と切り離せないのだろう。

外に出ると金色に光るチベット寺院が遠くに見えたので、歩いて行ってみることにする。ベナレスは小都市だから、ちょっと郊外に出るともう完全な農村風景で、人びとはじつに素朴。子供たちは「ハロー」とか声をかけてきて、写真を撮ってあげると大喜びする。

チベット寺院の「伝統」

チベット寺院であるヴァジャラヴィジャ寺に着くと、赤い柱に龍が巻きついた、なかなか立派な建物。スリランカ風とはまったくちがうが、金色に輝く本尊もじつに大きくて豪勢。もちろん本尊の前には、ダライ・ラマの写真が飾ってあった。

ここはまだ観光名所にはなっておらず、観光地に群がるたぐいの人間はいない。境内の芝生で僧服の若者がたむろし、お経を読んだりボール遊びをしている。観光化したインドのお寺にいる、すれっからしの「自称ガイド」や、やる気のなさそうな土産売りとちがい、じつに素朴でまじめそうな人びとだ。

彼らを見ていたら、むこうから少し話そうと誘う。聞いてみたら、僧たちはチベットからきた人びとが多く、五十人ほどがこの寺院に寝泊りして仏典の勉強をしているとのこと。寺院はやはりマハボディ協会の援助で建てられたものだが、なんと設計した建築家はフランス人で、一九九九年にできたばかりだそうだ。なにも知らない身には「いかにもチベット的」な本尊とお寺に見えたが、ブータンの仏教寺院を参考に、「伝統を活かした」設計にしてもらったそうである。もうこうなると、何が「伝統」だかわかったものではない。

韓国の仏教寺院というのも見たかったが、時間がないので農村を歩いてスリランカ寺院にもどり、タクシーで日本の法輪寺にむかう。

到着すると、妙法寺のような国籍不明の「奇妙な」建物ではなく、ひと目で日本式とわかるお寺が建っていた。境内の建立塔もぜんぶ日本式で漢字ばかり、建立者の名前とともに、「維持平成十一巳卯年　霜月廿一日　日月法輪寺営之」と書いてあった。

「日本的」寺院

日本から海外に出た人間の反応はさまざまある。現地に適当に適応してゆく人もいるが、日本風の生活様式を守る人もいる。後者の場合、かえって日本にいたときよりも「日本的」になることもある。インドに「適応」して国籍不明の怪しい建造物になった妙法寺にくらべ、ここ法輪寺は建築様式が「純日本風」であるのみならず、建立塔の書き方も「超日本風」だ。インドで「平成」とか「卯年」とか「霜月」と書くのに、意味があるのだろうか？

寺の中に入ると、ここも日本のお寺そのまま。本尊も木彫りの木目調で、金色のブッダ像ばかりのインドではやけに地味にみえる。仏前のお供えは、妙法寺カルカッタ支部がトマトケチャップに味の素だったのにたいし、ここは乾燥凍り豆腐や日本茶のパック。さすがに生菓子のような腐敗しやすいものは置いていないが、日本風の気配りが妙法寺より感じられる。インドへの適応としては、本尊の横でお経を唱えているお坊さんの袈裟が日本の黒とちがって黄色いのと（そうしないとインドでは仏僧だと思ってもらえない）、本尊前に「NAM-MYO-HO-REN-GE-KYO」の小型看板が出ているくらいである。

ベナレスの法輪寺

しかしこの法輪寺、インド人にとっては便利な観光地になりうると思う。日本に行かなくても、日本のお寺を見物できるからだ。ゲイシャやフジヤマとならんで、「いかにも日本風」のお寺を彼らも見てみたいだろう。その意味では、国籍不明の妙法寺より、かえって人気が出るかもしれない。

インド人が日本寺院へ

インド側参拝客も、妙法寺とは対照的。妙法寺カルカッタ支部が近所の子供の遊び場になっていたのにたいし、ここにはアメリカ風に野球帽をかぶりサングラスをかけた若者三人組がきていて、物珍しそうに見物したあと、私にカメラを渡して「お寺と一緒に撮ってくれ」と言ってきた。前述したように、ここでは「フィルム一本一万円」だから、明らかに彼らはニューリッチである。現地適応で子供の遊び場になる妙法寺と、「純日本風」でニューリッチの観光対象になる法輪寺。日本の文化交流はどの道を選ぶのか、なかなか深い問題である。

ひとあたり見学してもどってくると、タクシーの運ちゃんが「いいお寺だったか」と聞く。適当に答えてホテルに帰ってもらい、荷物をまとめて空港へ。飛行機が予定より三時間ほど遅れ、夕方にデリーに帰着。ラジブ邸に帰って早々に寝た。

第九章　学校見学

二月十四日（月）　うす曇り　「変な外国人」

今日は講義。タクシーを呼ぶとモーハンがきて、大学にむかう。

日本文化への戦争の影響

今日の講義は、現代日本事情の一環として、太平洋戦争が現代日本の文化や価値観に与えた影響について私なりの考えを述べた。この戦争で、日本政府は「アジア解放の正義の戦い」というスローガンを掲げたが、結果として当時の日本人口の約四パーセントが死亡し、多くの人が家屋や財産を失った。

当然ながら、このことは強烈な心理的影響を残した。まず政治においては、「強力なリーダーシップ」とか、「アジアの団結」とかいったスローガンにたいする警戒感や、強い平和志向を残したこと。この平和志向は、戦後日本でガンディーを非暴力主義の象徴として有名にすることに、一役買ったと思われる。しかし文化に対するより目立たない影響としては、「正義」や「戦い」への屈折感をもたらしたことである。

この話をするにあたり、私は黒澤明監督の『七人の侍』の話をした。この映画は、戦争の傷がまだ癒えぬ一九五四年に公開されたもので、「男らしさ」の好きな黒澤が、いわば「正義の戦い」

を描こうとしたものである。しかし、「正義の戦い」を描こうとすると、戦後の日本ではどうしても近代戦争ではなく、時代劇かSFになってしまうのだ。

この映画では、村人に竹槍を訓練する場面などが出てくるが、戦時中の竹槍訓練の記憶がまだ生々しかったこの時代では、観客も何らかの感慨がなかったはずはない。しかも一九五四年は自衛隊創設をめぐる議論の最中で、「自衛戦争」を描いたこの映画には批判もあった。そうした状況で、近代戦争を舞台に「正義の戦い」を描くことは、およそ困難だったのである。

しかも『七人の侍』では、「正義の戦い」といっても、まず村を盗賊団から防衛するという「民衆のため」というエクスキューズがつき、侍と農民（軍隊と民衆）が対立する様子も詳細に描かれる。しかも盗賊団との戦いは最終的には勝利するが、七人の侍のうち四人は戦死する。そして映画のラストは、生き残った侍が、「また負け戦《いくさ》だったな。勝ったのは農民だ。わしたちではない」というセリフを残して、戦死者の墓と田植え祭りに沸く農民たちをバックに、誰にも見送られることなく村を去るシーンである。

「正義」「戦い」への屈折

このような描写の背景には、「正義の戦いであっても、軍隊と民衆の対立はつきものである。勝利したとしても大勢の犠牲が出る。そして、よく戦って負けた側はなにも報われないが、彼らこそ真の勇者である」という屈折した戦争認識とヒロイズムが存在する。しかしヒロイズム志向が楽天的なかたちではなく、このような屈折した描写で表現されたことが、この映画をたんなる勧善懲悪のアクション作品にとどめなかった。しかもこれほど屈折した暗い内容の映画が、知識人だけでなく、当時の日本民衆のあいだで大人気を得たのである。

こうした「正義」や「戦い」への屈折した感情は、その他の日本の映画やアニメにもみられる。

日本で第二次大戦を描いた戦記映画や漫画は数多くあるが、脳天気に正義が勝ち、悪が負けるストーリーは少ない。そんな描き方をすれば、日本は極悪だったから負けたことになってしまう。その代わりこうした映画や漫画は、主人公が「正義のスローガン」への疑いを抱きながら戦い、最後は敗北するか戦死するという、哲学的ともいえる内省を含んだものが多い。未来戦争を描いたようなアニメ作品でも、政治的背景の設定が複雑で、どちらが正義かはっきりせず、敗北する敵側の人物が主人公よりも魅力的に描かれたりする。

屈折は芸術性をもたらす?

そしてくりかえしになるが、これらが「芸術作品」として知識層にだけ評価されているというのではなく、大衆や子供向けの映画や漫画として人気を得ているところがすごいのである。それにくらべると、インドの大衆映画は、「善は美しくて勝つ、悪は醜くて負ける」という筋のものが多く、日本で公開されるとあまりの単純さに観客が笑ってしまうほどだ。太平洋戦争の敗北は、「正義とは何か」あるいは「戦いとは何か」という哲学的問いを、日本の全国民レベルに強いたといえるだろう。日本のアニメや漫画が国際的に評価されるのも、一つには戦争が戦後日本に与えた屈折が一役買っているのではないかと思う。

社会科学の研究所

講義と質問が終わったあと、大学構内で小川氏と待ち合わせをする。今日の午後は、デリーのリベラル系研究所であるCSDS（社会発展研究所）に行き、講演をすることになっている。このメンバーで名高いアシス・ナンディー氏は、多くの著作をもつ政治社会学者である。

CSDSは少し古い建物だが、立派なライブラリーもあるなかなかよい場所。講演は先にベナレスで行なったのと同じ内容だが、より現代的な課題として、グローバリゼーションがナショナリズムにもたらす影響を追加した。

グローバリゼーションとナショナリズム

私の主張では、いわゆる国際化やグローバリゼーションは、ナショナリズムをむしろ激化させる。グローバリゼーションは貧富の格差を広げ、グローバリゼーションから利益を得られる中上層の人びとについてはナショナリズムを減少させるが、残った下層の人びとは中上層階級への反発から、むしろナショナリズムを強めるだろう。また多国籍企業は、国境が隔てる格差（為替レートや安い賃金など）から利益を得るために国境を越えているのであって、国境を廃止しようとしているのではない。そしてマスメディアの発達や地域コミュニティの崩壊は、具体的な地方のアイデンティティを弱め、代わりに抽象的なナショナリズムを強めるはずである。

日本は「アジア」か

質問は主に、こうした追加した論点や、日本が「アジアの一員」としてどうふるまうのかに集まった。私の回答はこんな具合だった。

日本の政治家が「アジアの一員」などと主張するのは、もっぱらアメリカに反発を感じたときだ。日米経済摩擦が激化したとき、『NOと言える日本』を出版した石原慎太郎が、続編として『NOと言えるアジア』をマレーシアのマハティール首相と共著で出したことなどは、一つの典型である。こうした政治家や知識人のなかには、ろくにアジア諸国のことなど知らない人もいる。要するに、じつは欧米との関係がまず先にあり、それが悪化したときに、対抗軸として「アジアの一員」などと言いだすにすぎない。しかも日本の政治家が「アジアの一員」と言うときには、日本がアジアのリーダーとして意識されているであろう、と。

しかし、こうしたやりとりはあったものの、この講演はやや不成功だった。力が入りすぎて時間が長引き、二時間近くになってしまったのである。聴衆が集中できる時間は、いいところ一時間から一時間半。もう少しポイントをしぼって内容を削ればよかったと反省。おまけに、ナンディー氏などとゆっくり話す時間もとれなかった。今後の教訓にしようと思いつつ、CSDSを去る。

インドのバレンタインデー

ラジブ邸で夕食後、外がなんとなくにぎやかなので聞いてみると、バレンタインデーのパーティらしい。そういえば、今日は二月十四日である。インドのバレンタインデーというのに興味をひかれたので、「見物に行ってくる」と言って外出すると、コックのラジューと兄のアンカール（最近ビューラの欠員に雇われた）が一緒についてくる。彼らはラジブ邸のカギを持っていないから、夜間は外出できない。カギを持っている私と一緒なら、それが可能なのだ。

三人で歩いてゆくと、電飾をほどこした野外会場で、ダンスパーティが開かれていた。のぞいてみようと思ったが、門番がいて、会員制だからダメだという。隙間からのぞいてみたら、中産層らしいおしゃれな男女が踊っていた。

ついでにディフェンス・コロニーのマーケットのほうも回ると、ハンバーガーショップに若者がたむろしている。以前も述べたように、ハンバーガーはアメリカン・ライフスタイルのシンボルで、インドでは高級食品である。ファンシー・ショップでは、一枚数十ルピーもするバレンタイン・カードが売られていた。ラジューとアンカールは、外出にうきうきし、まわりを見渡しながらカタコトの英語で「サンキュー」を連発する（お礼を言っているわけではなく、一種のかけ声に近いらしい）。

ひとまわりして帰宅したあと、ラジブ夫妻に「ベナレスはどうだった」と聞かれる。まだベナレスのことを話す時間がなかったのだ。ボート屋に招かれた話などをすると、プニマ夫人から「あなたが若く見えるから、そういう普通の人たちが、気楽に何でも話すのよ」と言われた。そんなものかとも思ったが、それ以上に、私が男か女かもよくわからないような、「変な外国人」だったことも一役買っていると思う。

「変な外国人」の浸透力

なんでもプニマ夫人の親戚は、ベナレスのゴールデン・テンプルの僧だったそうで、彼女はもちろん最上層カーストの出身だ。そしてインド社会では、プニマ夫人のような上層カーストの人が、下層カーストのボート屋家庭に招かれ、気楽に話し合うようなことはむずかしい。しかしおそらく日本でも、中卒者と東大出が気楽に話す状態になるのはむずかしいだろう。どこの社会でも、人間は「上層と下層」とか、「男と女」とかといった固定された位置というものを持っていて、それによって分断されている。ラジューやアンカールだって、雇い主のラジブ夫妻には近づきにくいだろう。

キッチンのラジュー（左）とアンカール

だが、既存の社会の枠組みに当てはまらない「変な外国人」を前にしたとき、人はその固定された位置から開放されるのではないか。「上層カーストの人」を前にすれば、自分は「下層カーストの人」としてふるまわなければならなくなる。しかし、「どのカーストでもなさそうな外国人」を前にすれば、そうした「下層カースト」の衣を脱いで、自由にふるまうことができるだろう。どこにも所属しておらず、しがらみを持たない外国人の前では、多くの人が社会的位置を離れて、自分の身の上を話したりする。

「男か女かわからない」という外見も、似たようなものだろう。もし私が「インドの男らしさ」の基準にしたがって、ヒゲを生やしてたくましい外見をしていたら、女性たちはおもしろがって私の髪を結ったりしなかったろう。「男らしい男」を前にすれば、必然的に「女らしく」振舞わねばならないという圧力が、女性には無言のうちにかかってくる。一九八〇年代に、日本の若い女性の間で同性愛男性が人気だったことがあるが、これも「男らしくない男」「男か女かわからない人間」を前にすることによって、「女らしくあらねば」という圧力から逃れたいという願望の現われだったのではないかと思う。

しょせん私はこの国では、最終的には社会の一員にはなれない「変な外国人」だ。しかし、社会の一員として固定されていないからこそ、社会のなかを浮遊し、浸透してゆく力を持っているのかもしれないと思ってもみるのである。

二月十五日（火）　晴　小学校へ

今日は朝から学校見学だ。タンカ氏に、インドの初等教育の状況を見学したいと言ったら、デリー市内の教育センターを紹介してくれたのである。

教育センターに行くと、タンカ氏が紹介してくれたスジャータ女史は、小学校の教員を集めた部屋で、教育方法の講義をしていた。子供に英語を教えるための、歌や踊りを交えた教育方法について、研修会をやっていたのである。

「日本からきた歴史の客員教授です」と紹介され、名前を述べたあと、「ちょっとお聞きします。男性教員と女性教員の席をあらかじめ分けたのですか」と言ってみた。研修に集まった約五十人ほどの先生たちは、みごとに部屋の右側に男性、左側に女性と分かれていたのである（女性が約六割）。「いいえ、そんなことありませんよ」とスジャータ氏は述べ、集まった教師たちはどっと笑った。

インド社会では、男性の領域と女性の領域を分けるのがしきたりで、食事も一緒にしない慣習もけっこう根強い。教師のような知識人層は、そういう慣習を乗り越えて男女平等を実行しているつもりになっているのだが、ついなんとなく席の坐り方が男女別になってしまっていたのである。

スジャータさんたち講師は、「ABCの歌」などのインド・バージョン（ゾウやサルが登場する）を身振り手振りつきで歌って、教師たちに「こうやって子供に関心を持たせるんですよ」と講義している。誰か伴奏のためにタンバリンをたたいてくれないかというので、私が立ちあがって、一緒に歌い踊りながら叩いた。今日はこのなかの誰かの教師の学校を見学することになっているので、「愉快な人だ」と思われたほうがよい。男性教師は恥ずかしいのか、あまり歌や踊りの輪には加わらない。「誰か即興の歌をどうぞ」という声に応じて、一人の若い男性教師が魚の歌を即興で歌っていたのが唯一だった。

「普通の学校」が見たい

講義の途中で、スジャータ氏は私を連れて抜けだし、センターの理事長室で学校見学と写真撮影の許可をもらった。私は、「普通の学校が見たいんですけど」と強調する。インドでは公立学校の教育施設状況が悪いため、外国人には特別に設備の整った場所しか見せてくれないことがあると聞いていたのである。スジャータ氏は、「だいじょうぶ、普通の学校を見れますよ。見本品の学校ではなくてね」と言い、案内の教師を紹介した。なんと、さきほど魚の歌を即興で歌った若い男性教師である。

しかしこの教師は、スジャータ氏にむかって、地区の教育長に許可を得なければならないなどと述べ、少々不安げだ。少し悪い予感がしたが、とりあえず彼らの相談がまとまり、センターを出て学校にむけ歩き出した。

　その若い教師はアタルと名乗り、道みちいろいろ話しかけてくる。彼は観光地として有名なカジュラーホー近郊の出身で、「インドに来たら、あそこのお寺をみなきゃ。一緒に行けば、俺が案内してやるよ」などとさかんに言う。

アメリカナイズされた若い教師

　私のほうは、彼の服装に注目した。教師なんてものはどこの国も地味な服装の人が多いが、このアタル氏はサングラスをかけ、ストライプのシャツに派手なネクタイという、典型的なアメリカナイズされたインドの若者の服装。まだ二十三歳で、教師になったのは去年の夏、田舎からデリーに出てきたばかりという新米である。こちらの年齢を聞くので答えたら、「冗談だろう。二十二歳くらいにみえるぜ」という、インドではいつもの反応。スジャータ氏も、「今日は大学の先生が来るっていうから、どんな人かと思っていたら、こんなに若くて長髪なんて」と言っていたが、もう慣れることにした。

　ここを見学するという学校に到着すると、入口に「モデル小学校」という看板。やはりモデル校見学に切り替わったかと思ったが、とりあえず黙っている。

モデル校見学

　校長先生（女性だった）の部屋に案内され、チャイをいただきながら、デリーの教育状況を聞く。年配の校長は、英語がやや苦手らしく、アタル氏がおもに説明した。就学率はほぼ一〇〇パーセント、教師一人あたりの生徒数は四十から五十人、卒業率は八〇パーセントだという。ティワーリー氏が活動しているウッタル・プラデーシュ州の農村地帯の状況は、小学校の卒業率は三パーセント、識字率は三〇パーセント（インド平均の識字率は五〇パーセント前後）だったがと言うと、アタル氏は「あそこは貧しい地帯だが、デリーは首都だからな」と返答する。

さらに、「ちょっとお聞きしたいんですが、あなたの給料はどのくらいですか」と言うと、アタル氏は「何が聞きたいんだ」と気色ばんだ。外国人の見学ということで、多少警戒しているようだ。教師の平均待遇が知りたいだけだと言うと、新米のアタル氏が月収一万ルピー、ベテラン教員は二万から三万ルピー、ここの女性校長は七万ルピーだと答えた（あとでプニマ夫人に聞いたら、「それはたぶんウソよ。新米教師なら五千ルピーがいいところね」と言っていた）。

校長室の壁には、マハトマ・ガンディーやインディラ・ガンディー、タゴールといったインドの英雄たちの肖像画。それに混じって、サラスヴァティ女神の絵があった。先日のベナレスの祭りでガンジスに流されていた、教育と音楽の女神である。これは何かと聞くと、「学問の神様だ。小学校にはたくさんある」という返事。「しかし、これはヒンドゥーの神様だ。イスラム教徒の生徒もいるはずじゃないのか」と言うと、「インドの神様だ。どこの学校にもある」と言う。この調子で無意識のうちにヒンドゥー教が教育に混じるのは、よくあることなのだろうか。

モデル学校の生徒たち

一通りの質問を終えて、教室を案内される。三年生のヒンディー語の授業だ。担当教師と私たち一行がやってくると、三十四人の生徒がみんないっせいに立ちあがり、直立不動で最敬礼。みんなきれいな制服を着ている。生徒はコンクリートの床に直接すわり、机や椅子はないが、きれいな教室にきれいな黒板、壁には子供たちの書いた絵やデリー近辺の地図。さすがモデル学校だけのことはある。教師は「あなたの国はどこ」「首相はだれ」と聞き、生徒たちが「インド」「パジパイ首相」と答える。「国語」の授業に社会教育も兼ねた内容だ。

激しい反応

少し写真を撮らせてもらったあと、何か生徒たちに聞きたいことはないかと言われる。「学校は楽しいかい」とか「インドは好きかい」といった質問（回答は当然「イエス」だった）のあと、「読み書きはできるかい」と聞いてみた。すると教師たちの表情が変わり、「子供たちのノートを見せてやる。みんな、彼にノートを見せろ」と号令がかかって、「ほら、これがヒンディー文字だ。こんな長文も書いているぞ」とつぎつぎにノートを見させられた。先進国の人間に、「インドは識字率が低い」と思われるのが、がまんならないのだろうか。気持はわからないでもないが、こう懸命になられては、逆効果というものである。

教師に質問

この教室を辞し、つぎは教員たちのセミナールームに行く。モデル学校なので、付近の教師が研修に集まっていたらしい。ここでも「何か聞きたいことはないか」と言われる。さっきの「読み書き」質問の反応が激しかったので、どういう質問をするか迷ったが、「勤続年数はどのくらいですか」と聞いてみた。ティワーリー氏の活動地区では、教員の給料が安く、教師が転職してしまう傾向が強い。いっせいに「二十年」とか「二十五年」とかいう声があがり、「インドでは教員のステイタスは高いんだ。転職などしない」と説明される。

つぎには、「お子さんはどんな学校に通っていますか」と聞いてみる。インドは公立学校の状況が悪いので、中産層以上は私立のパブリック・スクールに子供を越境入学させてしまう傾向がある。全国的には就学率が上がっていないのに、中産層以上では受験戦争はもちろん、「お受験」に近い現象まであるらしい。これは、とくにデリーのような大都市に顕著な状況だ。教師たちの返答は、「パブリック・スクールにやってます」というものが大半だった。公立学校の教師が、子供を私立に通わせてしまうのが、現在におけるインドの教育状況の一端である。

やや官僚的な対応

そのあと校庭やナースリー過程（小学校入学前の準備段階）、さらには図工室などをみせてもらったが、設備はとても新しく、整っている。校長室にもどり、「これは平均的な学校なのか」と聞くと、アタル氏は「デリーの学校はどこも同じだ」と言う。それでは、あなたが勤務している学校に連れていってくれないかと言うと、「遠いからやめた方がいい。ここと同じだよ」という返事。さらに頼みこんでみると、上司と相談すると言って彼は席を少しはずした。

するとと残った女性校長が、私に話しかける。「ここはモデル学校だから、あなたは写真も撮れるのよ。平均的な学校はこうじゃないわ」。ここの生徒も、制服と教科書はデリー政府の支給だが、親たちの平均月収は低く、リクシャーの運転手とか小商店主などが大部分、母親も働いている家庭が多数派だそうだ。ベナレスでボート屋の家庭を訪ね、五メートル四方に十七人家族が寝ていたと述べると、ここの生徒も状況は似たようなものだと言う。

態度が変わる

しばらくすると、アタル氏がもどってきた。二階にこの地区の教育次長がいるので、会って許可をもらうようにと言う。次長室に行くと、偉そうな人が坐っている。しばらくいろいろやりとりしたが、最終的にはわりにあっさり許可が出た。

モデル学校を出て、アタル氏に、「では、あなたが教えている学校に案内してくれ」と言う。許可が出たので、彼も「もちろんいいよ」と即答。「さっき遠いと言ってたけど」と言うと、「ほんの五キロだ。オートリクシャーならすぐだよ」と言う。

「日本に行きたい」

リクシャーを拾って学校にむかうと、さっきまで硬い表情でモデル学校を案内していたアタルが、車内でいろいろ話しかけてくる。「俺の故郷に行かないか。一緒に行って案内してやるよ」「日本の電気製品はいいよな。何か持っていないか。そのカメラをくれないか」「インドは好きか。

インドの女の子はどうだい」「日本の女の子を紹介してくれよ。俺はまだ独身なんだ。日本の女の子と結婚して日本に行きたいんだ」などなど。例によって私が若く見えるので気安くしているのだろうが、いったん許可が出たとなると、さっきまでの官僚的な対応とは打って変わって、いきなり普通のインドの若者になってしまった。

「日本に行って、どんな仕事をしたいんだい」と聞くと、「俺は大学で、科学を専攻して卒業したんだ。どんな仕事だって見つかるさ」と言う。学位を得てキャリアを積んでゆくアメリカ式システムで発想している彼らには、日本では学位が役に立たず、日本の有名大学を卒業した新卒者でないと大会社には入れないという事情がわからない。そうしたことを話してもしかたがないので、「へえ、大学出なのか。すごいな」と言うと、ニコニコする。

郊外の住宅工事風景

持物自慢

「俺の自宅は学校のすぐ近くだから、近所で昼飯を食べて行かないか」と言うので、賛成すると、オートリクシャーはデリー郊外で止まった。自転車式に引く人力リクシャーに乗り換えて、細い道を行く。デリーも少し郊外に出ると、まったくの農村風景だ。ただ普通の農村とちがうのは、そこらじゅうで住宅建築が盛んなこと。デリーの膨張がここにも及んでいるのである。

アタルのアパートの前で降りると、新興の五階建てくらいのアパート群。彼の部屋を見せてもらおうかとも思ったが、昼間は管理人がカギをもっていて入れないというので、彼の行きつけの屋台に直行。道みちまたいろいろ聞いてくる。「結婚しているのか」「収入はどのくらいだ」というお決まりの質問に続き、「携帯電話は持っているか」と言う。携帯はもちろん、テレビも自動車も持っていないと回答すると、「俺は携帯も持ってるし、テレビも冷蔵庫もあるぜ。自動車だ

屋台でおごられる

って持ってるんだ」と得意げ。「インドの女の子とつきあったかい。奥さんには黙っていればいいさ。日本の女の子の写真を送ってくれよ」といった話題が延々と続く。

屋台に着くと、「俺のおごりだ」と言う。独身なので、いつもこの屋台で食事するそうだ。このあたりは観光客などやってこないゾーンなので、屋台のおじさんや馴染み客はけげんな表情。アタルが私を指さし、「こいつ、俺の友達なんだ。一皿いいやつを出してくれよ」と言う。さっきまでの官僚的な対応がウソのよう。彼の友人たちに職業も訪ねてみたが、この近辺からデリー中心部に通い、小工場や商店に勤めているらしい。デリー郊外のロウアー・ミドルクラスの若者たちである。

屋台でカレーをぱくつくアタルは、サングラスもはずし、もうすっかり田舎出のアンちゃん。写真をとらせてくれと言うと、急いでサングラスをかけ直そうとする。「そのままでいいよ。日本の女の子に写真で紹介するとき、君のハンサムな素顔が見えたほうがいいさ」と言うと、ニッコリ笑ってポーズをとる。私もカレーを食べたが、いくらだと聞くと、二人で五十ルピー。「デリー大学の屋台は一人前六ルピーだぞと言うと、「このあたりは物価が高いからな」と言う。郊外の新興地区のほうが物価が高いというのはどこの都市でもみられる現象だが、私の普段の食事も安すぎるのだ。

おごってもらった食事とアタルの足

彼のアパートにもどると、門前では結婚式の準備。女装した男性であるヒジュラが集まり、賑わいを見せている。のぞきにゆくと、ヒジュラが私の腕をつかんで「音楽を聞いて行きなさいよ」と離さない。もう学校に見学に行かなければならないので、ちょっと残念だが自転車リクシャーに乗って学校にむかう。

リクシャーに二人で乗りながら、アタルは「日本の教師の待遇はどうなんだい」と聞く。月収は二十万円から三十万円だが、物価は「サモサ一個二ドル」だし、アパートはとても高くてワンルームが普通だと言うと、「俺のアパートは二部屋にバスルーム付きだ」とやや自慢げな表情をした。

しかし「子供は好きかい」「教師の仕事はいいかい」と聞くと、最初は「ああ、まあね」と答えていたが、そのうち「本当をいえば、今の職業は仮のものさ。俺はまだ若いし、海軍の将校に応募しているんだ。将校になれば月収二万ルピーは確実だ」と言う。彼の場合、大学出というのは小学校教師の学歴としては高いし、しかも科学専攻だから、今の職業より上を狙いたいのは無理もない。大学出が応募できる予備士官制度があるのだろう。ティワーリー氏のいう、「せっかく教育を受けた若者が、村の教師ではなく軍隊に行ってしまう」という現象は、デリーでもそう変わらないのだ。

ヒジュラたち

学校に到着する。校庭を囲んで、それぞれ三つくらいの教室をもつ平屋の棟が三つ建っていた。見学させてもらうと、教室や設備はモデル学校よりはやや汚く、生徒の制服もないが、なかなか立派な感じ。教師にやる気があれば、教育は立派にできるだろう。教師も子供たちもまじめそう。校長先生が、「これが図書の入っている棚です」と言って開けてくれたとき、ネズミが飛び出してきたのにはちょっと驚いたが。

通常の小学校

学校の規模は、教師九人にたいし生徒三百五十人。ただし出席者は三百人くらいで、地区内には未登録児童が五十人くらいいるという。働かなければならない子供も多いので、授業は午前と午後の二シフト体制。さすが首都だけあって、状況はそう悪くない。校長をはじめ、教師はみたところぜんぶ男性。アタルはいちばん若い新米で、唯一の独身者だ（あとで聞いた話では、小学校教師は女性が多いそうで、全員男性というのは珍しいようだ）。

教師の権威低下

教員室に案内されると、各種の教育ポスターやヒンドゥー神のカレンダー、そしてガンディーやボースの肖像画が貼ってある。校長や教師たちは、日本のことや、インドの学校の感想を聞いてくる。設備はいまの日本のほうがよいが、生徒にたいする教師の権威はインドのほうがはるかに高いようだと述べると、校長先生は満足そうにうなずいた。しかしアタルに聞くと、デリーでもだんだん生徒の態度が悪くなっているという。近代化とともに教師の権威が低下するのは、どこでも共通の現象だ。

性教育について質問

アタルは教員室でも、「日本の性教育はどうなんだい」とか聞いてくる。インドの性教育は人口増加防止目的の避妊教育が中心で、ハイスクールの十一年生からだから、人口のせいぜい三〇パーセントくらいしか普及していない。日本では衛生知識教育が中心だと答えると、アタルは「いや、それは公式の性教育だろ。実際的なほうを聞いているんだよ」と言う。教員室の面々は大笑い。女性のいない職場だから、この調子なのだろう。

「実際的な性教育」など、答えようもない。とりあえず、日本ではマスメディアの性規制がインドよりゆるいので、たいていはメディアから情報を得ているだろうと答える。アタルはそれにたいし、「インドの男は精力絶倫だから、日本の女の子なんて一度に百人くらいは軽いぜ。日本の女の子の写真を五十人分くらい送ってくれれば、そのなかから選びたいな。ウエスト六〇センチ、バスト九〇センチ、身長一六五センチくらいの女がいいね」といった内容を絶え間なく話す。教員室は笑いの渦だ。

こういう話題のなかで、チャイや簡易タバコが出され、はては酒を飲むかとまで聞いてくる。せいいっぱい歓待してくれているのはわかるが、いくらなんでも学校の教員室で酒の接待は遠慮した。公式ルートで接触していると固い感じの愛国教師だが、いったん打ち解けると気さくさ丸出しというのは対照的だが、両方あわせてインドの実像なのだろう。

性意識のドキュメンタリー

見学を終えると、アタルが「ぜったいに日本の女の子の写真を送れよ」と言って住所を教えてくれる。彼が拾ってくれたリクシャーで、ラジブ邸にいったん帰宅。すぐにインド・センターに行く。今夜はここで、南アジア諸国の「男性らしさ」についてのドキュメンタリーを見る予定なのだ。

会場に行くと、じつにきれいで巨大なセンター。先日舞踊などを見たインド国際センターよりも大きい。センター内や中庭にいる人は、一目で上層階級の知識層とわかる人たちばかり。先日、デリー大学のラジブ講師が、「日本のいいところは、外見や名前、言葉使いで階層がわからないところです。インドではすぐわかってしまう」と述べていたことを思い出す。映画はもう始まるところで、ホール内で小川氏夫人の藤岡氏が待っていた。

映画の一本目は、パキスタンの女性に、男性についてインタビューした声を集めたもの。上層から下層、知識人から農村女性まで、各層からの意見を聞いている。「男と女は平等と思うか」「男女に能力差はあるか」といった質問にたいし、「平等だ」とか、「でもやっぱり力の差が」とか、いろいろな意見が出る。

好みの男性のタイプ

おもしろいと思ったのは、「どんな男に魅力を感じるか」という質問。下層女性だけでなく、それまで男女平等を説いていた知識人女性でも、「やっぱり背が高くて逞しくないと」とか「ヒゲがあったほうがいいわ」などと述べていたのには、私も観客も笑った。もちろん、知識人女性のなかには「外見は問題じゃないわ。性格よ」とか「ダスティン・ホフマンがタイプね」とか述べている人もいたが、インドやパキスタンのマッチョ志向趣味は根強いものがある。アメリカ志向の若者にはヒゲを剃っている者もいるが、ほとんどの男はヒゲ面なのは、こうした女性の好みもあるのだろう。細身でヒゲのない私などが、出る幕ではない。

若者の女性観

二本目の映画が、けっこう面白かった。ラーフル・ロイ監督の『四人が集まれば』という映画で、デリーの若者四人の性的話題を編集したものである。四人はリクシャーの運転手や、家内工場で金属パーツを削っている労働者などで、月収は五千ルピー前後ぐらい。みな高校中退で、階層は下の上といった人びとだろう。この連中が、「どんな女が好きか」とか、「結婚したら妻が仕事に出ることを許すか」などという質問にじつに気さくに答える。よほど監督が四人と対等に接触したのでなければ、こうはゆくまい。

音楽でにぎわう結婚式

答えは予想できるように、「女房が働くなんていやだね」「女はこうじゃなくちゃ」といった調子。ただしそうした回答をする四人の表情の撮り方や編集がじつにうまく、監督の力量を感じさせる。あとで聞いたら、二年がかりくらいの企画だったそうだ。

回答でおもしろかったのは、「どうやって女の子とつきあっているか」という質問。結婚を親が決めたり、独身の男女が一緒に歩くのははばかられるという傾向は、大学構内などは別として一般にはまだ根強い。そこでお使いなど適当な口実で家を抜け出すというのは日本でもありそうな話だが、デリーに住んでいる彼らは、市内の遺跡で待合せしたりするそうだ。

考えてみれば、デリーには日本のような喫茶店はない。せいぜい、インド国際センターの喫茶室のような、入れる人が限られた高級クラブがあるぐらいである。人びとの交際は、お互いの自宅を訪ねる形態が中心で、労働者向けの屋台はともかく、まともな外食はまだ贅沢に属する。近代化で揺らぎ始めているとはいえ、家族や地域のコミュニティがまだ社会関係の中心なので、都会で「個人」が集まるようなパブリック・スペースはそう多くないのではなかろうか。日本の地方でも、コンビニの周辺しか若者がたむろする場がなかったりするし、「お寺で逢引」は古典的だが、デリーのような大都会でも遺跡が交際スペースだったりするのが興味深い。

労働者たちの夢

さらに興味をそそられたのが、「君の夢は」という質問。親方にしかられたり、リクシャーのお客に文句をいわれたりしながら、仕事に明け暮れている彼らの「夢」である。返ってきた回答は、一つが「テレビが欲しいね。あとビデオと車」というもの。そしてもう一つが、「ヒマラヤで瞑想したい」というものだった。ここにも、グローバリゼーションのなかで「テレビ」と「宗教」のペアが存在する。

もう一ついえば、彼らの破れた夢。一人は、「警官になりたかった。街で警官は人びとを殴るだろ。みんなが警官を恐れているのをみて、なりたいと思ったのさ」と答えた。暴力が、暴力を行使する側になりたいという希望を抱かせる構造。そして警官は、彼らにとって憧れの「公務員」でもある。彼の親も登場し、「とにかく教育をつけてやりたいと思ったんだが」と述べていた。インド社会での上昇志向は、このような屈折したかたちで存在している。そしてこうした上昇志向を社会的に達成することに失敗したとき、「テレビが欲しい」「瞑想してこの社会の圧力から逃れたい」という願望が、同時に生まれてくるのではないかという気がした。
この映画は、観客に大受け。上映後には監督がステージに現われ、出演の四人を紹介すると、万雷の拍手。階層差の大きいインド社会で、知識人である映画監督がここまで下層民衆の声を画面に構成しえたということが、画期的だったのだろう。

階層差がひと目でわかる

ステージに引っ張り出された四人の若者と、観客の対照も興味深かった。一目見ただけで、明らかに階層も教育程度もちがうことが、顔つきや服装でうかがわれてしまうのである。観客たちは、流暢な英語で「たいへん興味深い」とか「どうやって民衆の声を分かちあうか」などと質問するが、高校中退の革ジャン四人組は英語がわからず、監督に質問を通訳してもらっていた。

インドのドキュメンタリー事情

映画のあと藤岡氏が、日本に長くいたという人類学者のサンジャイ・アナンド氏と、その夫人の竹内かおり氏をひきあわせてくれる。映画の感想を聞かれたので、映画もよかったが観客と四人組の関係が興味深かったと言うと、「それが今のインドだよ」と言われる。サンジャイ氏の話では、インドではまだ性的なテーマを公的に論じるべきではないという圧力が強いうえ、ドキュメンタリーはいわゆる「社会派」のみという印象が強いので、「普通の人間が性的な話題を語っているだけのドキュメンタリー」が、観客には新鮮だったはずだという。
その後四人で夕食をとりながら、サンジャイ氏から「日本のポストモダン系の研究で、おもしろい本を教えてほしい。ただし、欧米の研究の紹介とか物真似じゃなくて、日本の状況に向かいあって展開しているものを」と言われる。こう言われてしまうと、意外に紹介するのに適当な本は多くない。何冊か思い浮かべて教えたが、いささか複雑な気分になった。

二月十六日（水）　うす曇　楽器屋めぐり

大学での講義の日。朝から明治初期の産業開発政策について概説する。経済史は私の専門ではないが、インド側が関心をもつテーマであることがわかっていたからだ。

明治の経済状態

明治初期の経済状態は、ほんとうにひどいものだった。各地の藩札が乱発されてすごいインフレ、生糸と茶ぐらいしか輸出する産物はなく、欧米人商人が日本の輸出入貿易を独占し、一部の鉱山の権利は欧米人商人に譲渡されていた。函館あたりの土地などは、九十九年間租借する契約を結んでしまっていたほどで、そのまま放置しておけば香港と同じになっていたはずである。こうした植民地化の危機から、どのように明治政府が経済開発を進め、経済的独立を達成していったかの話である。植民地化されたインド人にとっては、聞き逃せない話だ。

なぜ日本が開発に成功したか

結論からいえば、理由としてあげたのは大きく二つ。まず中央政府の強力な指導で、強引な貨幣統一や産業化政策を行なった。三菱など一部の商人を政府が援護して、公用船を払い下げたりして外国人商人と対抗させたりもしている。

そして第二には、先進諸国との技術ギャップが、まだ大きくなかったこと。明治政府は欧米の最新技術を導入して富岡製糸工場などをつくったが、それじたいとしては採算がとれたか疑問だった。戦後に独立した途上国もよく似た経験をしたが、先進国から機械類を輸入して最新工場を建てても、設備コストが高すぎて赤字となってしまうことが多いのである。ところが、富岡で働いた工員などが全国に散り、富岡を模倣して工場を建てていった。もちろん最新型の機械を揃えた富岡とまったく同じ工場をつくったのではなく、たとえば蒸気釜を地元のツボ職人がつくったりしている。こうした工場は不完全だがコストは安く、これらが輸出産業の中心になっていったのである。そしてとにかく不完全であっても、村の職人が見様見真似でつくれたということは、それだけ技術ギャップが小さかったということだ。

しかし、こうした産業開発は問題も残した。一つは、政府の指導や規制が多すぎる経済体制を残したこと。また、政府に援護された一部の大企業と、政府との癒着をもたらした影響も見逃せない。また輸出産業を支えたのが、いわゆる「女工哀史」という言葉に象徴される低賃金労働だったことはいうまでもない。こうした諸問題は、そのまま戦後日本の経済体制の問題にまで引き継がれているのである。

こうした産業開発のやり方を、インドが模倣できるかは疑問である。ツボ職人が蒸気釜をつくってもいちおう工場は動いたが、同じことをコンピュータ工場で行なうのは不可能だし、原子力発電所でそれをやったら大変である。くりかえしになるが、見様見真似でも村人がつくれるほど技術ギャップが小さかったのだ。今の途上国に、それは望めない。

日本は運がよかった?

以上のような説明をしたが、インド側の学生やスタッフは複雑な表情。「日本の政治家は、こうした政策をどこまで系統的に考えてやっていたのですか。それとも結果としてうまくいったのですか」と質問が出た。おそらく後者だろう、明治初期の大混乱の時期に、全部を見わたして将来を予測していた人がいたら、それは神に近い。要するに運がよかったといえるわけだが、それをいっては「日本は運がよかった、インドは悪かった」ということにしかならない。しかし、「日本の発展の奇跡」は、「日本民族が優秀だったから」ではなく、「運」も含めていろいろな要因が働いていたのである。

インド近代化論

その後、通訳の実習をしたあと、ハリーとアシュトシ、そしてラジブ講師とチャイを飲む。ラジブ氏は、「インドはまだまだ近代化が足りない。カースト制度とか、古い時代の悪いものがたくさん残っています。日本はいろいろ問題もあるでしょうが、とにかく近代化を成功させ、平等に近い社会をつくったのは評価すべきです」と言う。さらに彼は、「九一年の経済開放化政策いらい、インドは大きく変わりつつあります。私が学生だった時代は、社会主義的な政策がとられていて、たとえお金を持っていても物なんか自由に買えなかった。もっと近代化が進めば、もっと良くなるでしょう。今は過渡期なんです。日本が百年でなしとげたことを、インドは五十年でやりとげなければならない」と述べる。

それにたいし私は、「しかし、経済開放政策は貧富の格差も生みつつあります。デリーのファンシー・ショップでは、二千ルピーもするヌイグルミが売られていたりする。テレビは先進国とほとんど同じ消費物資のコマーシャルをどんどん流す。そうした商品を買える人がいる一方で、月収がヌイグルミ一個にも満たない人が大勢いる。経済自由化にとりのこされた人びとがヒンドゥー至上主義に近づいてゆけば、政治的不安定は避けられません」と述べる。しかしラジブ氏は、「それでも、全員が貧乏であるよりいい。金持になった人がお金を使えば、そのお金が貧しい人にも回り、結果として全体を引き上げます。もちろん私は、そんなヌイグルミなんか買いません。金持がステイタスとして見栄をはりたいから、そんな商品が出まわるんです。これもインドの人びとの意識がまだ変わっていないからです」と言う。

貧しいから政治に熱心?

どちらが正しいかなど、答えがない。ただ、インドが急速に変わりつつあることだけは、確かである。ラジブ氏はさらに続けて、「独立いらい、インドは政治ばかり優先されてきました。みんな貧しいから、政治に期待し、熱心になるんです。日本人はもう豊かだから、政治にみんな関心がない。インドは独立いらい何十年も政治優先の社会主義的な政策がとられてきて、もうみんな我慢できなくなった。私はガンディーとかネルーとか、『強いリーダー』というタイプの政治家も嫌いです。小学校でも講堂でも、どこに行ってもガンディーの肖像画があるのも、戦前の日本の御真影みたいなもので、インドの近代化が足りない一つの表われです」と述べた。

日本はすばらしいか

ラジブ氏の言うことも、正しいのだろう。彼は、「日本では街で歩いている人を見てもどんな身分かわからないし、年末には教授も学生もそろって大掃除をする。すばらしいことです。インドでは大学教授が職場の掃除をするなんてなかなかありません」と言う。しかし日本だって、一緒に大掃除をしたところで教授と学生が平等であるはずもないし、服装や外見で区別ができなくても、学歴や会社名による格差は厳然として残っている。何より、ここで私が「そうですね。インドも日本を見習って近代化してください」などと言えば、同じ言葉でもまったくちがう意味を持ってしまう。インドでどうふるまうべきか、いつも考えさせられる。

方々にあるガンディーの肖像

大学を出て、午後は楽器店に行く。先日物色した店はあまりよくなかったので、楽器店が固まってあるという通りに行った。十件くらいの小さな楽器店が、大通りに面して軒を並べている。売っている楽器はおもにインド楽器で、西洋風のギターやドラムはまだ比率がそう高くない。

あたりに並ぶ十件ほどの店をぜんぶ回ってみた。ラホールから印パ分裂のときに難民としてきた人びとの店、店主がシーク教徒で雇い人がヒンドゥーとイスラムで「うちはインドの縮図だよ」という店などいろいろあったが、似たような商品でも提示する条件や値段がぜんぶちがう。だいたい「観光客だな」と思われると、まずは土産物用の実用にならない楽器を、けっこうな値段で薦められる。日本のガイドブックに載った楽器店では、日本語で店名を書いてあるところさえあるほどだ。

こちらがあるていど英語が話せて、楽器の知識があることがわかると、相手も少しまともな楽器を見せはじめる。しかし似たような楽器でも、木材がローズウッドの高級品から、安物までさまざまある。おまけに、木材は季節によって収縮するから、伐採したあと何年か放置して、四季の気候に慣らさなければならない（「シーズニング」という）。いいかげんな店だと、シーズニングをしていない木でつくった楽器を売りつける。こういう楽器は、日本に持ち帰ってちがう気候のもとに置くと、木が収縮して楽器がバラバラになったりすることさえあるのだ。

全部の店を回ってみたあと、いちばん良心的そうな店で、いくつか楽器を買うことにした。すでに七十年ほど続いている店で、本店はオールドデリーにあるが、若い息子が人の集まる地域に支店をまかされているのである。まだ二十二歳という店主はイスラム教徒で、長髪で楽器にくわしい私をみて「あんたミュージシャンだろ」と言い、「俺はミュージシャンによい楽器を安く提供するのが仕事なんだ。うちは工場を直営しているし、ほかの店みたいにショーケースを派手にしたりしていないから、いい楽器を安く売れるんだ」と言う。こういう言葉は話半分に聞いておいたほうがよいことも多いが、観光客ずれしている他の店にくらべ、若くて店主になったばかりの彼は、楽器の説明にも熱心だったのである。

この日に買ったのは、まず小型のハルモニウム。みやげ物ではなくバンドで使うつもりなので、大きいのは日本に帰ってから持ち運びに不便なのである。つぎにスワール・プーラなる楽器を注文した。

このスワール・プーラは古典楽器ではなく、最近できたアイディア楽器の一種である。インド古典楽器には、アンサンブルの低音にあたるタンプーラというシタールのお化けみたいな楽器や、スワール・マンダルというハープなどがある。スワール・プーラはその二つをいわば合体させてしまった楽器で、箱型の胴体にベース弦とハープ弦が両方張ってあるのだ。持ち運びに便利で、低音と高音の双方が出せ、なにより音がよくて弾きやすい。

以前にも書いたが、インドにはこうしたアイディア楽器がたくさんある。一つには、大量生産ではなく職人が一本ずつつくっているため、お客の注文や職人の気まぐれで変わった楽器を簡単につくれるからだ。こういうアイディア楽器は、奏法も決まったものがないから、こちらが自由に弾いてよいのも魅力である。ハルモニウムにしても、西洋の影響を受けた鍵盤楽器なので、演奏するのは簡単だ。へたに古典楽器を買うと、弾くのが難しくて、結局は部屋の飾り物になってしまったりする。「古典」や「伝統」の買いあさりをして、飾り物にしてしまうよりは、使える楽器とお付きあいするほうが好きである。

楽器屋と店長

楽器を注文して、後日届けてもらうことを約束したあと、国際交流基金事務所にむかう。音楽好きの佐藤氏が私の楽器選びの話を聞いて、一緒に有名な楽器屋に行こうという。なんでも、ビートルズのメンバーがシタールを買ったとかいう店だそうだ。おもしろそうなので、夜になってから同行する。

店は「デリーの銀座」コンノート・プレイスの近くにあった。小さな店だが、驚くほど高級そうな楽器がつぎつぎに出てくる。「一生物の楽器だよ」と言って見せてくれたローズウッド一本取りのシタールなど、鳴らすだけで陶酔しそうなよい音だ。値段はやや高くて一万八千ルピー。日本円に直せば五万円くらいだが、例の「現地感覚」では百万円以上である。ふつうシタールは、上手に選べば十分に実用に耐えるものが二千ルピーくらいで買える。いささか恐れ多すぎて、以後は見学に徹させてもらう。

おもしろかったのは、ここが改良楽器やアイディア楽器の宝庫だったこと。シタールにギターの糸巻きを取りつけて調弦しやすくすることから始まって、バンジョーのような共鳴皮を張ってサロードの音を出せるようにしたシタールとか、ハワイアンのスティールギターとシタールをミックスさせたような楽器などを、どんどん見せてくれる。しかもそれが、どれも素晴らしい音と仕上げであるところがすごい。欧米やインドの一流ミュージシャンご用達の店であることもうなずける。すっかり感心させてもらって、その日は引き上げた。

帰宅してラジブ邸で夕食をとり、ラジブ夫妻およびゴタム氏と歓談。学校見学のことを聞かれ、教師が性的な話をしていたことや、許可前と許可後で態度がちがったことなどを話す。プニマ夫人は「恥ずかしい話だわ。それがインドの平均的な姿だと思ってほしくない」と述べ、ラジブ氏は「それはインドを理解する上で重要な点だ」と言う。

ラジブ氏によれば、現在のインドではまだ社会の目が厳しく男女交際が自由でないので、パートナーを得られない若い男性の間には不満が鬱積しているという。グローバリゼーションが進み欲望はあおられながら、社会の枠組みの変化がそれに追いついていないというギャップが、その根底には存在する。一人の人間の行動は、社会全体の動向の現われでもあるのである。

第十章　ビジネス都市バンガロール

二月十七日（木）　晴　清潔都市

今日は夕方の飛行機で、インド南部のバンガロールで開かれる国際会議にむかう日。この国際会議は国際交流基金の後援で、アジアにおける新しい社会科学の可能性を探るため、アジア各国から知識人を招いて行なわれるもの。ほんらい日本から参加する学者は別にいて、小川氏がプロジェクト視察のために行く予定だったのだが、彼が別の用事で行けなくなったので、私が飛び入りで報告者を兼ねて派遣されることになったものだ。

夕方からデリーの空港で飛行機に乗った。バンガロールは「インドのシリコンバレー」とよばれるビジネス都市で、飛行機のお客はほとんどビジネスマン。私の隣はヒューレット・パッカード社のインド社員で、その隣のインド人も東芝のノートパソコンを広げていた。

インドのシリコンバレー

バンガロールに到着すると、空港がとてもきれい。出口には国際交流基金が予約した旅行会社のタクシーと、国際会議の主催者である社会文化センターが派遣した車の両方が待っていた。ぜいたくな話だが、センター側の車に案内してもらい、旅行会社のタクシーに搭乗。

同乗した旅行会社の社員はラナジットと名乗り、日本語を話す。どこで勉強したのかと聞いたら、デリー大学の日本研究科だという。日本研究科を卒業して旅行会社に勤めている人は少なくないらしいが、彼もそうした者の一人である。デリー生まれだが独身のままバンガロールの会社に就職し、現在はおもに現地のトヨタ支社にやってくる本社の人間の接待を請け負っているそうだ。

牛と物乞いがいない

バンガロールは、かつてマイソール藩王国が栄えた古都。インド南部のカルナータカ州の州都で人口五百万の大都市なのだが、ビジネス都市なので観光客は少ない。道を走っていても、中心街はヨーロッパの街並みとあまり変わらず、牛や犬や物乞いはほとんどいない。デリーやベナレスに慣れた目には、やたらとクリーンにみえる。寒暖の差が激しいデリーでは、夏の摂氏四五度から冬の一〇度前後まで気温が上下するが、ここバンガロールは年間を通して二〇度から三〇度台で安定しているそうだ。町には緑が多く、公園都市という形容もあるという。

タクシーに乗っていると、つくづくバンガロールは清潔な町だと思わされる。同じ国際会議にカルカッタから到着したパルタ・チャタジー氏（先日お会いしたサバルタン・スタディーズの大御所）は、「最初着いたときは外国かと思った」そうだ。牛もいないし、なにより広告や看板の類が英語ばかりなので、インドの町という感じがしないのである。もう一つ目についたのは女性がスクーターを運転しているのをよく見かけることで、デリーではやや少ない光景だ。

対牛特別部隊

もっともあとで聞いた話では、バンガロールの当局は特別部隊を設け、牛を郊外に追い出しているそうだ。カルカッタなどでも動物や物乞いをときどき市外に出すのだそうで、カルカッタ当局が行なった物乞いクリアランスに日本の貧乏旅行者が混じっていて、一緒にトラックに載せられてデカン高原に連れていかれたというウソのような本当の話もあるらしい。清潔都市バンガロールの、もう一つの側面である。

看板に英語が多いのも、それなりに理由がある。バンガロールの属するカルナータカ州は言語がヒンディー語とはまったくちがうので、看板は英語か、地元のカンナダ語になる。しかしバンガロールは周辺地域からの出稼ぎやビジネスマンが多いので、地方言語であるカンナダ語ではそういう人びとに通じないから、必然的に共通言語である英語のほうが多くなるのである。

「誰でも英語を話す町」の事情

デリーやベナレスでは、いわば「インドの標準語」（厳密には日本の「標準語」とは違うが）であるヒンディー語が地元の母語なので、それで十分に生活してゆけるうえ、外部から来た人間にはヒンディー語を話すように要求できる立場にある。だから、町の看板はヒンディー語が多く、かなりの教育を受けた人しか英語を十分に話せない。しかしバンガロールでは、よほど下層の人びと以外は、英語を話せないと生活してゆけない。観光会社のラナジット氏も、デリー出身なのでカンナダ語はできないから、ふだんは英語だけで生活しているそうである。こういうわけでバンガロールは、インドでは「誰でも英語を話す町」として有名だそうだ。

要するに「英語の看板が多い」というのは、カンナダ語がインド国内においては地位が低いにもかかわらず、バンガロールはビジネス都市として膨張しているという二つの条件が重なったことから派生したわけだ。「少数民族や弱小国出身者には語学の達人が多い」というのはよく聞く話であり、戦前の日本でも「いちばんきれいな標準語を話すのは沖縄出身者」という評価があったが、弱い言語の側はそうならざるをえないのである。

女性のスクーター姿が目立つのも、ビジネス都市なので、単純に働いている女性がデリーより多いかららしい。女性の活動の自由に対する圧力については、「デリーよりは少しはよいと思いますが」というのが、ラナジット氏のコメントだった。

文化論は当てにならない

こういう事情を知ると、印象による文化論というものが、つくづく当てにならないことを痛感する。最初は、英語が多いのを見て「文化的に西洋化された町なんだな」と思い、女性のスクーター姿を見て「女性の活動に寛容な文化の土地なんだろう」などと勝手なことを考えていたのである。とにかく何かわからないことがあったら、「この土地の文化なんだろう」とみなすのは楽なことだが、もうそこで思考停止である。「デリーの牛＝インドの文化」論のときも思ったが、「文化」を云々する以前に、まずは社会的な背景をよく知ることが必要だと思う。

インドの財閥

タクシーでしばらく走ると、会場の新社会研究センターに到着。ここもすごくきれいな場所。歩き回ってみると、インド有数の財閥である「ターター」グループの後援でつくられたものらしく、会議の会場にはマハトマ・ガンディーとターター一族の一人の肖像がある。ターターのトラックなどは、インドではどこでもよく見かけるものだ。

旅行会社のラナジット氏の話では、この会場はもっぱらビジネス・エリートや医者などの研修や会議で使われているそうで、人文社会科学の会議は珍しいとのこと。会議場の隣にある講堂ではビジネスマンの講習が行なわれていたので覗いてみたが、そこでは「ターターの五大原理」として「正直・優秀・責任・団結・理解」といった項目が説明され、なんだか日本企業の社員研修みたいだった。

宿泊所も高級ホテルのような贅沢さはないが、なかなかきれい。荷物を置いたあと、主催の社会文化センターが宅配でとってくれたおいしい食事をいただき、報告者全員の報告内容をコピーした会議資料をもらう。主催の「社会文化センター」は社会科学系の研究所で、今回は会場として「新社会研究センター」を借りている（ややこしい）。国際交流基金が資金を全面的にバックアップしているうえに、主催のセンター側も熱心なので、いたれりつくせりの国際会議である。インド南部なので二月といっても暖かいから、蚊が多いのには閉口したが、部屋にはちゃんと蚊取り線香も用意してあった。

食事をいただきながら、主催側の中心であるヴィヴェク・ダーレシュワル氏に会う。ヴィヴェク氏は「日本のインド旅行のガイドブックの内容を、聞かせてもらったことがあるよ。やれ水は飲むな、生野菜は食べるな、あれは危ない、こうやって騙されたとかっていう話ばかりでね。『だったら、なんでインドに来るんだ』って聞きたくなったよ」と笑いながら言う。こういうユーモアのある人は好きだ。

「アジア」もいろいろ

ヴィヴェク氏によれば、これまでの社会科学がゆきづまるなかで、新しいアジアの社会科学を模索しようという意図でこの国際会議は企画された。しかしこちらは、「とはいっても、アジア諸国に共通の文脈がありますか」と問うてみた。「オリエンタリズムとかポストコロニアルとか、共通の言葉はあるでしょう。それだって西洋からアジア諸国の知識人がそれぞれに学んだ言葉です。そして『伝統の創出』という考え方一つとっても、西洋から学んだ同じ言葉や概念が、日本とインドではちがう定着の仕方をしています。同じ言葉を話しているように見えても、意味がちがう。国ごとの歴史的文脈がちがうからですよ」と。

ヴィヴェク氏は真顔になって、一瞬考え込んでしまう。むずかしい問題だ。アジア諸国の国際会議といっても共通語は英語。この事実が象徴しているように、話合いの共通の言葉は西洋出自の言葉だけだ。みんなウェーバーやマルクスの名は知っていても、お互いの国の知識人や歴史のことはほとんど知らない。堀田善衛は四十年以上前にアジア・アフリカ作家会議に参加したさい、『インドで考えたこと』という本を書いて同じ状況を描いたが、それはまったく変わっていないのだ。

それでも、共通の土俵はある。まさに、「みな西洋のことは知っているが、お互いは知らない」ということそれじたいは、共通だ。言葉を換えれば、みな一様に「近代の病い」に侵され問題を抱え込みながら、互いのコミュニケーションも成り立たないまま模索をしているということ、それは共通しているのだ。その「共通の病い」を対話の土俵にすること、それ以外に道はない。

二月十八日（金）晴　「アジアは一つ」か

朝七時半に起きて、若干の執筆をしたあと、宿泊所内の食堂にむかう。朝食の場には、多くのインド人学者、それに韓国や台湾からの学者、さらに日本在住十五年というアメリカ人学者などに混じって、日本側の学者である桑山敬己氏と吉見俊哉氏がいた。桑山氏は滞米経験が長く、英語は流暢。吉見氏は文化と政治社会の関わりを研究してきた社会学者で、私とは出版社勤務時代からの知合いである。

会場がきれい

宿泊所に隣接した会議場は、これまたきれい。マイクなどの用意も完璧。さらに驚いたのは、写真係や会計係も主催側センターの研究スタッフがやっていたこと。完全分業社会インドにおいては、会計事務などは身分の低い事務員がやることとみなされやすく、会議の間だけとはいえ、研究員が会計事務を担当しているのは珍しい。講演会などでも、知識人の講師や聴衆が議論に熱中している横で、明らかに身分のちがう音響担当の人がつまらなそうな顔で坐っているという構図をよく目にするが、ここでは様子がちがった。

国際会議は、ヴィヴェク氏の挨拶のあと、報告者一人当たり二〇分の報告と一〇分のコメント、そして三〇分の議論という、国際会議によくある形態で始まった。一番目の報告者は桑山氏。柳田国男の思想的変遷をあつかった報告は、おなじく柳田を研究したことのある私には問題意識がよくわかったが、インドの知的関心の文脈とは少しずれているようにも感じた。

会場がやや静かなので、英語の下手さをかえりみず手をあげて質問し、議論の口火を切る。国際会議なんてものは、議論がなければ退屈なものだ。日本の学者は語学の問題もあって、国際会議に出ても黙っているという評判があるが、それも少々しゃくだったのである。

壮大な報告

二番目の報告は、シンガポール在住のインド系学者による報告。既存の西洋社会科学に代わる、アジアによる新しい社会科学を構築するための準備というのが主題だったが、やや話が大きすぎて茫漠。そもそもそんな巨大なテーマを、二〇分かそこらで報告するというのが、どだい無理な話なのである。

しかしインドの知識人は、「西洋の限界」とか「新しい社会思想」といった、大きな抽象的テーマを好む人が少なくない。議論に入ると、つぎつぎとインド側参加者が立ち上がり、英語で早口にまくしたてる。しかしそれがお互いの主張を聞いて議論を発展させるという感じではなく、各自がその場で思いついたことを長々と述べあうという状態。国際会議といいながら、ほとんどインド知識人たちに議論が占領されそうになってきた。

アジアとは何ぞや

やや不満になってきたので、質問に出た。

「アジアってどこのことですか。今の報告や議論で、『アジア』『第三世界』『元植民地』『非西洋』などがほとんど同じ言葉として使われているので、居心地の悪い思いをしています。『アジア』と『第三世界』が同じものだというなら、なぜアフリカや南米諸国も『アジア』に含めないのですか。また、日本は非西洋ではあっても第三世界ではありませんから、あなたがたのいう『アジア』ではないのですか。もしそうなら、私はなぜここに呼ばれたのですか。報告者は、『アジアとは西洋のつくった主流文化から排斥された人びとのことだ』と言いましたが、英語を早口で長々と話せるインド知識人たちが国際会議を占領しているのをみていて、英語が下手な私などはそこから排斥されたようで、たいへんイライラします」。

面白がられる

質問の後半では、会場から笑いが漏れた。彼らの目には例によって二十代前半くらいに映っているであろう外国人が、日本語なまりの下手な英語でこういうことを述べているので、面白がられたのである。

手前勝手なアジア像

しかし、面白がられるだけの問題ではない。インド知識人たちが、「アジア」「第三世界」「元植民地」「非西洋」などをほとんど同じ言葉として使うのは、彼らがもっぱら「アジア」の国としてインドしか想定せずにしゃべっているからである。インドはたしかにこれらの条件すべてを満たしているが、そうした国は、じつはそう多くないのだ。こうした「アジア」議論には、日本だけでなく南米やアフリカの人びとも、あるいはアジア諸国でもすでに「第三世界」とはいいがたい台湾や韓国、植民地化されなかったタイの人びとだって、ついてゆけないだろう。私の質問は、インド知識人の議論の姿勢だけでなく、世界観の独善性を指摘したものでもあったのだ。

午前の議論が終わると昼食。「面白い質問だったわ」と言ってきた台湾のフェミニストがいた。またインド側の参加者でも、「重要な問題よ。私はシンガポールで国際会議に出たことがあるけど、東南アジアの知識人が『アジア』と言うとき、インドを含めていないと感じたわ」と話しかけてきた人もいた。後者の話から察するに、自国の状況しか想定せずに「アジア」を語るのは、インド知識人だけではないようだ。日本の政治家や学者だって、他国のことを言えた義理ではない。まこと、「アジア諸国」に共通の文脈を探るのは困難である。

問題意識のズレ

午後の会議は、韓国の女性映画監督による、映画における女性表象（女性の描き方）についての報告から始まる。さらに、台湾の学者による、台湾におけるポストコロニアリズムについての報告があった。しかしこれまでの議論を聞いて思ったのは、この会議に呼ばれた日本・韓国・台湾の東アジアの参加者と、インド側の間では、問題意識がまったく異なっているということだった。

アジアの社会科学の未来を探るという国際会議だから、それぞれの国で最先端のことをやっている人を招いているはずだ。そして前記の東アジア側の参加者たちは、アメリカやイギリスの文化研究の影響を受けて、映画や広告などにおける女性表象の問題や、脱植民地化以降の文化変容などを最先端の研究として問題にしている。

しかし彼らにとって、インド知識人にとって重要な問題である識字率の向上や初等教育の普及といった問題は、ほとんど「終わってしまった問題」である。インド側が重視する宗教と政治の関係についての問題も、東アジア地域では「異国の話」以上のものではあるまい。逆にインド側にとって、東アジア側が問題にしているような、高度消費社会や情報化社会のなかでどのように女性や性的マイノリティ（同性愛者など）が位置を獲得してゆくかなどというテーマは、およそ縁遠いものだろう。

私に話しかけてきた台湾のフェミニストである丁乃非氏は、映画における同性愛者の表象を論じている。しかしインドでは、同性愛の描かれ方を問題にする以前に、映画で同性愛を描いてよいかどうかをめぐって争っているのである。韓国からきた映画監督である金素栄氏も、ストーリーのない前衛ドキュメンタリー映画をつくっていると言っていたが、インドでは社会派以外のドキュメンタリーをつくることが画期的なのだ。

どちらが良い悪いの問題ではない。それを言い争いはじめれば、東アジア側は「インドは文化も社会も遅れている国なんだ」とみなし、インド側は「東アジアの知識人はお遊びのような研究をやっている」と非難するだけだろう。良いも悪いもなく、直面している状況がちがうのである。

同じ言葉で意味がちがう

しかも輪をかけて悲劇なのは、これほど文脈がちがうにもかかわらず、使っている学術用語は同じであること。サイード、アンダーソン、フーコー、デリダといった西洋知識人の名前は、両者ともにしばしば使う。同時代の世界に生きているから、同じ西洋社会科学の情報が入ってくるのだ。しかし同じ情報が入ってきても、社会的な文脈がまったくちがうから、それぞれ異なる文脈で言葉が定着している。おなじ「フェミニズム」という言葉を使っても、片方は映画における同性愛表象の問題を思い浮かべ、片方は農村女性の識字教育を想定しながら話しているのでは、対話が成立するわけがない。

こういう場合、かえって「フェミニズム」といった共通語がなくて、互いの状況説明から話し合ったほうが、よほど相互理解につながるだろう。お互いが「なんとなくおかしい」と思いながら、同じ言葉をちがう意味で使っているというのは、コミュニケーションにおいては最悪の状況である。

午後の三番目、今日の最後の報告者が私である。題材は、ベナレス・ヒンドゥー大学でやったものの使い回し。ただしその後デリーのCSDSで失敗したことを教訓にして大幅に時間を短縮し、戦後の部分は割愛して、ジェスチャーや強調を重視した話し方をした。ポイントをしぼったぶん通りがよくなって、反応はなかなか。午前中から何回も質問をして目立っていたので、面白そうな奴だという評価が参加者のあいだに定着していたということもある。

しかし私としては、近代化やグローバリゼーションの波を前にして、人間がどのようにアイデンティティを形成してゆくかという普遍的なテーマが、聴衆に届いたのだと思いたい。コメントをしてくれたインド側学者も、また質問に立った韓国の映画作家も、報告はクリアで刺激的だったが、近代社会というものに対して、私がアンビヴァレントな姿勢をとっていることを指摘した。近代社会は、人間にある種の自由と平等をもたらすが、不安と不安ゆえの病気（過度のナショナリズムや原理主義など）を生み出しもする。私とて、その両側面からいって、近代社会を否定も肯定もできにくい。それが報告に表われたのだろう。

ヴィヴェク氏も、「面白いが、矛盾を含んだ報告だった」と指摘した。そこで私が、「ご指摘は認めますが、私は報告とか論文というものは、完成された作品というより、議論と対話をよぶ刺激剤になればよいと思っています」と回答すると、場内からは笑いがもれた。インド知識人は議論を一種のゲームのように楽しんでいるところがあるので、機転をまじえた回答をするとウケるのである。

学術報告は「芸」か

報告終了後、吉見氏が「芸の域に達してるね」と話しかけ、台湾のフェミニスト女性である丁乃非氏も「あなたはパフォーマーよ」と評した。私は学術報告といえどもコミュニケーションの一種だと思っているので、これらは誉め言葉として受けとっておいた。

会議が終わると、もう夕方の六時近い。タクシーに飛び乗り、市内見学に出かける。

まず向かったのは、ヒンドゥーのブル寺院。牛の神様を祭っているので、この名がある。バンガロールの中心街からやや離れた地域にあり、ここまでくると周囲は「インドの町」らしくなってくる。

南部インドのドラビダ様式で建てられたブル寺院のなかには、高さ五メートル、長さ一〇メートルくらいの巨大な雄牛の像があった。近辺にはさらに二つヒンドゥーのお寺があり、巨大なゾウの頭の神様（ガネーシャ）などが祭られ、人びとが礼拝に訪れている。

ブル寺院

神様に電飾

おもしろかったのは、どの寺院でも電気による飾り付けを行なっていること。巨大なゾウの神は大理石と金銀でできているが、点滅する赤い豆電球が飾りに多数つけられており、白・金・銀・赤・緑など極彩色のキンキラキンで、まるで玉が入ったときのパチンコ台みたいな派手派手しさ。他の寺院では、寺で打ち鳴らす小さな鐘を自動化した「自動鐘撞き機」があった。

インドの寺院では、ラウドスピーカーで説教を行なったり、ライティングをとりいれて派手にしているところが少なくない。店先でも自動車でも、赤い豆電球で周囲を飾ったヒンドゥー神のマスコットをよく見かける。古いといわれるお寺でも、アピールを強めるために、近代テクノロジーを、「平然と」どころか「積極的に」取り入れているところがおもしろい。こういう国で、カラーテレビやオーディオが大人気なのもうなずける気がする。

交通安全祈願

寺院の前には、オートリクシャーやバイクが集まり、寺のブラフマンが何やら儀式を行なって花輪を車にかけている。交通安全の祈願のようで、ここにもテクノロジーと宗教の同居がある。お金を払って愛車に花輪をかけてもらったオートリクシャーの運転手などは、カメラを向けると大喜びだった。

人が気さく

おなじく花輪のかかったバイクを撮影していると、持ち主が声をかけてくる。二人連れの若者だ。べつに怒っているふうでも、タカリ屋ふうでもなく、「どこの国だ」「名前は」「職業は」といった質問をしてくる。こちらも質問をすると、気さくに答えてくれた。ヤマハのバイクは三万ルピーほどで、収入の半年分をはたいて買ったのだという。一人は携帯電話の販売、もう一人は金融関係の仕事だそうだ。仕事の内容はビジネス都市バンガロールにふさわしいが、そういう新興産業の若者も、交通安全祈願のために寺院にやってくるのである。「インドは好きか」と聞かれたので、「好きだよ。エネルギーに満ちた、柔軟性のある文化の国だよね」と答えたら、「柔軟性ねえ」と笑っていた。

この二人にかぎらず、バンガロールの人びとは、がいして親切。道を訪ねても、写真を撮ろうとしても、とても気さくである。ベナレスやカルカッタ、あるいはデリーなどでは、外国人に声をかけてくる人間はタカリ屋と相場が決まっているが、ここではそういう人間にはお目にかからず、単なる親切心と好奇心から話しかけてくる。

これは町の気質というより、外国人観光客が少ないからなのだろう。バンガロールは大都市で外国からのビジネスマンや滞在者は多いが、歴史的なポイントが少ないので、観光客はめったに来ない。そのため、観光客と見れば「カモ」「金づる」とみなす人びとが少ないのである。もともとは、ベナレスなどの人びとも、こうした気さくな態度だったのかもしれない。ただ、現地感覚からすればあたかも湯水のように大金を使う観光客の存在が、彼らの外国人に対する態度を変えてしまったのではないか。

寺院を出て、市場にむかう。ここはバンガロールの中心部とちがって、上野のアメ横みたいな大衆市場である。露天の野菜売りがはりあげる威勢のいい掛け声がとびかい、各種の小商店が軒を並べている。

ここでも、人びとはやたらと気さくで親切。この町のこんな場所に外国人が来ることはあまりないらしく、方々から声をかけてきて、国や名前を聞いてくる。写真を撮ってくれとせがまれ、撮ってあげると大喜びするのはお馴染みの反応。ただしここの特徴は、露天商はともかく、小さな商店の人でもかなりの英語を話すこと。デリーやベナレスでは、こうはゆかない。さすが「誰でも英語を話す町」と呼ばれるだけのことはある。

市場の野菜売り

誰でも名刺

もう一つの特徴は、市場のとても小さな商店でも、写真を撮ってあげると名刺を渡され、「日本から送ってくれ」と言われること。ビジネス都市バンガロールでは、名刺をつくることはごく普通の行為として浸透しているのだろう。

なかには私にむかって、「日本で働きたいんだ。どんな仕事でもするし、航空機代は払うから、一緒に連れていってくれないか」などと言ってきた若者の集団もあった。もっともその連中もごく気さくで、見知らぬ私と肩を組んで記念写真を撮ろうというような人たちなのだが、先進国で働くと金が稼げるということはよく知っているのである。こうしたことは、おなじく気さくな人びとといっても、農村部のスルタンプル周辺では起こらなかったことだ。観光客が少ないから悪擦れはしていないが、大都市だけあって外国の情報は入っているのである。
一回りまわって、宿泊所にもどる。みな昼間の活動で私の顔を覚えていて、いろいろ話しかけてくる。この調子で明日もゆこうと思いつつ、日記を書いて寝た。

二月十九日（土）晴 「ヒンドゥー教徒になる方法」

朝食の場に出ると、昨日声をかけてきた台湾のフェミニストである丁乃非さんが、隣にすわった。彼女は映画におけるレズビアンの表象といった、性別の境界を再考するテーマを研究しており、自身も坊主頭の「女らしくない」女性である。私が「僕はインドでは、しょっちゅう『男か女か』と聞かれるんだけど」と言うと、彼女は「気にしちゃだめ。むしろいいことじゃない。私だってこの外見だから、そんなことよくあるわよ」と笑う。

それから韓国の女性映画監督である金素栄氏と、三人で食事と談笑。日本・韓国・台湾は、かつてはすべて「日本」だった地域で、日本語教育が行なわれていた場所だが、いまでは共通語は英語。しかも二人の若手女性学者は英語が達者で、私がいちばん下手である。

しかしそのうち、お互いの名前を確認するために、漢字を紙に書きあうことが始まった。会議のプログラムは英語で記されているので、名前もアルファベット表記、読みはわかっても漢字はお互い知らなかったのである。「小熊」という名前を書くと、二人の女性は「かわいい名前じゃない」と言い、「小熊」のハングル読みである「ソウン」、中国語読みである「シャオシュン」を教えてくれた。漢字はかつて東アジア共通語だったから、言葉はちがっても筆談はできるのだ。ひとしきりお互いに漢字を書いて名前交換をしたあと、「私たち、何をしてるのかしらね」と笑いがもれる。私が「こういうのを東アジア同盟っていうんだろうね」と言ったら、二人とも「ちょっと、変なこと言わないでよ」とさらに笑った。

二日目の報告は、午前中に二つ。一つは丁乃非さんのものだったが、悪い予感が当たって、インド側の反応はいま一つ。インドでは同性愛などという問題は、そもそも公の場で、しかも学術会議の場で話し合うということじたいが、まだタブーにちかい。どういう問題意識で研究しているのか、それじたいがなかなか伝わらなかっただろう。私はインドのヒジュラ（二六五―二六六頁参照）の例などを出しつつ、多少橋渡し的な質問をしたが、うまくゆかなかった。

午前中もう一つの報告は、インド側知識人による、インドの宗教問題についてのもの。ヒンドゥーやイスラムの摩擦、ヒンドゥー内部の改革運動などにかんする報告である。

インド知識人たちにとってこうしたテーマはもっとも関心のあるところで、大勢の人が意見や質問を述べるが、東アジア側の参加者は沈黙。ただでさえこうしたあまりにインド的なテーマは、予備知識もなしに理解するのは難しい。おまけに、他国からの参加者にはインドにどういう宗派があるかもよく知らない人がいたかもしれないのに、報告者はいきなり各種の宗教運動や教義論争の話に入ってしまっていた。インド知識人の基準から、「このくらいは知っていて当然」という前提が無意識のうちに決められてしまっているので、インド側の人間以外は議論に参加できないのである。

素朴な質問

こういう状態を放置しておくと、イライラしてくるのが私の性分である。思いきり手を上げて、質問をした。

「ヒンドゥーって何ですか？」

「どうすれば日本人になれるか？」

これまで宗教教義や対立関係の論議をしていたインド側知識人は、この子供みたいな質問に一瞬あっけにとられ、つぎに失笑が漏れた。しかし、私が以下のように質問を続けると、しだいに彼らもまじめな表情になった。

「私はどうやったらヒンドゥー教徒になれますか？　言葉を換えていえば、インドにいるイスラム教徒は、どういう生活習慣や宗教マナーを身につければ、ヒンドゥー教徒と認められるのですか？」

ここまでくれば、インド知識人も真剣にならざるをえない。これは日本でいえば、ある外国人が下手な日本語で「日本人って何ですか？」と聞き、さらに「私はどうやったら日本人になれますか？　日本にいる朝鮮系の人は、どんな生活習慣を身につければ日本人と認めてもらえるのですか？」と質問を続けたようなものだからだ。最初はあまりに素朴な質問に笑っても、後半は笑いごとではなくなってくる。

じっさい、ヒンドゥーというのはわけのわからない「宗教」である。そもそも「入信の儀式」というものも、「これさえ守っていればヒンドゥーだ」という戒律もない。しかも多神教で、インド各地でいろいろな形態があって、「これがヒンドゥーだ」という特定のかたちがない。

もともとヒンドゥーについて、「宗教というより生活習慣」という認識があることは、前にも述べた。あるカーストに生まれた者が、そのカーストに位置づけられることを中心とした生活習慣すべてを、「ヒンドゥー」と呼んでいるにすぎないのだ。だから、ヒンドゥーからイスラムや仏教に改宗する人はいても、その逆はほとんど聞かない。いわば、「ヒンドゥー教徒として生まれる」ことはあっても、「もともとヒンドゥー教徒でなかった人間がヒンドゥー教徒になる方法」

は、聞かれても答えようがないのだ。

こうした質問は、私自身の研究から派生したものである。私は『〈日本人〉の境界』という本で、沖縄やアイヌ、朝鮮や台湾など、近代以降に「『日本人』にされた人びと」のことを書いた。そのときに感じたことだが、「日本人に生まれる」ことはあっても、「日本人になる」ことはきわめて難しいということである。どんなに努力して日本語を話し、日本の習慣を身につけても、「もとからの日本人」でない人間は、「真の日本人」としてはなかなか認められない。

これは同化政策などで朝鮮人や台湾人を「日本人」に改造しようと唱えた側も同じことで、いざ「日本人になれ」と命令しても、何をどうすれば「日本人になれる」のか答えようがない。朝鮮人に神道の神社を拝ませたり、日本語を話させたり、日本風の名前に変えさせたりしても、それで「真の日本人」になったと日本側がみなしていたとは思いがたい。そうしたとき、朝鮮人や台湾人から「日本人って何ですか？　私はどうしたら日本人として認めてもらえるのですか？」と質問されても、絶句するしかなかっただろう。

「真のインド人」とは

インドは多宗教共存の世俗国家が建前だから、「インド人になる方法」は法律的には単純で、要するに国籍を取得すればよい。しかしヒンドゥー・ナショナリズムを叫ぶ人びとは、「イスラム教徒やキリスト教徒は真のインド人ではない。ヒンドゥーこそが真のインドなのだ」と主張している。

インドでは、こうしたヒンドゥー至上主義には反発も強いため、彼らの「真のインド」という主張は「目立つ」存在である。しかし日本では、「もとからの日本人だけが本当の日本人」という感覚は空気のように当然になっていて、そうした認識がインドにくらべて「目立たない」。原理主義的な主張が「目立つ」インドと「目立たない」日本、どちらが重症なのかは、判断しがたい問題である。

こうした「ヒンドゥーって何ですか」という質問に、会場は一瞬の沈黙。報告者は渋い顔。それはそうだろう、これまで宗教運動の細かい議論などをやってきたのに、いきなり議論の根底をぶちこわしにされるような質問である。報告者からは、「そんな『私とは何なのか』みたいな質問、答えようがありませんよ」とだけ述べられて、回答は打ち切られてしまった。

誰もわからない「ヒンドゥー教徒になる方法」

しかし議論が終わったあとの休憩時間には、幾人ものインド知識人たちが、私に声をかけてきた。「あれはとても難しい質問なんだ。簡単には答えられない」と言う人、「『ヒンドゥー』というのは実体としては存在しないものなんだ」と禅問答みたいなことを言う人、「とりあえずガンジス川で沐浴して、それから腕輪をしてお寺に行けば、第一段階終了だ」と冗談めかして言う人などなど。

サバルタン・スタディーズの大御所であるパルタ・チャタジー氏からは、「君は『ヒンドゥー教徒になる方法』という本を書いたらいい。もちろん君の顔写真を表紙にしてね。とても面白い社会《ソーシャル・》科学《サイエンス・》小説《フィクション》になって、大評判をとるだろう」というお言葉をたまわった。たしかに日本でも、外国人の学者が『日本人になる方法』などという本を顔写真入りで出版したら、ちょっとした評判になるにちがいない。

「大賢は大愚に通ず」という言葉があるが、これは学問をやる人間にとって、一つの目標である。「ヒンドゥーってなあに」「日本人ってなあに」という質問は、一見ばかげていて、じつはあまりに深い。かつて私はラジブ氏に、「僕はこの国では子供みたいなものだけど、子供の目からしか見えないものもあるはずだ」と述べたことがあるが、私の本望は、「王様は裸だ」と叫ぶ子供になることである。

柔軟だが排他的なヒンドゥー

さらに私はインド知識人たちに、「ヒンドゥーというのは、寛容な宗教だといわれますが、実はとても排他的な宗教だと思いますよ」と述べた。ヒンドゥーは多神教だから、ちょうど日本の人びとがイスラムのモスクだろうがキリスト教の教会だろうが平気でお参りするように、ヒンドゥーの人びともいろいろな神にお参りする。こうした姿勢は、一見開放的で寛容に見えるし、インドのヒンドゥー系知識人もそう思っている。しかし、私はこう続けた。

「もし私が、ヒンドゥーの寺院にお参りしたら、ヒンドゥーの人たちは言うでしょう。『外国人がお参りしたってかまわないよ。ヒンドゥーは寛容な宗教だからね』。そして私がガンジスで沐浴して、腕輪を巻いたら、『そいつは結構なことだ。ヒンドゥーの文化を学びたいんだね』と言うでしょう。しかしそのあと、私が『それでは、私をヒンドゥー教徒と認めてくれますか』と言ったら、彼らは『どうしてだい。おまえは外国人じゃないか』と言うに決まっています」。

ヒンドゥーは柔軟な宗教だといわれ、さまざまな様式やテクノロジーをとりこんで変形してゆく。しかし、その柔軟性は、排他性と表裏一体のものである。「ヒンドゥー教徒であること」が生まれによって決まっているからこそ、どの宗教の寺院をお参りしようと、それによって「ヒンドゥー教徒であること」は揺らがないのだ。その代わり、生まれがヒンドゥーでない人がヒンドゥーになるのは、きわめて困難である。根底が排他的であるからこそ、表面的な柔軟性を楽しめるともいえる。

これがイスラム教のような厳格な戒律を持つ宗教なら、事情は反対である。戒律が厳格であっても、その戒律さえ守れば、外国人でも「イスラム教徒」として認めてもらえるだろう。ヒンドゥーが「柔軟性と排他性」の宗教だとすれば、イスラムは「厳格さと普遍性」の宗教だ。異邦人に開かれた普遍性と開放性をもたせるためには、「この原理にさえしたがえばあなたも仲間として認めよう」という基本原理と戒律が生み出される。開放的になるために、単純化された原理が設けられるのだ。そしてもちろん、日本の神道は、ヒンドゥーに似た「柔軟性と排他性」という性格をもつ宗教である。

原理主義者の方が開放的？

さらに私は、「もしかしたら、ある種のヒンドゥー原理主義者のほうが、普通のヒンドゥー教徒より外国人に開放的でしょう。彼らはインド各地の多様なヒンドゥーの形態を画一化して、ヒンドゥーを一神教的な厳格な宗教にしようとしています。しかしそうやって決められた形態や戒律に従えば、原理主義者は外国人だってヒンドゥー教徒として認めるんじゃありませんか」と述べた。チャタジー氏は複雑な表情になって、「そうかもしれない。いや、その通りだろう」と応じた。

インドにかぎらず、宗教的な原理主義は、社会が近代化にゆらぐなかで発生した。近代化によって人間の社会的移動が激しくなるにしたがい、カースト制度をはじめ、在来の生活慣習は崩壊にむかう。そうなれば、統一的な戒律や基準を設けないかぎり、「これがヒンドゥー教徒だ」という定義は難しくなる。それを無意識のうちに行なおうとしているのが原理主義だとすれば、まさに原理主義は近代化の産物だということになる。

この報告が終わって、昼食。在日十五年のアメリカ人研究者である、デヴィッド・ロイ氏が私の隣に坐る。「大活躍だね」と言われたあと、彼の経歴を聞く。奥さんはイギリス人で、シンガポールで出会ったあと来日し、現在は息子が一人いるそうだ。彼は、「あの質問の意味はわかるよ。日本でも『変な外人』という位置を占めるのは簡単だが、日本社会に本当に受け入れられるのはむずかしい」と言う。彼自身は日本語があまり得意でなく、「日本人」になる気もないというが、息子は日本語と英語のバイリンガルだそうだ。

在日アメリカ人の悩み

私が「息子さんは日本でずっと育てるのですか」と聞くと、「頭の痛い問題なんだ。日本は好きだが、日本の入試システムは人間を歪めるから、アメリカの学校にやるつもりだよ」と答える。私はそれにたいし、「それでは、息子さんは日本の企業に就職するのは困難でしょう。日本企業は日本の大学を出た『日本人』しか雇わない傾向が強いですからね」と言うと、「そう、彼は日本を出てゆくことになるだろう」と言う。私はさらに続けた。

「それは、一種の悲劇ですね。」

「誰にとって？　僕の息子にとってかい？」

「ちがう。日本にとってですよ。」

ここまで会話して、ロイ氏はため息をついた。「そう、たしかに日本にとって悲劇だ。息子をはじめ、日本にいる外国人は、これからの日本が必要とするはずの、いろいろな能力を持っている。それなのに……」。日本育ちでバイリンガルという彼の息子が持っている資質を活かせないことで損失を受けるのは、何よりも日本社会のはずだが、そうまでして日本の社会や企業が守りたいものとは、いったい何なのだろうか。

日本への関心は高度成長期まで

午後の報告の一番めは、日本の吉見俊哉氏による、戦前から近年までの日本の電気製品の広告分析。「世界に誇る日本製品」といった技術ナショナリズムをはじめ、広告に含まれる隠れたイデオロギーを探り出す報告で、数々の珍しい広告のスライドは聴衆の目をひいた。しかしインド側の参加者は、時代でいえば一九六〇年代まで、つまりテレビ・冷蔵庫・洗濯機などが「三種の神器」などとよばれて急速に普及し始めた時期までには関心を示したが、高度消費社会に突入した八〇年代以降にかんする分析には興味が持てないようだった。現在のインド社会の状況を考えれば当然のことだが、ここでも東アジアとインドの関心のギャップが露呈した。

近代の「宗教」としてのナショナリズムと資本主義

次は、デヴィッド・ロイ氏による報告。彼の報告趣旨は、以下のようなものである。

人間には、現状に不満と不安をもつ「欠落感」がある。近代以前のヨーロッパ社会では、この欠落感は、宗教的な「原罪」意識や来世意識として表現された。ところが、近代社会になって政教分離が行なわれ、公共生活から宗教が締め出されると、「制度化された欠落感」が生まれた。それが、あくなき利潤の追求にあけくれる資本主義、アイデンティティの欠落感を埋めてくれるナショナリズム、社会的地位の追求と競争の発生といったものだというのである。

つまり、近代社会は一見すると宗教を締め出しているが、実際には欠落感の追求形態が変わっただけだというわけだ。たしかに、「国家」を信じるナショナリズムも、「金銭」を信じる資本主義も、一種の信仰のようなものである。こうした「近代の病い」に対抗するため、仏教における欠落感や欲望の制御の思想が重要だというのが、ロイ氏の主張だった。

ロイ氏の学説は、おそらくはヒッピー世代のアメリカ人である彼が、近代資本主義社会を批判するために生み出したものだと感じられた。これはアメリカや現代日本のような、「欲望の制御」が必要とされる高度消費社会にとってはたいへん重要なテーマであったが、やはりインドの文脈にはあてはまらなかった。インド知識人がつぎつぎに立ちあがって意見を述べたが、自分の仏教解釈を長々とまくしたてるなど、ロイ氏の基本的な問題意識を理解しているとは思えないものが多かった。

そもそも問題意識が伝わっていないだけでなく、例によって同じ言葉が、ちがう意味で使われているとも感じた。例をあげれば、「世俗主義」である。

インド版の「世俗主義」

ロイ氏は近代社会の始まりを、十六〜十七世紀のヨーロッパ宗教戦争の教訓から政教分離と世俗主義の原則が定められたことに求めた。カトリックやプロテスタント諸派の戦争でヨーロッパが荒廃した教訓から、政治と宗教は分離して公共生活に宗教を持ち込まず、個人の思想や私生活においてだけ「信教の自由」を享受し、その個人の内面の信仰には国家が介入しないというのが、ヨーロッパ世俗主義の原則である。

ところがインドでは、政教分離の「世俗主義」という言葉じたいは知識人たちもよく使うが、ヨーロッパとは少々異なる意味を含んでいる。インド社会では、学校に行こうが公共機関に行こうが、ヒンドゥー神のブロマイドや彫刻が見られないことはほとんどない。この会議が開かれている会場にも、ヒンドゥー神の彫刻が、「世俗主義」の象徴であるはずのガンディーの肖像画と同居している。これはヨーロッパの「世俗主義」からいえば、矛盾である。

そのためインド知識人たちは、公共生活から宗教を排除するなどということは、ほとんど不可能に近いと認識しているようだ。というより、「ヒンドゥー」は彼らにとって生活習慣全体のようなものだから、「宗教を排除する」ことを徹底すれば、インドの習慣や文化のうち何が残るのかわからなくなる。昨日も私が、「ガンディーの肖像のとなりにヒンドゥー神の彫刻があるのは矛盾じゃないのか」と司会のインド側学者に聞いたときも、「あの彫刻は宗教的なものじゃないわ。インドの文化よ」と答えられた。

それでは、「インドは世俗主義国家」という場合の「世俗主義」は、どういうものなのか。どうもインド知識人の話を聞いていると、私生活のみならず公共空間をも含んだ全生活において、それぞれの宗教をもった人びとがそれぞれのコミュニティで信仰を楽しみ、そうして多様な宗教が共存する状態に国家が介入しないことが「世俗主義」だと思っているふしがある。

国家は近代的な人工組織？

多様な民族的・宗教的コミュニティが存在するインドでは、統一された「インド国家」というものの人工性が、日本よりも見えやすい。チャタジー氏の論文などを読んでいると、独立運動におけるインド・ナショナリズムというものが、土着的なヒンドゥー思想などとははっきり異なった、西洋的・合理的・近代的な輸入概念とみなされていることがよくわかる。これはおそらく、チャタジー氏だけの認識ではないのではなかろうか。そこでの「インド国家」は、いわば各種のコミュニティのうえに覆いかぶさっている近代的な人工組織であり、そういう国家がコミュニティの宗教生活に介入するべきではないという感覚が、「世俗主義」という言葉で表現されているように感じられる（もっとも、コミュニティの側もここ二百年ほどの間にさまざまな「伝統」が生まれるなどして変容しているから、決して「土着そのまま」ではないはずだが）。

いわば、「宗教の排除」ではなく「宗教の共存」が世俗主義だというわけで、公共空間に宗教を持ち込めば「神々の戦争」になるという認識から出発しているかのようなヨーロッパの「世俗主義」とは少々異なっている。多神教のヒンドゥーが支配的な、「柔軟社会」インドならではの「世俗主義」ともいえるかもしれない。

あるいは、個人という単位で「信教の自由」を考えるヨーロッパと、村落やコミュニティという単位で「信教の自由」を考えるインドという見方もできるだろう。中村上人などは、「私はかつてビハール州に行ったとき、一度も現地の人から『私』という言葉を聞きませんでした。彼らはいつも、『われわれ』という言葉しか使いませんでした」と言っていた。

ところが近年のヒンドゥー至上主義の場合には、人工組織であるはずのインド国家を、あたかも一個のヒンドゥー・コミュニティのように変容させようとしているわけだ。おそらく、近代化やメディアの発達によって地縁・血縁の「われわれ」意識が揺らぎつつあるなか、自由競争で成功をめざす「私」が出てくる一方で、国家を崩れはじめた「われわれ」の代用品として求める傾向も出てきたのだと推測できる。そうだとすれば、以前から述べているように、これは現在の日本で起きている「自由の重荷」の増大と右派ポピュリズムの台頭と、ほぼ類似した現象だ。

つまり現在のインドでは、単純に「政教分離の世俗主義」と「ヒンドゥー至上主義」が対立しているのではない。かつては「世俗主義国家」と「国家の介入しないコミュニティ生活」が一応並存していたのが、グローバリゼーションのなかでそのバランスが崩れはじめ、国家とコミュニティを混同するような「ヒンドゥー至上主義」が新たに加わって、三つ巴状態になっていると考えられる。

理解が深まったような気がする

インドにきた当初は、こういうインドにおける「世俗主義」の文脈がわかっていなかったので、「世俗主義国家インドというわりには、シンポジウムでも社会運動でも宗教的な言葉をよく使うじゃないか」という疑問を持っていた。どうやら理解が浅かったようだが（まだ本当にわかったはずもないが）、インドにきて数日のロイ氏とインド側のあいだで、理解のずれが生じるのも当然である。

ロイ氏の報告では、近代ヨーロッパで生まれた「世俗主義」によって、公共生活から宗教や精神生活が排除されたことを批判することが一つの柱なのだが、そのことがインド側にはよく伝わっていないようだった。報告の趣旨を理解していないインド知識人による質問や議論が続くので、ロイ氏はややとまどい顔。私は発言をして、ロイ氏とインド側の「世俗主義」観の交通整理に努めてみたが（あとでチャタジー氏からは、「君の整理はだいたい当たっていなくもないが、実情はもう少し複雑だね」と言われた）、こうまでたがいの問題意識と言葉がくいちがっていては、議論が成立するのは困難である。

インド消費文化最前線

この日の最後は、ヴィヴェク氏による報告。行き詰まりつつある西欧の社会科学を乗りこえ、東アジアの社会科学を創ろうという意欲が伝わる報告だったが、これもやや話が壮大すぎで、東アジア勢はほとんど沈黙。インド知識人たちは、またもやつぎつぎと質問や議論に立ちあがる。ヴィヴェク氏の報告は興味深かったし、個々の意見にはおもしろいものもあったが、各自がそれぞれの意見をまくしたてるだけで、まったく議論が収斂しないうちに時間切れ。なんだか消化不良の感が残った会議だった。

ブリゲート・ロードのマネキン

会議が六時に終わったので、今日もタクシーに乗って市内観光に出る。昨日は寺院や市場に行ったので、こんどはバンガロールいちばんのファッショナブルな通りと聞く、ブリゲート・ロードにむかった。

到着すると、たしかにファッショナブルな通り。日本でいえば、渋谷のような感じも少しある。大きなビルにはピザ屋のフロアがあり、ジーンズのブランドショップや高級オモチャ店もあった。ビルの二階の位置では、高さ三メートル以上はあるブロンズ像の「バットマン」（やや顔がインドっぽいのがおもしろかった）が、日本の「カニ道楽」の看板みたいに動いている。「インドのシリコンバレー」といわれる都市だけあり、コンピュータを売る店や、一時間四十ルピーくらいでコンピュータを使わせてくれる「コンピュータ・カフェ」がいくつもあった。

コンピュータ・カフェ

なかでも傑作だったのが、靴屋の正面にあった「自動ナマステ人形」。「ナマステ」はヒンディー語の挨拶の言葉で、両手を合わせて「ナマステ」と言うのがインドでの挨拶。この「自動ナマステ人形」は、実物大の女性の人形が、合わせた手を自動で上下しながら挨拶のかっこうをして、店頭に立っている。日本でいえば、フクスケ人形みたいなものか。

巨大なデパートのようなものを見つけたので、入ってみる。名前は「五番街」というビルだったが、外見はヨーロッパの教会みたいで、模造の時計台（動かない）と風見鶏が頂上に付けてある。内部は中央が吹き抜けで、おしゃれなエレベーターが上下し、おしゃれな服飾店がならぶ。ギリシア風の彫刻から、水が出ている池まであった。ビルのなかにいるのは、もちろん一目で中産層以上とわかる人びとである。

インドの南国趣味

ビルの入口には、旅行代理店の出店があった。見ると、「海辺でヤシの木陰に日が沈む」という体《てい》の絵が書いてあり、ゴア州への観光勧誘を行なっている。ゴア州やケーララ州は南国情緒の観光地として有名だが、ここバンガロールから、インド人ビジネスマンの家族がツアー旅行に行くのである。それにしても、「ヤシの木陰に日が沈む」絵は、みごとなまでにヨーロッパ諸国がアジアや「南洋」に対して抱く南国趣味の典型で、インド人が国内の州にこういうイメージを抱いているのは興味深い。

しばらく見物して、会議のメンバーが集まっている高級ホテルに行く。今日はディナー・パーティの予定なのである。少々遅れて行ってみると、超高級なホテルの庭で、みながカルナータカ料理を食べていた。料理はもちろんおいしく、インド知識人と話をかわす。

主催者側の研究員の一人が、やや興奮ぎみに私に言ってくる。「あなたはいろいろ発言していたが、インドのことを簡単に判断してもらいたくない。われわれには、ヨーロッパの側から、『インドとはこういうものだ』という偏見をさんざん投げかけられてきた歴史があるんだ」というのだ。私は答えていわく、「インドがわかったなんて、言うつもりはない。ただ僕はいま、インドから刺激を受けて、日本と自分自身を再発見しているんだ」。くだんの研究員は、「それならいい」と握手を求めた。

第十一章　観光地ケーララ

二月二十日（日）晴　観光化と「アート」

今日は、朝十時にはバンガロールを出て、ケーララ州の都市コーチンに行かなければならない。バンガロール行きを決定したとき、小川氏が「会議は全部出なくても、インドを回ることを重視したほうがよいでしょう。ケーララは北インドとはまったくちがうから、一度は行ってみるべきです」とアドバイスしてくれたので、会議を一日残してケーララ行き航空便のチケットを今日にとってしまったのである。

昨夜そのことをシンポジウム後のディナーで話したら、何人もが「それは残念だ。あなたがいたほうが面白いのに」と言ってくれた。ありがたい話である。とくに台湾のフェミニストの丁乃非さんは、「シャオシュン（チビ熊）はいなくなっちゃうの」と言い、韓国の金素栄さんと、最後に朝食を一緒に食べようと言ってきた。

三人に吉見氏を加えた「東アジア同盟」の朝食の場で出た話題は、やはりインド側との文脈のギャップと、インド知識人の議論姿勢。現在では日本・台湾・韓国などの学者間では問題意識が近いが、インドではどう話したらいいかむずかしいという意見が出る。デヴィッド・ロイ氏も朝食の場に現われたが、「欧米で同じ報告をしたときと反応が全然ちがって、やりにくかったなあ」と述べる。

こういうギャップをどう埋めるかは、今後のアジアでの国際会議の課題だろう。東アジア側がインドの文脈を理解することも必要だが、インド知識人の一部に見られる、全体の文脈を無視して自分の考えをまくしたてる姿勢も改めてもらいたいものだ。とにかく課題を残したままで、私はバンガロールを離れる。

南国の町

空港から飛行機に乗ると、わずか四十分ほどでコーチンに到着。気温はぐっと暖かく、ほとんど夏。空港を出ると、例によって私の私用旅行にもかかわらず小川氏が手配してくれた、旅行会社の人とタクシーが待っていた。旅行会社の担当員であるクマラン氏は、私のいろいろな質問に答えてくれる。

就学率が高い

ケーララ州はインド最南端の州で、コーチンは州都トリヴァンドラムとならぶ都市。南にあるが海辺のおかげで、気温は内陸のデリーとちがって安定しており、冬は二〇度前後、夏は三〇度台半ばとのこと。やはり南部のゴア州と並んで、ヨーロッパ諸国が海沿いに早くから進出した土地として知られ、クマラン氏によれば、州の人口のうち約半数がヒンドゥー教徒だが、キリスト教徒が第二位で三割ほどを占めるという。しかもコーチンが位置するケーララ中部では、キリスト教徒が多く、今日の運転手もクリスチャンだ。

コーチン市はそう大きくはない中小都市。旧市街と新市街に分かれ、海辺の町なので主産業は水産。エビが名産で、日本にも輸出されているらしい。水揚げだけでなく加工業なども盛んだそうである。ここの現地語はマラヤラム語で、町はバンガロールとおなじく、英語の看板のほうが多い。

またケーララ州は、識字率が九〇パーセント以上と、インドでいちばん高いことで知られる。初等教育の就学率も、ほぼ一〇〇パーセントに近い。旅行会社の人だけでなく、運転手も英語をけっこう話す。その秘密を探ってみたいというのも、このケーララ行きの理由の一つである。

コーチンの旧市街

観光ポイントを訪れながら人びとの様子を見てまわるというのがいつものスタイルだが、今日は旧市街をタクシーで回ることにした。旧市街は平屋建てがほとんどで、あまり広くない道の両脇に並んでいる。乾燥した北インドの建物は、同じ平屋でも屋根が水平で中庭がある石造りであるのにたいし、雨が多いコーチンは三角型のかわら屋根で、日本の家屋とくに沖縄の古い家に少し似ている。ヤシの木がそこらじゅうに植えてあり、二期作の水田やバナナの木が郊外には広がる。キリスト教徒が多いだけあって、ヒンドゥーの寺院よりも教会がめだつ。ただしそのキリスト教もかなり土着化して、マリア像などがインドっぽく極彩色になっていたりした。

観光地化の影響

コーチンの人びとは人懐っこく、観光ポイントを離れた道を歩いていると、声をかけてきたり、酒場に誘ったりする。初対面の数人のムスリムと、ココナッツの汁からつくるビールを飲んだりした。これがデリーやベナレスだと、旅行者に声をかけてくるのはたいていタカリ屋なのだが、ここは単なる好奇心と好意から声がかかったりする。気性が柔らかいというのもあるだろうが、バンガロールでも感じたように、観光地化がそれほど激しくないのだろう。

それを考えさせられたのが、観光ポイントでは人びとの態度がややちがうこと。コーチンはあまり市内に観光ポイントはないのだが、それでもポルトガル統治時代から建っているというマッタンチェリー・パレス（といっても小さな屋敷）や、ユダヤ移民が十六世紀に建てたというシナゴーグ、さらに浜辺など、いくつか名所旧跡がある。その周辺には欧米人の観光客が集まっており、窓口の人の態度もやや横柄だった。

とくに、シナゴーグ周辺はいただけなかった。このシナゴーグはかつてユダヤ系住民コミュニティの中心だったのだが、イスラエル建国後にほとんどの住民はイスラエルに行ってしまい、現在はわずか六家族だけが残っている。完全に観光地と化したシナゴーグへの小道には、ずらりと観光客向けのみやげ物屋が並び、客引きがカタコトの英語や日本語で声をかけてくる。

ガラクタが高値で売れる

シナゴーグ門前のいちばんよい場所にはアンティークの店があり、欧米人が品物を選んでいた。のぞいてみると、古びたキリスト絵画や柱時計、茶碗、ブリキのおもちゃなど、さまざまなガラクタが集めてあり、東京なら下北沢あたりにありそうな感じの店だ。

店の主人に値段を聞いてみたら、なんと古いアイロンや壊れた目覚し時計が九百ルピー。例の一ルピー＝百円の「現地感覚」なら九万円、一ルピー＝五〇円として五万円くらいになる。「おい、冗談だろう。こんなガラクタを誰が買うんだよ」と聞くと、店主はニヤニヤ笑って肩をすくめながら、外国人観光客がけっこう買ってゆくと言っていた。

アンティーク店は本屋も兼ねており、インド文化やヨガの本、あるいは『自然の恵み』などと題した写真集など、いかにもインドにロマンを求める外国人が喜びそうなものが置いてある。古アイロンや古時計も、日本円に直せば二千円ちょっとだから、先進国の人間が記念品に買ってゆくことはありえる。

欧米人観光客とアンティーク店主

インド人観光客

しかし、壊れた古アイロンや古オモチャを周辺の農村から集めてきて、それが何万円にも売れるとなったら、下手をすればマジメに働く気が失せるだろう。地道に働いて稼げる何十倍ものお金が、外国人観光客を相手に一商売すれば手に入ってしまうのだ。ここコーチンはまだそれほどひどくないが、これでは町全体がガンジス川の門前町のようなベナレスで、タカリ屋が多いのはむりもない。

しかしコーチンでも、街頭で市価の二倍ちかい値段でフィルムを売りつけようとした少年たちや、理由もなく「お金をくれ」と言ってきた子供たち（制服を着た学校の生徒で貧乏そうではない）もいた。現地感覚でいえば数万円のお金を簡単に使う観光客の存在が、現地の青少年に与える悪影響ははかりしれまい。しかし現地の人びとは、ほんとうはそうした観光客をあざ笑っている。古道具を選んでいるアメリカ人観光客の横で、笑いをかみ殺すようにかしこまっていた店主の様子は印象的だった。

しかし、観光客は外国人だけではない。シナゴーグにも浜辺にも、たくさんのインド人観光客がいた。コーチンはゴアとならんで海辺のリゾート地として知られるようになっており、北インドやバンガロールなどから、経済開放政策の恩恵をうけた中産階級の観光客がやってきているのである。バンガロールにあったような、「ヤシの木陰に日が沈む」という観光案内を見てやってくるわけだ。またシナゴーグで話した相手は、一九七二年に十九歳でビハール州からオーストラリアに移住したインド系移民で、こういう「欧米人観光客」と「インドの他地域からの観光客」の中間にあたる人もいる。

さらに、格差はコーチン内部にもある。タクシーの運転手に聞いた話では、ビジネスや商業の中心地である新市街の人びとが、浜辺のある旧市街にやってくる。ちょうど日曜だったので、浜辺は自家用車やバスでやってくる家族連れであふれていた。

しかし、浜辺の風景はさらに複雑な分化をみせる。よく見ていると、浜辺の出店のなかでも、外国人観光客がたまっている店と、インド人の家族連れが集まる店は分かれている。前者の一つをのぞくと、日本にもよくあるパラソルと白いテーブルのセットが並び、「サハラ・ファーストフード・ショップ」という名前で、コーヒーやコーラを高値で出していた（店員に「なぜサハラなのか」と聞いてみたが、結局不明だった）。インド人の寄る店はこんなに先進国風のきれいさはないが、値段がやや安い。

「アート」の大発生

もう一つ気がついたのは、シナゴーグ周辺でも浜辺でも、「アート」や「エスニック」をうたい文句にしたみやげ物屋が多いこと。正体不明の絵画や民芸品を売る店は「アート・ギャラリー」と名づけられ、それに飲食店が付属すると「アート・カフェ」などと銘打たれる。「みやげ物屋」と名乗るより、外国人の受けもよいだろうし、高値で売りやすいのだろう。そもそも、外国人の視線がなければ、地元の人が地元の民芸品を「エスニック・アート」などと呼ぶわけがない。この手の「アート・ギャラリー」の類は、「デリーの原宿」ハウズ・カース地区などでも見かけたが、コーチンは町が小さいだけにとくに目だった。

カタカリ・ダンス

ひとあたり名所めぐりを兼ねて町を見まわったあと、夜はケーララ名物のカタカリ・ダンスを見にゆく。しかしコーチン文化センターという小さなホールに入ると、三十人弱ほどの客は、ほとんど欧米人ばかり。あとは日本からの観光客らしき数人と、若干のインド人。このカタカリ・ダンスも、原型はやや異なるもので、現在のものは観光客向けに派手になったものだそうだ。それでもダンスそのものはおもしろかったが、完全に観光文化になりつつある感じはした。地元民がゆく安い地元料理屋を運転手に教えてもらって夕食をとり、ホテルにもどって早々に寝る。

二月二十一日（月）晴　船で学校めぐり

今日は船に乗って海辺をまわる予定なので、朝早くタクシーに乗って出発。目指す場所はコーチンから南へ六十キロほど行ったところにある、アレッピーという小さな町。そこから船に乗るのである。

今日の運転手は、昨日とは変わりマダヴァンと名乗るヒンドゥー教徒。体格のいい陽気な男で、年齢は二十歳台前半くらい。道みちいろいろ話しかけてくる。「ジャッキー・チェンはいいよな。彼は日本人だったろ」「インド人民党が好きだ。強い政党だし、国民会議派のように人をだまさない」といった話からはじまり、「イスラム教徒は嫌いだ。あいつらは人をだますからな。知ってるかい、シナゴーグの周辺のインチキ店のあたりは、イスラム教徒のたまり場なんだ」といった調子。

イスラム教徒への偏見

もっとも、「シナゴーグ周辺の店」云々の話は、正確かどうか保証がない。少なくとも私が入った二軒の店は、主人はそれぞれヒンドゥー教徒とキリスト教徒だった。ためしに「イスラム教徒の友達はいるかい」と聞いてみたら、「一人いる。ムハマドって名で、あいつはいい奴だ」と言う。どこで知合ったのかと聞くと、この運転手が生まれた農村で、小学校の同級生だったという。

こういう事例は興味深い。現在のインドにおける宗教対立は、農村部より都市部で多いといわれる。顔見知りばかりで構成されている農村部は、「イスラム教徒」というイメージよりも「ムハマド」という固有名が浮かぶが、人間関係が稀薄な都市部では、「よくは知らないが、イスラム教徒は悪い奴らだ」というステレオタイプが発生しやすい。これに経済開放政策がからみ、「奴らのほうが最近儲けているらしい」といった格差意識がくわわると、よけい不安定になる。近代化によって地方コミュニティが崩壊すると、「○○村の人間」といった意識よりも「日本人」というアイデンティティ、つまりナショナリズムが生まれるのも、同じ構造だ。

それにたいし、「イスラム教徒」のなかに具体的な友人が一人でもいると、偏見はずっと緩和される。その唯一の友人が農村時代からの幼なじみだというのも、興味深い話だ。在日朝鮮人のタクシー運転手を主人公にした映画『月はどっちに出ている』で、主人公の同僚が発していた「俺は朝鮮人は嫌いだが、姜さんは好きだ」というセリフが思い出される。

そうこうしているうちに、アレッピーに着く。公共の旅行サービス事務所に行き、船に搭乗。旅行代理店に予約を頼んでおいたのだが、なんと貸切り船。しかも二階建て客席のついた数十人は乗れそうな船で、三時間は自由に回ってよいという。代金が少々気になったが、とりあえず出発。

運転手のマダヴァンは、「俺も乗せてくれ。ガイドするよ」と言って乗ってきた。例によって、私が若く見えて服装もラフなので、気安い相手とみえたようだ。あまり運転手と親しくなりすぎると、金品を要求されるなどあとで問題が生じることもあるという話も日本の旅行案内本には書いてあったが、三時間ぼんやり風景を眺めているのも退屈なので、とりあえず乗ってもらう。

海辺の村は、細かい水路が縦横に走り、細い陸地にヤシの木や水田が広がるなかで、漁師たちが魚をとっている。その風景を楽しむのがケーララ観光の名物で、たくさんの船がアレッピーから出発する。大きな観光船にすし詰めになったインド人観光客、わら屋根で雰囲気を出した食堂寝室付きの船を貸切りにしている欧米人夫妻など、観光形態もさまざまだ。

水路を行く観光船

観光船がゆきかう水路に沿って、地元の人びとの家が並んでおり、人びとは水路で洗濯をしたり小船で釣り糸をたれている。しかし、家の様子をみていると、明らかに貧富の差があることがわかる。マダヴァンに聞くと、大きくて西洋式なのは水田の地主の家、小さいのは小作人か漁師の家だそうだ。

美しいが貧しい土地

マダヴァンはあたりを説明して、「この地域は見た目の風景はきれいだけど、人びとは貧しいんだ。水田で働くか、小船で漁をやってコーチンの町まで売りにゆくんだ。そして若い男は町に働きにゆくのが多い。だから、老人とか女、そして子供ばかり目立つだろ」と言う。見ると観光船にまじって、コメの袋を満載した小船や、定期的にアレッピーの町まで往復しているバス船が動いている。観光客からはどう見えようと、人びとにはその土地の生活があるのだ。

そして観光定期便の船が立ち寄る場所は決まっており、客を上陸させる場所にはやや瀟洒《しょうしゃ》なバーがあって、ヤシの実やヤシ酒が出されているのが見える。観光客が上陸する近辺にだけ、他の場所にはない丸木橋が渡してあった。

TVアンテナが目立つ

とはいえこの漁師の地域にも、電線が通っており、電柱が目に入る。とくに地主の家には、大きなパラボラ・アンテナやTVアンテナが目立つ。水辺で高温多湿という気候のせいか、洋服姿はデリーやベナレスより少ないが、やはり現代のインドなのである。

もっとも、近代技術の導入は、必ずしも単純な近代化にはつながらない。パラボラ・アンテナはケーブルTVの受信用なのだが、おもに地主の家にしか付けられていない。付近の人びとは、地主から番組を供給してもらうことになる。インドの農村部では、それによって、かえって「伝統的」な地主を中心とした階層構造が強化されるという現象も起きているそうだ。

学校を見学

風景を見ているだけではつまらない。マダヴァンがどこか行きたいところはないかと言うので、学校がないかと聞いてみる。ここが貸切り船のよいところで、マダヴァンが現地語に通訳し、船の運転手が学校のそばに寄せてくれた。水路沿いの陸地に、男子専門のハイスクールが建っている。上陸すると、子供たちが東アジア系の外国人を珍しがって、盛んに手を振ってきた。

マダヴァンと一緒に校門から職員室に入り、見学させてくれないかと頼む。ここは私立学校なので役所の許可は不要だが、教師たちは校長が留守なので写真はダメだと言い、教室を見ることだけ許してもらった。細長い校舎が二つほどあり、教室には机が並んでいて、生徒たちは外国人を見て大はしゃぎ。これから試験だから教員室に戻ってくれというので、話を聞くほうに切りかえる。

ここはキリスト教系の私立学校で、教員室にはガンディーの絵をのぞけば、あとはキリストの絵と代々の校長の絵ばかり。一九二一年に創立された、けっこう古いハイスクールのようだ。生徒は五百人、教師は二十五人といった状況を聞いたあと、寄付をしてくれないかと言われる。教師のいうには、「ここは貧しい学校なのよ。運動場もないし図書室もない、マイクは一本だけ、扇風機も教員室に一つあるきり。政府はマネージメントだけで資金援助をしてくれない。だから寄付が頼りなのよ」というのだ。たいした手持ちがないので考え込んでしまうと、「だったら寄付はいいから、日本政府に働きかけてください」と言われてしまった。

この学校の外壁には、水路から見えるような位置にセメント会社の広告が一面に描いてあり、そうした広告収入まで使っての学校経営であることはよくわかった。しかし設備はあまりよくないが、それでも教師一人あたりの生徒数は二十人、いちおう机もそろっている。先月見学したスルタンプル周辺の農村の小学校でみられた、「たった一人の教師に百人の生徒」という状況とくらべれば、はるかにましだ。何よりこんな細い水路の村にハイスクールがあるということは、さすが教育が行き届いていることで名高いケーララ州である。

学校の教師（左）と生徒たち

それにしても、私たちは彼らにどう映ったのだろうか？　平日の真昼間、いきなり大型船が学校にやってきて、外国人と現地の運転手が、予約も紹介もなしに、のこのこ学校に入ってきたのである。子供は喜んだろうが、教師たちはよくも相手をしてくれたものだと思う。それとも、あまりに突拍子もなく入ってこられたので、あっけにとられてしまったのだろうか。

校門前で児童の集合写真を撮影したあと、子供たちの歓声に送られながら、また船に乗って出発する。先の男子校から、水路を挟んで反対側にはやはりキリスト教系の女子校があり、上陸して見学を頼んでみたが、ここは許可が出なくてだめ。女子校というのはどこも厳しいものだが、

運転手の収入

当然の反応といえばそれまでである。

さらに水路旅行を続ける。マダヴァンが、私の職業を知って、いろいろ聞いてくる。学校見学のときに職業を名乗ったからだ。そもそも学校に立ちよる観光客など、まずいない。「結婚しているか」「収入はいくらか」というお決まりの質問に、こちらもお決まりの「サモサ一個二ドル」の例で日本の物価高を説明。マダヴァンの月収も聞いてみたが、固定給四百五十ルピーに、走行距離で計算する料金の七割が出来高払いで加えられ、最高でも月収三千五百ルピーくらいだという。下の上といった収入だろう。

ケーララは西ベンガルとならんで、共産党が政権をとっている州である。マダヴァンは、「共産党は嫌いだ。仕事もない、経済も悪い、それでいてしょっちゅうストライキばかりだ」と言う。昨日の旅行会社のクマラン氏も、「景気はよくない。新しい橋とかができたが、外国の銀行からの借款だ」と言っていた。

外国へ出稼ぎが多い

このクマラン氏は、昨日空港からホテルに着くまでの間に、いろいろ質問に答えてくれた。彼に聞いた話では、ケーララは確かに教育程度は高いが、大した産業がなく、インドの他州や外国への出稼ぎが多いという。インド国内の看護婦の半数が、ケーララ出身だという話さえ聞いたことがある。外国への出稼ぎは、やはり看護婦や医療関係、そして中東の油田地帯の労働者などが有名だ。英語が話せて給料が安くてすむというので、アメリカなどでもインド人とフィリピン人の出稼ぎ看護婦が少なくないと聞く。漁業と水産物の加工・輸出業のほかは、外国企業の自動車工場などもあるが、それも一般工員の月給は三千ルピー、小学校教師は下手をすると二千五百ルピーくらいだそうだ。

マダヴァンもけっこう英語を話すので、外国人観光客によく雇われるそうだ。欧米人観光客などが、二十日間ほどタクシー会社を通じて彼を雇って、ケーララからゴアやバンガロールなど、インド南部一周などの旅をするのだという。「だけど、アメリカ人っていうのは、金持のくせに金をあまり使わないんだよな」と言うので、「日本人の観光客はどうだい」と聞くと、笑って答えなかった。

日本にいれば、こちらだってそう金持ではない。しかし為替レートの魔術で、インドにくると大金持になってしまう。そういう大金持たちの行動が、現地の人びとにはどう映り、どう影響しているのだろう。私にしたところで、おそらく彼らの一週間分の稼ぎくらいの金で、船を貸切りでチャーターして回っているのだ。今はあたかも友人のような感じでマダヴァンと話しているが、これほど格差があっては、真の交際など成り立つまい。あまりの経済格差は、さまざまな意味で人間の関係を破壊する。

三時間の船旅を終え、船着場のあるアレッピーの町で昼食をとり、午後は村落部の見学にゆく。マダヴァンは、いまは妻と二人でコーチン市内のアパートに住んでいるそうだが、もとはコーチンとアレッピーの中間にある村の生まれだというので、そこに案内してくれと頼んだのである。コーチン－アレッピー間のハイウェイを横道にそれ、しばらく進むと、海岸に近い農村がある。村の中心で降ろしてもらい、周囲を歩き始めた。

農村を見回る

村の中心には十数件の小商店がならび、人びとが珍しげにこっちを見ている。外国人観光客などめったにこない場所だからだ。経験的に、ここケーララではバンガロールとおなじく挨拶をしてから写真を撮ると人びとが喜ぶことを知っていたので、いくつか写真を撮らせてもらったあと、

「村の小学校はどこか」と聞いてみる。方角を聞いて歩いてゆくと、十分ほどでデリー市内の普通の小学校と大して変わりないくらいの施設を持った学校があった。見学させてもらおうかと思ったが、職員会議中だったので、黙って立ち去る。

改築ブーム

近辺を歩いていると、改築中の農家が目立つ。改築はたいていケーララ在来風のかわら屋根の農家から、コンクリートかレンガで西洋式の平屋根家屋につくり替えているものが多い。小さな村であるにもかかわらず、ダンプカーが何台も石や砂を運んで村内に入ってきている。

外国人、とくに西洋人でない外国人が珍しいので、家の近辺にいる人に声をかけると適当に質問に答えてくれた（教育程度が高いので、村内にも英語を話せる人が多い）。このあたりは一面にココナッツの木が植えてあり、ココナッツ油をつくってコーチン市内に売りにゆくのだが、改築中の家は外国への出稼ぎで収入を得た家庭が多いそうだ。地元でココナッツをつくるより、外国で働いたほうがはるかに高収入になるのである。もっとも改築の途中で送金が止まってしまい、そのままになってしまうような例もあるそうだ。

村内格差

村を見まわっていると、村のなかにも格差が発生しつつあることがうかがわれる。改築中の家、立派な西洋風の家と、明らかにそれより貧しげな在来式の家が混在する。一軒の豊かそうな家に挨拶して覗かせてもらうと、テレビ・冷蔵庫・アイロンなどが目に入る。家の屋根のＴＶアンテナには、ヒンドゥー神の飾りがかけてあった。そして特徴的なのは、お金をもっていそうな家ほど、周囲をコンクリートの壁で囲い、鍵のかかる門を備えていること。まさに、経済格差は人びとの間に壁を生みつつある。

村の中心に戻ると、ヒンドゥーの寺院が建っている。新しくつくられたけっこう豪華な門があ

改築中の農家

り、寺院の中心では女性が拡声器でヒンドゥーの説教を放送していた。こうした設備も、出稼ぎによる経済効果の一つなのだろう。村には電線がゆきわたり、テレビの音声がいくつかの家から聞こえ、村の中心にある小商店のなかにはビデオ屋もあった。

村内をうろうろしていると、帰りが遅いのを心配したマダヴァンが、村人に私の行き先を聞いて車で迎えにきた。乗車して車で十分ほどの浜辺に出ると、地元の人や漁師ばかりで観光客はいない。マダヴァンも子供のころよく泳いだ浜辺だそうだ。しばらくぼんやりインド洋でも眺めようかと思ったが、人びとは珍しがって私をとりかこみ、とれたての生エビを食えだの、写真を撮ってくれだのと一人にしておいてくれない。好意はありがたいが、少々疲れる。

しかしこんな場所でさえ、制服を着た生徒が、外国人とみると「ペンをちょうだい」「五十ルピーくれない」などと言い寄ってくるのには、少々複雑な気分になった。五十ルピーは例の「現地感覚」では数千円だが、レートで直せば百円あまりだから、簡単に与える観光客がいるのだろう。あとで聞いた話では、ペンを子供にあげる観光客も多いそうだ。まったくタカリ屋がいないバンガロールと、すっかり観光に毒されたベナレスを両極端とすれば、コーチンは前者から後者へ移行しつつある状態を感じさせた。

近辺に学校帰りの制服を着た生徒がたくさんいたので、乗車して近所のハイスクールにむかう。五分もしないうちに大きなハイスクールがあり、立ち寄ると子供たちがいっせいに手を振ってくる。教師がいたので、無断で立ち入ったことをあやまったあと質問すると、生徒数千三百人で教師は三十三人だという。ここもキリスト教系で、一九〇六年創立という古い学校だ。さらに車で行くと、すぐにまたキリスト教系のハイスクールがあった。

学校が多い

ケーララの初等教育就学率は一〇〇パーセントに近く、ティワーリー氏のNGOが活動していたスルタンプル周辺の小学校卒業率が三パーセントなのにくらべ、格段の差がある。私が見た範囲で、両者の農村部を比較して明らかに気づくのは、人口密度のちがいである。ケーララの村落は海岸周辺に集まっていて、見わたすかぎりの畑が広がっていたスルタンプル周辺にくらべ、ココナッツの林（というか畑）のなかに家々が密集している（地主がいる水田は広いが、これはときどき現われる風景というにとどまる）。人口密度が高いから、必然的に学校もスルタンプル周辺にくらべ密集していて、通うのが簡単なのだ。

人口密度と近代化

スルタンプル周辺では、車で走っていてごくたまに小学校を見るだけだったのにたいし、コーチン周辺ではいたるところに学校がある。その密度は、デリー市内といい勝負だろう。スルタンプルの小学生が十キロの距離を通わなければならないとすれば、ここは一キロかそこらですむはずだ。

しかも学校が密集していることは、相互の教師が設備を融通し合ったり、研修や助け合いをするのにも有利だ。スルタンプル周辺では、周辺の半径十キロ以内にあるただ一つの学校の、ただ一人の教師がすべてを行なわなければならない。彼が負担に耐えかねて病気になったり、やる気をなくせば、その地域全体の教育がマヒする。しかしコーチン周辺なら、たとえ一人の教師が病気になり、あるいは一つの学校が火事で焼けても、なんとかカバーできるだろう。政府の監督なども、行き届きやすいにちがいない。近代日本で教育制度の普及に成功したのも、一つには人口密度が高かったからだとも考えられる。

もう一つは、キリスト教系の学校の多さ。ハイスクール以上はとくに顕著で、私がコーチン周辺で見たハイスクールは、ほとんどキリスト教系だった。運転手のマダヴァンも、ヒンドゥー教徒であるにもかかわらず、キリスト教系のハイスクールに通ったという。あとで旅行会社のクマラン氏に聞いた話では、教会ルートなどを通じた欧米諸国からの援助が、これらキリスト教系学校を発達させるのに一役買ったらしいのだ。

学んでも仕事がない

しかし反面、人口密度の高さは、教育を受けても仕事がないという事態も生んでいる。教育を受けて仕事がなければ、外国やインド他州に出稼ぎにゆく者が多くなるのも道理である。前述のとおりコーチン周辺は西洋風の新築の家を建てているところが多かったが、あとでクマラン氏から聞いた話では、ほとんど水田の地主か、外国への出稼ぎ者がいる家庭か、あるいは水産物の輸出をあつかうビジネスマンの家屋だという。高い教育程度と出稼ぎの多さというケーララの光と影は、おなじ社会構造から生じているのだ。

歩き回っていいかげん疲れ果てたので、マダヴァンの運転でコーチン市内にもどる。昨日行った旧市街とは逆に、こんどはビジネス街や大商店が並ぶ新市街に行ってもらう。街並みはベナレスのように「インドくさい」ものではなく、西洋や日本の中型都市という感じで、これも印象だけでいえば沖縄市（旧コザ）に似ていた。ケーララの在来家屋が沖縄の家に似ていることは、前にも記したとおりだ。高温多湿の南方地域、高い人口密度、出稼ぎと失業の多さ、観光客の集中というケーララの特徴は、そのまま近代沖縄の特徴でもある。

マダヴァンに、「せっかくだから君の写真も撮ろう」と言うと、スペシャルな場所に行くからそこで撮ってくれと言う。どんなところかと思ったら、なんとキリスト教の教会に行き、その前でポーズをとった。彼はヒンドゥー教徒だが、運転席の前に十字架を飾っていたくらいで、けっこういいかげんである。

平和なケーララ?

もっともこのいいかげんさは、長所にもなる。彼の生まれた村も、働いている運転手十二人という小さなタクシー会社も、ヒンドゥー教徒・キリスト教徒・イスラム教徒が混在しているという。マダヴァンは、「ニュースでは北インドの宗教対立の話とか聞くけど、ケーララにはそんなものはないよ」と強調していた。

しかし、私はそれほど楽観的には思えない。宗教対立は、宗教そのものの対立というより、社会不安が宗教対立のかたちをとって現われたものである。現在紛争が起きている地域も、かつては各宗派が共存していた地域が多い。

ケーララに宗教紛争がないとしても、都市がデリーやカルカッタのように巨大でなかったり、密度の高い農村が近くにあったりして、具体的な人間関係が保たれているからだとも考えられる。仕事が少なく、格差が生じつつあるとはいえ、デリーをはじめとしたインドの他の都市部にくらべ、コーチンには明らかな貧困層やスラムは目につかない。まだそうした社会不安が顕在化する度合いが弱いのだ。

新婚の運転手

インドでは夕食は通常八時か九時だが、疲れたので六時半から夕食をとり、それで今日はホテルにもどることにする。マダヴァンの案内で、地元の人が行く安いレストランに案内してもらった。インドでは「運転手を雇っても、一緒に食事をしないこと。金をたかられることがある」と日本の旅行案内本には書いてあったが、彼は一緒に店に入ってくる。いざとなったら彼の食事もおごるつもりだったが、私がケーララ料理を食べているあいだ、彼はコーラだけを注文した。

「女房が待っているから、夕飯はいつも家で食べるんだ。でも観光客に雇われると夜まで長引くことが多いんで、『今夜は遅くなるから』って電話をかけるのがしょっちゅうさ」と言う。写真を見せてもらったが、かわいい女性だった。

マダヴァンが「農村を歩き回ったり、学校に行ったりして、おもしろいのかい」と聞くので、「普通の観光ポイントよりおもしろいさ。君の話もね。『イスラム教徒は嫌いだが、ムハマドは好きだ』とかは、本には書いてないインドの宗教事情の実例だよ」と答える。マダヴァンは、「大学の先生っていうのは、そんなことに興味を持つんだな」と笑った。

二月二十二日（火）　晴　旅行詐欺

今日はコーチンを発ち、デリーにもどる日。しかし、昨夜急に旅行代理店のクマラン氏からホテルに電話があった。飛行機は二時半の出発だから、午前中にもう一つ、二時間くらいの船旅を用意してあげようというのである。一昨日にもその提案があり、高そうなので断ったのだが、この昨夜の電話では「安くしますよ。とりあえず朝十時にホテルに行って相談します」と一方的に言われる。あらためて相談することにして、その場は電話を切った。

ところが朝の九時、こんどは運転手のマダヴァンからホテルに電話があった。クマラン氏の計画はキャンセルになったので、二人で十一時半に迎えにきて、直接空港に行くというのである。

様子がおかしい

どうも様子がおかしいが、十一時半までひまになったので、近所を歩くことにする。

ホテルのある地区は新しく埋め立ててできた人工島で、一面の草原に、港や貨物鉄道があるだけの殺風景な場所。歩き回ると、港湾労働者やダンプカーの運転手たちが、物珍しそうに声をかけてくる。ダンプカーは、キリストやヒンドゥー神の絵などで、派手に飾ったものが多い。ダンプの運転手などは、愛車と一緒に写真を撮ってあげると大喜び。英語が話せる人は少なかったが、となりのタミルナド州などから出稼ぎにきている運転手も多かったようだ。

十一時半まで歩き回ってホテルにもどると、クマラン氏が待っていて、「十時に来ていたんですよ」と言う。マダヴァンからキャンセルの電話があったと言うと、「まちがいです。さあ、今から船旅に行きましょう」と言いだす。船旅といっても、飛行機の出発まで時間がないはずだ。それを指摘すると、「三十分の船旅がありますよ。私が用意してあげます。あなたの好きな農村部も通って行けますよ」と言ってねばる。料金はと聞くと、「百五十ルピーくらいをめどに、お好きなように」と言う。

どうもサギらしい

一昨日に会ったときには、何を聞いても少し気が弱そうな表情で、「社長に相談してみないと」と言うばかりの人だったのに、今日はやけに強引である。どうやら、旅行会社を正式に通さないプログラムを自分で組んで、個人的にお金をもらおうということらしい。むこうの考えはわかったが、農村部を通れるというので、最高でも五十ルピー以上は出さないという約束でOKを出す。クマラン氏とマダヴァンはなにやら現地語でもめていたが、とにかく最初に空港から到着したのとはちがうルートで走りだした。

大学出だが安月給

道みちクマラン氏が「旅はどうでした」と聞くので、簡単に答えたあと、ケーララの経済状態や彼自身のことを聞いてみる。一昨日に空港からタクシーに同乗したときに、ケーララの宗派比率などをすらすら答えたので、けっこうインテリである可能性が高いと思ったからだ。

予想は当たり、クマラン氏はコーチン大学で歴史学を専攻した人だった。にもかかわらず職がなく、もう七年ほど小さな旅行会社の社員として、月給四千ルピーで働いているという。大学出にもかかわらず、工場労働者や、マダヴァンのようなタクシー運転手と、たいしてちがわない給料だ。

電気製品はローンで買う

市内は家賃も物価も高いので、彼はコーチンから六十キロほど北の生まれ故郷の地域から、バスで通勤しているという。家は三部屋に九人家族。彼の子供は四歳の男の子だけだが、親兄弟が多いのである。テレビやオーディオ、アイロンや冷蔵庫などはいちおう持っているが、車やオートバイはなく自転車だけ。電気製品もぜんぶローンで買ったそうだ。

クマラン氏はしだいに、私がインドの人びとの暮らしについて、いくらか知っている人間であることを察知したらしい。ケーララの経済状態を問われるままに答えたあと、「歴史なんか勉強しても、お金にならない。私の兄弟はエンジニアリングを勉強して技術者になりましたが、そのほうがよかった」と言う。そして「日本人はお金持ですよね。ケーララは美しい場所ですが、経済はお話ししたとおりです。ほんの一部の金持と、私たちのような中の下の人間、そしてもっと貧しい人びと。そして観光客は、私たちが信じられないようなお金を使うんです」と言うのである。

私はそれに答えて述べる。「ガラクタを高値で売っている店を見ましたよ。観光客にお金をねだる子供もね。でも日本だって、人びとは国内では狭い家に住んでいるし、物価はあなたがたが信じられないくらい高い。ただここに来ると、為替レートの魔術で、いきなり大金持になってしまうだけです」。クマラン氏は、「どこも同じというわけですか」と、ため息まじりに微笑む。

マダヴァンは、一部始終の話を黙って聞きながら、運転をしている。とある川端に着くと、村人たちが乗るフェリーが船着場に待っていた。なるほど、これが「船旅」かと思ったが、黙って車ごと乗ると、ほんの十分ほどで対岸に着いてしまう。それから農村や小さな町を抜けて、空港にむかった。

対応に迷う

空港に着き、マダヴァンと別れる。クマラン氏は空港内までついてきて、何やら帰りにくそうにしている。こちらから、「さて、さっきの船旅に、いくら払うべきですか」と聞くと、やや複雑な表情で「あなたはすべてわかっているでしょう。お好きなだけどうぞ」と言う。私が「フェリーの代金は、せいぜい二十ルピーかそこらでしょう。タクシー代は旅行会社を通じてもう払ってある」と言うと、クマラン氏は黙ってうなずいた。ここでどうするか一瞬迷ったが、「あなたはいろいろ話してくれた。それを考えて、最初に言ったとおり五十ルピー渡しましょう」と伝えた。

クマラン氏は五十ルピー札を受け取り、「わかってください。これも私の仕事なんです」と言う。大学を出ても職がなく、小さな旅行会社で安い給料で働き、毎日何時間もバスで通い、湯水のように金を使う観光客の相手をする生活。どこの国でも、人間は同じような労働をしているだけなのに、なぜ国家が設けた国境がからむと、何十倍もの格差が生じるのか。もし私がインドに生まれ、クマラン氏が日本に生まれていたら、立場は逆になっていたかもしれない。複雑な表情で立っている彼に、「あなたは自分に誇りを持つべきですよ」と言うと、「私の身の上など聞いてきた旅行者はあなたが初めてです。あなたはやさしい人だ。ありがとう」と言い、軽く握手して立ち去っていった。

私の振舞いが正しかったのか、間違っていたのか、わからない。金額は少ないとはいえ、結果としては「カモにされた」といえるし、それが彼にとってよいことだったろうか。なにより彼はこのままコーチンにとどまり、私はもうすぐ日本にもどる。いくらか感傷的になったところで、格差がなくなるわけでも、状況が改善されるわけでもない。デリーへもどる飛行機のなかで、さまざまな想念が浮かんでは消えていった。

第十二章　国境の町

二月二十三日（水）　晴　インド近代化の是否

今日はデリー大学で最後の講義の日。朝からハルバン氏のタクシーで出発。

この日のテーマは、近代日本の植民地支配とマイノリティ差別。これまで日本の近代化の成功事例ばかり話してきたが、これはいわば近代日本史の負の部分である。もともと私のこれまでの研究にいちばん近い領域でもあるし、これを話さないと講義全体のバランスを欠く。

日英植民地支配の比較

日本の朝鮮・台湾支配と、イギリスのインド支配のちがいを強いて挙げれば、分割統治・間接統治の採用度である。

現在のインドでイギリスの支配を振りかえる場合、インドに分割統治が施されたことが強調されることが多い。イギリスは各地の王族や、宗派ごとの有力者を支配に協力させる見かえりとして、王族の既得権を「自治」として保証し、またカーストなどを「宗教上の慣習」として認めた。これによって、カーストや王族支配は、イギリスの支配下でより強まったといわれる。もともと「カースト」という名称をつくったのもヨーロッパ側だった。こうして、それまで無自覚な慣習だったものが、制度化されてしまったというわけだ。

またイギリスが行なったセンサスにより、もともとコミュニティ内に共存していた人びとが「ヒンドゥー教徒」や「イスラム教徒」として集計され、さらに各宗派や各地方を競合させたため、宗派間や地方間の対立も発生した。このようにイギリスの統治政策によって、インドの分裂が深まるとともに、「カースト制度」のような「伝統」が創造されてしまったというのが、現在の植民地時代研究の主張である。

それにたいし、日本の朝鮮・台湾支配では、このような分割統治や「慣習温存」が重視される度合いが比較的弱かった。日本の支配が韓国などで振りかえられる場合には、「日本の同化政策によって韓国の文化が破壊された」という描写がなされることが多い。

これはイギリスと日本の支配のちがいを示すものでもあるが、一面においては、インドと韓国が現代においてむかいあっている政治的課題のちがいをも示している。インドの場合、とにかく地方間ないし宗派間の対立を乗りこえて国家の統合を成し遂げることや、カースト制度などを克服することが現代の課題なので、そうした「インドの問題点」がイギリス統治下で強化されたことに重点を置いた歴史観が描かれるようだ。しかし韓国の場合、「輝ける民族文化の誇り」を強調する文脈で、その「民族文化」を汚した日本の同化政策を批判するという傾向があった（近年は変化が見られる）。

歴史観は政治の一部？

歴史の描写というものは、「過去はこうだ、だから未来はこう進むべきだ」という筋書きをたどることが多い。だから、想定されている「未来」、ないしは現在の政治的課題によって、歴史描写は無意識のうちにせよ影響をうける。また一方で、日本の右派系政治家などのなかに「日本の朝鮮統治はイギリスのインド支配とはちがう、だから悪くないのだ」という論調も見られたためか、日本の歴史家のなかには「朝鮮支配のやり方はイギリスと大して違わない」と強調する人もいるようだ。歴史の叙述は「純粋な歴史」なのではなく、しばしば現代の政治の反映なのである。

名前を変える被差別者

このテーマと合わせて講義したのが、現代日本のマイノリティ差別。日本にいる朝鮮系の人びとは、戸籍と名前によって差別されることが多い。日本にちかいタイプの戸籍制度は、世界中で日本のほかには韓国と台湾(つまり「現在の日本」と「元日本だった地域」)にしか存在しないので、インド人には実感がわかない。しかし、「現代日本にいる朝鮮系の人びとのうち、多くは日本式の通名を持っている」というと、彼らも関心を示す。というのも、名前で出身地やカーストがわかってしまうことが多いインド社会では、都会などに出たさい名前を変えてしまう人もいるからだ。名前を変えなければ生きてゆきにくいという点で、日本の朝鮮系差別の激しさは、インドのカースト差別と同程度といえる。

マイノリティの職業

もう一つは、朝鮮系の人びとの職種。自営業や小工場のほか、医者と弁護士、スポーツ選手や芸能人が多かった。要するに、「通常の会社に雇ってもらえない人びとの職業」ないし「農業や漁業などの村落コミュニティに入ってゆけない人びとの職業」なのである。被差別マイノリティがこういった職種に就くのは、どこの社会でもよく見られる現象だ。

というぐあいで、最後の講義はあっさりと終了。「今日が最後です」と言うと、どうもインド側は日程がよくわかっていなかったようで、いちばん私の処遇に気を使っているラジブ講師が、スタッフとお別れ食事会を開く日を別に設けようという。とはいっても、明日から印パ国境の町であるアムリトサルに出かける予定なので、もう日程に余裕が全然ない。しかたなく、帰国する日の昼間に食事会をしようということで相談をまとめる。

ラジブ講師は「今日は昼食でも一緒にどうですか」と言う。ありがたいお申し出だが、ちょっとデリー大学の社会学部のほうへ行く用事がある。それをすませてからということで、待っていてもらう。

また講義中止

社会学部の用事とは、先日会ったアミタ・バヴィスカル氏(ナルマダ・ダム反対運動の調査の本を書いた女性)と決めたレクチャーの件である。アミタ氏が社会学部で英語のレクチャーをやってくれというので、二人で今日の午後にやると決めてあった。ところが、昨夜ケーララからラジブ邸へもどってみると、ラジブ家の長男アニルードから、「アミタという人からさっき電話があって、明日のレクチャーは中止だそうだ。詳しいことは本人に聞いてくれ」と伝言されたのである。土壇場キャンセルは二カ月の滞在中によくあったことなので、いまさら驚かないが、ちょっと確認したほうがよいと思ったのだ。

社会学部に行ってみると、アミタ氏が出てきて、「本当にごめんなさい。学生の教育プログラム上の都合で、できなくなって」とあやまる。ずいぶん急な中止だなとは思ったが、予定変更にはもう慣れた。そこへ先日お会いした人類学者のサンジャイ氏が現われ、「君のレクチャーを聞きにきたんだけど、中止かい」と言う。せっかくだから、アミタ氏が次の講義に出る時間まで、アミタ氏の研究室で三人でお茶でも飲むことにした。

「日本は差別的な国」

アミタ氏は、「バンガロールの会議はどうだったの」と聞く。私が「会議の場で、『どうやったらヒンドゥー教徒になれるか』って質問したんだよ」と言うと、二人とも「それは深すぎる質問だ」と言う。続けてサンジャイ氏は、「しかし、日本だって似たようなものじゃないかな。日本は世界中でもいちばん人種差別的な国の一つだと思うよ」と述べた。サンジャイ氏は東京に在住したことがあり、英会話学校の教師をやっていたそうだ。彼によれば、「日本人の生徒は、英会話学校の先生というと、白人で青い目だと思いこんでいるんだよ。だから僕が出てくると、みんな奇妙なモノでも見るような目つきだったね」というのだ。

もう時間なので、二人とお別れして日本研究科のほうにもどると、ラジブ講師が待っていた。彼の案内で、南インド料理屋に行く。ラジブ講師は私が話したインド知識人のなかでも、いちばん近代化に賛成の人なので、関心があったのである。

「近代化は進めるべき」

食事をしながら、ラジブ講師の話を聞く。「一時的に貧富の差が開いたり、環境問題が発生しても、近代化は進めるべきです。私は福沢諭吉の『文明論之概略』を授業でとりあげましたが、日本の近代化は参考になります」と彼は言う。なんでも、彼はインドでも貧しい地域とされるビハール州の出身で、州政府の高官だった父親とはいつも対立していたという。「父はガンディーが好きなんです。でも、機械工業を否定したガンディーの思想が、独立後のインドをどれだけ停滞させたことか。私はいつも父と言い争っているんですよ」というのだ。

彼の意見の背景には、インド社会における公務員の位置がある。明治の日本もそうだったが、近代的な民間産業セクターが小さい発展途上社会では、政府公務員が憧れのまとだ。そもそも自営業や日雇い労働が主となっている社会では、毎月定期的にお金が入る「月給取」はそう多くないうえ、公務員は福利厚生が整っているからである。ラジブ講師のような人が、経済開放以前の時期を「社会主義的な時代」とよび、「インドはもっと近代化して経済も自由にしなければいけない」と主張するのも、こうした事情がからんでいる。

私はさらに、もっとも聞きにくいことを質問した。「大学教授の給料って、どのくらいですか」。以前にタンカ氏が、「日本学科の卒業生が通訳や合弁会社に行ってしまって、大学に残らない」と言っていたのを思い出したのである。

教師の給料

もともとインドでは、公務員のなかでも教育関係は給料が低い。デリーでも新米教師は月給五千ルピー前後というが、ケーララでは二千五百ルピー、スルタンプール周辺では千五百ルピーほどだという。ケーララでは外資系の工場労働者が月収三千ルピー前後、デリーのタクシー運転手は月収四千から五千ルピー。田舎の学校教師より、デリーでタクシーの運転手になったほうが、稼ぎがよいかもしれないのだ。

ラジブ講師は、率直に答えてくれた。デリー大学では新人講師クラスが月給一万三千ルピー、教授クラスでも二万から三万ルピーと言う。「それでも十年前に比べれば、だいぶ良くなりました。当時は月給三千五百ルピーくらいでしたから」というのだ。

消費ローンの広告

インドはいまや高度経済成長期、人びとの月給は上がりつつある。とはいえ現在テレビは最低で五千ルピー、バイクは三万ルピー、自動車は二十万ルピーを超え、消費ローンの広告がデリー各地で見られる。ラジブ講師などは、自分の自動車を持っていない。それにたいし、軍の将校になれば、最低でも月給二万ルピーで専属運転手がつく。デリー大学に勤めてこの待遇では、小学校教師をやめて軍人になったほうがよいという人間が出てきても不思議はない。

ラジブ講師は「もっと滞在期間があれば、いろいろお話ができたのに」と残念そうだ。しかし、今さらどうにもならない。昼食をおごってもらって、彼を自宅近くまでタクシーで送ったあと、こちらはラジブ邸への道につく。

ここでも「日本に行きたい」

ラジブ邸にもどると、召使のラジューやアンカールがお待ちかね。出してくれたお茶を飲みながら部屋でパソコンを叩いていると、後ろからのぞきこんで、カタコトの英語で「ビジネスマン、ビッグ・ビジネスマン」とか言って騒ぐ。パソコンを叩いているのが、アメリカのビジネスマンみたいでかっこいいのだろう。

そのうちに二人して、「ユー、ゴー、ジャパン。ウイ、ゴー、ジャパン」とか言いだす。私の帰国の日が近いので、日本に連れていってくれないかと言っているのだ。バンガロールでも「連れていってくれ」と言う人びとに出会ったが、入国審査の問題とかがよくわかっていないのだろう。日本で何をするのかと二人に聞くと、「クック、クック」と言う。東京でインド料理をつくって稼ぐつもりらしい。彼らのつくる料理はうまいが、この語学能力では困難が予想される。「むずかしいんじゃないか」と言ってその場はすませたが、出稼ぎの多いケーララから帰ってきたばかりだけに、何か複雑な気持がした。

夕食の前には、ラジブ夫妻にゴタム氏がくわわって、応接間で四人で談笑。「ケーララはどうだった」と言うので、「いいところだったけど、少し考えさせられましたね」と答える。さらに、「スルタンプルあたりとちがってケーララでは、教育が普及すれば状況がよくなるという楽観は持てないでしょう。教育が普及したって出稼ぎしか仕事がないんだから」と述べた。ラジブ夫妻は複雑な表情である。

とりあえず、明日はケーララとは正反対の、北方のアムリトサルに行く。また別の、インドの表情が見えるはずだ。

二月二十四日（木）晴　国境の儀式

アムリトサルへ行くため、早朝六時に起床。六時半には小川氏夫人の藤岡氏がタクシーで迎えにきた。二人でデリー中央駅へむかう。

「緑の革命」とパンジャブ

アムリトサルは、インド北西のパンジャブ州の最大都市である。一九六〇年代から、「緑の革命」とよばれる農業開発計画が世界各地で行なわれたが、パンジャブ州はそれがもっとも成功した地域の一つといわれる。インド内部でも、ケーララ州と並んで教育程度も高く、豊かな州とよばれるところだ。

反面、パンジャブ州は、ケーララ州とならんで海外移民が多い土地としても知られる。教育程度が高くなることが人びとの経済的欲求を高め、出稼ぎを促進することは、ケーララでも見られた現象だ。

また「緑の革命」も、高収量品種の導入などで農業生産を増大させたものの、一方で貧富の格差や環境の破壊を招きやすかった。高収量品種は、もともとの土地に根ざしていた在来品種よりも、多くの水や肥料を必要とした。そのため、ダムが必要になったり、塩害で土地が荒れたり、肥料を買える富農だけが豊かになったり、また肥料や機械を導入するために借金が増えた農民が出たのである。

印パ分裂と難民

またパンジャブ州の出稼ぎ移民の多さは、政治的な要因もくわわっている。ここはインドとパキスタンの国境地帯で、パキスタン最大の都市であるラホールとアムリトサルは、さほど離れていない。一九四七年にインドとパキスタンが分裂したさい、パンジャブ州はイギリスが決定した国境で二つに引裂かれ、大量の難民が発生した。

八〇年代の動乱

リチャード・アッテンボローの映画『ガンディー』のラストは、パキスタン領内からインドにむかうヒンドゥー教徒の難民と、インド領内からパキスタンにむかうイスラム教徒の難民の長大な行列が、交差しあうことなく地の果てまで続くシーンである。しかも以前に記したように、このときの宗教対立で大量の殺人・暴力・強姦などの事件が起こり、難民は約一千万、死者は百万以上といわれ、インドとパキスタンに引裂かれたままの家族も多い。

ここでのインドとパキスタンの関係は、乱暴にいえば、南北朝鮮の関係と少し似ている。朝鮮の場合も、第二次大戦後に南北に分裂し、分裂を決定的にした朝鮮戦争で、大量の難民と死者を出した。当時の朝鮮全土の人口が三千万ほどだったのにたいし、朝鮮戦争による死者はアメリカ国務省の推計でおよそ三百万人といわれ（数字は諸説ある）、南北に分断された家族も多い。

そして南北朝鮮が民族的には同じであるように、アムリトサルとラホールももとは同じパンジャブ地方で言葉も同じ、ただむこうにはイスラム教徒が、こちらにはヒンドゥー教徒やシーク教徒が多いというだけにすぎない。分裂後もインドとパキスタンは三回にわたって戦争を行ない、いまでも両者間の近親憎悪は根強い。印パのクリケット試合があると、人びとが熱狂することは、以前にも記したとおりだ。

難民のうちかなりの数はデリーに流入し、現在のデリー人口の担当数はパンジャブ出身系の人びとだといわれるが、海外移民に出た人も多い。東京にあるインド料理店も、その多くはパンジャブ系の北インド料理である。

さらに政治的要因としてあげられるのが、一九八〇年代におけるパンジャブの動乱である。一九八〇年代前半、宗教間の対立が激しくなり、シーク教の総本山であるアムリトサルの黄金寺院に立てこもったシーク武装勢力を、インド特殊部隊が突入して鎮圧した。そして一九八四年には、こんどはインディラ・ガンディー首相が、警護員だったシーク教徒に射殺される。この後、デリーでは多数のシーク教徒がリンチで虐殺されるという事件が起こり、パンジャブでも対立や暴動が激化して、一九九二年ころまでパンジャブはきわめて不安定な状態にあった。こうした状況を逃れるため、移民の流出に拍車がかかったのである。

今回のアムリトサル訪問は、こうした経緯をもつパンジャブの国境や教育状況を見学するのが目的だが、もともとは先日会ったウルワシ女史の紹介で、現地の知識人の前でレクチャーをやる話になったのがきっかけだ。ウルワシ氏もデリー在住のパンジャブ難民の娘で、デリーにおけるシーク教徒虐殺事件をきっかけにパンジャブの歴史に関心をもち、印パ分裂時の女性や家族の聞き取りの本を出版したのである。藤岡氏は、その本を日本語に翻訳しているところ。彼女もウルワシ氏の友人に会いたいということと、以前にアムリトサルに訪ねたときの知合いもいるということで、通訳とガイドを兼ねて私に同行したのである。

デリー駅から早朝の特急列車に乗って出発。アムリトサルまで六時間ほどかかったが、車中ではまず居眠り。このところスケジュールが忙しくて日記を書く時間がとれず、昨夜は日記の執筆で二時間しか寝ていないので、疲れていたのである。

車中からパンジャブの農村風景を見ていると、いくつかの特徴に気づく。まず土地が平らかつ広大で、小麦やマスタードの畑が一面にひろがっている。こうした風景は北インドの典型で、先日訪問したサハランプル近辺とも同じだが、パンジャブのほうが畑の区画整理が行き届いた感じ。なによりサハランプル周辺とちがうのは、どこを見ても送電線が走っていること。豊かな地方で

アムリトサル市街

あると同時に、政府が重視している地域という印象を受ける。

アムリトサル駅に到着すると、デリーほど大都会ではないが、街並みはなんとなくデリーの商店街に似ている。藤岡氏の説明だと、デリーはパンジャブ系の人びとが多いので、アムリトサルがデリーに似ているというより、デリーのほうがアムリトサルに似ているとも考えられるそうだ。市内にあまり歴史的遺跡はなく、道も細いので、遺跡だらけのオールドデリーより、中小都市ベナレスのゴミゴミした感じに似ている。基本的には人口七十万くらいの町なので、町の広さはコーチンやベナレス程度。あまり観光資源は多くない町で、デリーから列車で六時間という地の利の悪さもあり、外国人観光客はあまりいない。

とりあえず、迎えにきたタクシーとホテルマンに附いて、ホテルに直行。案内したホテルマンは、イスラム教徒だった。印パ分裂時にほとんどのイスラム教徒がパキスタン側に追われたこの地域としては、珍しいといえる。事実アムリトサル近辺の農村には、イスラム教徒はほとんどいない。日本の在日朝鮮人もそうだが、マイノリティは農村コミュニティには入ってゆけないので、都市部で仕事をするしかないのである。

ホテルに到着し、まずはウルワシ氏の友人であるチョードリー氏宅に電話。ウルワシ氏は私のアムリトサル滞在日程だけ彼女に伝えて、私が連絡をとりレクチャーの日時を決めることになっていたのである。しかしチョードリー家は留守で、誰も電話に出ない。しかたがないので、市内観光に出かける。

まず出かけたのは、前述したシーク教の総本山である黄金寺院。今回の専属タクシー運転手であるカマル氏は、カシミール州出身のヒンドゥー教徒だそうだ。ケーララの運転手たちのようには英語はできないようで、少しこみいった質問をすると、市内名所の自動説明マシンと化してしまう（こっちの質問の意味がわからないので、とりあえず走っている近辺の名所の説明を、記憶してある英語の文章通りにリピートしはじめるのである）。しかし、たまたまチャンドラ・ボースの銅像の前を通ったとき「知ってるよ」と言ったらえらく喜び、さらに藤岡氏がヒンディー語で話しかけると、じつに気さくなオッチャンぶりを発揮しはじめた。

シーク教の寺院

黄金寺院の前に着く。運転手のカマル氏はわざわざ車を降りてきて、入口を教えてくれたり、寺院のなかを案内してくれるなど、実に親切。城壁のように寺院をとりまいた壁から入口に入ると、壮麗な黄金寺院が見え、読経が聞こえる。デリー見学の初日に見たシーク教のバングラ・サヒブ寺院もそうだったが、中央の本殿の周囲を水の入ったお堀で囲む形式で、本殿もお堀周辺の床もすべて大理石である。

お堀の外から本殿にむかう道は一本で、そこには純金で飾った壮麗な門があり、参道がお堀のなかを本殿まで続く。門には象嵌の飾りがほどこされ、参道も色のちがう大理石を幾何学模様にはめこんだもの。本殿も大理石造りの寺院を純金の板で覆ったという豪華ぶりで、ほんとうに金色に輝いている。

本殿の内部は、これまたみごとな象嵌細工。中央にはシーク教の聖書が飾られ、その横では楽団の音楽に乗せてお経が唱えられている。以前にも書いたが、シーク教は偶像崇拝を禁じているから、内部に神像はなくて聖書だけなのである。参道と二階建ての本殿は、この総本山にお参りにきたシーク教徒でいっぱいだった。

寺の音響設備

私のほうは、例によって寺院を観察する。お経を読む楽団はハルモニウム・タブラ・読経の三

読経を写すテレビカメラ

人編成だが、マイクは各自三本くらいで十本が用意され、二階にあるミキサーに送られたあと、本殿内と外部にあるスピーカーで放送される。隠れた位置にあるミキサーものぞいてみたが、最新型の十六チャンネル卓で、各楽器や読経の音量がバランスよくミキシングされていた。楽団はじつに演奏がうまいが、あとで聞いた話では、演奏しているのは寺の僧ではなく、シーク教徒のプロのミュージシャンが二時間交代で詰め、朝から晩まで演奏を続けているそうだ。聖なる経典もどうやら印刷されたものであり、二階には信徒むけの小経典も売っていたが、これももちろん印刷だった。

さらにこの演奏と読経は、寺院内外に放送されるだけではない。本殿中央の横にはテレビカメラが据えてあり、読経のあいだずっと撮影された画面は、テレビで放送されるそうだ。現在のインドでは、ケーブルテレビの普及が急速に伸びており、チャンネル数は四十くらいは軽くある。シーク系の放送局で総本山の模様と読経を放送すれば、敬虔なシーク教徒は家庭にいながら総本山につながることができるわけだ。

毎度書いていることだが、宗教が近代テクノロジーから力を得ているのが、現在のインドである。印刷技術は寺院に参拝できない遠方の信徒をも結び付けたものの、寺院に直接参拝したときのように、読経の声や輝く寺院の姿までは享受できない。しかし音響と放送技術の発達は、経典が読めないような教徒にまでも、テレビで読経や演奏を聞き、輝く寺院の様子を見ることを可能にしたのだ。

そこで思い出すのは、一九六〇年代に独自のメディア論を展開したことで知られるマーシャル・マクルーハンの、近代ナショナリズム批判である。

彼によれば、印刷技術の発達が同じ言語をもつ集団内に共通意識を植え付け、それがナショナリズムにつながった(「出版資本主義がナショナリズムをつくった」というベネディクト・アンダーソンの主張は、マクルーハンに影響されたものである可能性が高いと思う)。しかしマクルーハンによれば、それは視覚的言語に束縛された活字メディアによるコミュニケーションの産物であって、テレビ・メディアは全感覚による人間の結びつきを高め、やがてはメディアによって結ばれた地球全体が一つの村になる「グローバル・ヴィレッジ」が出現するだろうと予言したのである。

メディアがもたらす分裂

たしかに、テレビは文字とはちがって、外国人にも届く。私もヒンディー語の本はまったく楽しめないが、ヒンディー語のテレビはなんとなく楽しめる。しかし私がマクルーハンほど楽観的になれないのは、現在のインドで進行している事態が、むしろメディアによる社会の分裂であるからだ。

たとえば戦前の日本のように、ラジオ放送局が一つしかないような状況では、国家による民衆の思想統一と動員が問題になる。しかし現在のインドのように、地方や宗派のコミュニティが根強く残ったまま、ケーブルテレビで四十以上のチャンネルが見られる状況が出現すると、シーク教徒はもっぱらシークの番組を、ヒンドゥー教徒はもっぱらヒンドゥーの放送を見るという分裂現象が発生しやすい。じっさいに、メディアによる社会分裂というのはインドですでに論じられている問題らしい。

寺がコンセントだらけ

それにしてもこの寺院、電化が非常にゆきとどいている。本堂のシャンデリアは電球式だし、説教を流すスピーカーもあるから、本堂はコンセントがいっぱい。お堀をわたる参道には灯明台がならんでいるのだが、ぜんぶ電球が入っている。ということは、地下ケーブルで電線が通っているはずだ。数百年前に建った寺なら、そんな設計になっているはずがない。

寺の人に確認したところ、この寺院は創立こそ古いものの、現在の建物は一九八四年から再建されているのだそうだ。そう聞いて見わたしてみると、まだ工事中の個所がいくつもあった。インドの寺院にはよくあることのようだが、一見古そうに見えるが実はごく新しいのである。一九八四年といえば、この寺院に特殊部隊が送りこまれた年。つまりその後の紛争で寺院が破壊され、その再建工事のなかで電化が進行したと考えられる。

技術の導入と宗教のあり方

現在の日本だったら、古い寺院は重要な文化財だから、たとえ再建工事を行なうとしても、在来のかたちにできるだけ近づけるのが原則で、テクノロジーの導入にも躊躇するだろう。しかし、それはいわば日本の寺院がすでに宗教組織の中核としては生命力を失い、過去の栄光を国家の歴史の一部として評価されるにすぎない「文化財」と化してしまっているからである。

黄金寺院はそのような死んだ「文化財」ではなく、紛争のさなかにおいて、人びとの団結と救済の中心地にならなければならない役割を担っていた。それを再建するにあたっては、過去の様式をそのまま保存することよりも、現在の人びとにとって美しいものであることのほうが選択されても不思議はない。近代テクノロジーを積極的にとりいれて発展してゆくインドの寺院のありようは、宗教が現代社会のなかで生きているとはどういうことかを考えさせる。

国境へむかう

黄金寺院を出て、こんどはインドとパキスタンの国境へむかう。日没時には、毎夕国境の橋で印パ両軍が旗を降ろす儀式があり、それを見学にゆくのである。アムリトサルの町から国境までは、車でほんの四十分ほどだ。

戦車が通る道

車を走らせると、中小都市であるアムリトサルの町はすぐ出てしまう。あとは冬小麦の緑に、ときどきマスタードの黄色い花が揺れる典型的な北インドの農村風景だが、国境までの道路は幅がやたらと広く、がっちりと舗装されている。運転手のカマル氏の話では、非常事態のときには戦車部隊がここを通って国境にむかうので、広くて舗装してあるとのこと。軍の宿舎がときどき目に入るものの、兵器は見当たらないが、戦車や重砲はすべて地下に格納してあるそうだ。

どこまでもまっすぐ続く広い道路の両側には、ときどきイスラムのモスクがみえる。印パ分離前にイスラム系の住民が住んでいた村のモスクで、彼らは分離時にパキスタン側に難民となって出てしまい、モスクは廃墟になっているものが多いそうだ。しだいに国境に近づくと、ところどころに敵側の戦車の通過を妨害するための深い溝が掘ってあり、その両脇には地下陣地の銃眼と機関銃座がみえる。

こうした陣地をいくつか通過したあと、ようやく国境に到着した。国境近辺には電流を流した鉄条網があり、そのむこうにわずかな無人地帯があって、パキスタン領は目と鼻の先だ。鉄条網のそばまで行くと、むこうにはパキスタンの村が見える。

観光地としての国境

ただし、こういう荒涼とした風景とは裏腹に、印パ両軍の儀式が行なわれる橋の付近は、何やら賑わいをみせている。夕方の儀式を見物するために、人びとが集まっているのだ。そのあたりには、コーラやジュースを売る出店もある。カマル氏に聞くと、外国人観光客でここまで来る人は少ないが、パンジャブ州をはじめ北インド各地からこの儀式を見にくる人が多いそうで、いわば名所になっているのだ。南北朝鮮軍が対峙している板門店の観光化と、似た現象である。

日没が迫ると、国境警備のインド軍から見物人に、橋の近くまで行ってよいという許可が出た。

国境の儀式はじまる

まず女性と子供が先にぞろぞろと橋近くまで行き、次に成人男性に許可が下りると、われさきによい場所を占めようと、みな走りだす。私も走ろうとしたが、手馴れた運転手のカマル氏が腕をつかみ、ゆっくり案内してくれる。どこに連れてゆくのかと思ったら、後方から橋が見えるようにつくられたヒナ段状の台があり、その最上段に私を案内した。たしかにここからなら、儀式がよく見える。先に走りだした連中も、けっきょくこの台に集まってきた。

　橋の手前には、ヒンディー語でなにやら大きな看板が出ている。藤岡氏によると、「すばらしいインド」とか書いてあるそうだ。むこう側には、もちろん「パキスタン万歳」とか書いてあるらしく、やはり見物人が集まっている。

儀式を行なうインド兵

　やがて黒塗りの軍将校の車が到着し、儀式がはじまった。しかしそれは、ほとんど滑稽といってよい感じのもの。日没とともに「パッパラパー」とラッパが鳴って、掛け声をかけて数人のインド兵たちが行進する。ここの国境警備隊は軍のエリート部隊らしく、装備も体格もよくて、制服も通常部隊とは別にあつらえたらしいのだが、頭に赤と金の派手な扇みたいなものがついている。こういう制服を着た大男が、思いきり手を振り足を上げ、わざと大音をたてて地面を踏み鳴らしながら、橋のほうへむかってゆく。むこうからも変な服を着たパキスタン軍がやってきて、双方が思いきりもったいぶって旗を降ろすのである。

　こういうパフォーマンスを見物していると、橋のむこうのパキスタン側から、パキスタン兵の歩き方に対して拍手があがる。そうなると、インド側の見物人も「そうだ、拍手しなくちゃ」という感じで、インド兵の行進に拍手を送る。インド兵たちはその拍手でますます気分が盛り上がり、手を振り足を上げ、地面を踏み鳴らす。その拍手がむこうに聞えたのか、パキスタン側の拍手も大きくなる。それを聞いて、インド側の見物人もまた拍手を盛り上げる、といった具合。

しかし、インド側にかぎっていえば、観客がどこまで本気で拍手しているのかわからない。熱心に拍手している者もいれば、していない者もいる。もう何回もこの儀式を見ているカマル氏は、インド兵が派手な身振りをするたびに、私にむかってそれを指さしながら笑っていた。インド人からみても、かなり滑稽な儀式なのだ。やがて儀式が終わって、見物人も帰っていった。

それにしても、こんな儀式を毎日毎夕やっているとはなんということだろう。二つの国がそれぞれ大男を集めて、派手な服を着せて行進させ、もったいぶって旗を揚げ下げする。そのために、決して人びとが豊かとはいえないこの国で、毎日予算が投じられているのだ。当事者たちは「国家の威信」をかけているのかもしれないが、はたからみるとまるで子供のケンカである。というより、羽を広げて派手さを競うクジャクのケンカと大差がない。人間というものは、大して動物から進化していないのではないかというのが、この日の率直な感想だった。

藤岡氏は先に入場した女性たちのなかにいたため、帰る時に合流した。彼女の話では、儀式のあとインド側の見物客が橋の近くまで行き、橋のむこうに来ていたパキスタンの女性を見て、「パキスタン人だ、パキスタン人だ」と口々に言っていたという。もちろん、南北朝鮮の人間が見た目も言葉も同じであるように、見物する「インド人」も名指された「パキスタン人」も、まったく区別がつかない。それでも、人びとは国籍が分かれると、相手を「外国人」とみなすのである。

国境からの帰り道、インド領内でもっともパキスタンに近い村に立ち寄る。外国人が少ないので、村の人びとはやたらとフレンドリー。中心には十数軒の小商店と鍛冶屋などが並び、小学校があり、周囲に村落と畑が広がるという、典型的な農村。しかし村内には電線がゆきわたり、村の電気屋にはテレビがならぶ。

一軒の中堅クラスとおぼしき家に招待してもらったが、自転車・バイク・テレビなどを備えており、村のやや上層の感じの家には自家用車も見える。スルタンプル周辺を見てきた目には、村といってもこの規模の商店街と学校を備えていることには驚くし、電気製品も普及している。しかし後日チョードリー氏に聞いた話では、「緑の革命」は一定の豊かさをもたらしたものの、テレビの広告で消費欲望があおられ、みな先進国に出稼ぎにゆくことを夢見ているという状態だそうだ。

テレビを売る村の電気屋

車を飛ばして、アムリトサル市内に帰る。黄金寺院をもういちど見にゆくためだ。運転手のカマル氏が、昼間に寺院内を案内しながら、夜には聖書を収納する儀式があるので、見たほうがよいと薦めていたのである。睡眠不足と疲れで、車内でまた居眠りした。

市内に着き、軽く食事。そのあと黄金寺院の門前に行き、城壁から門をくぐる。するとそこには、暗夜をバックに金色に輝く、黄金寺院の姿があった。

思わず息をのみ、つぎには感嘆のため息がもれた。あまりにも美しいのである。暗い星空、本殿をとりまくお堀の水、そこに浮かびあがる白い大理石と黄金の本殿。その本殿にむかって、輝く参道が伸び、そこから読経の音楽が響いている。シーク教に縁のない私ですら、思わずひれ伏したくなるほどの神々しさだった。

寺院に感嘆

しかし冷静に観察すれば、この美しさは、じつに巧妙に演出されたものであることがわかる。まず中央の本殿にむかって、周囲の城壁の四周から、大型のサーチライトが光を浴びせている。これによって、暗夜に黄金寺院が輝く仕掛けなのだ。昼間見たように、本殿に伸びる参道には電球を仕込んだ灯明が配置されており、スピーカーで読経を流しているわけだから、参道が輝やいたり読経が響いたりするのはあたりまえ。おそらく近年の再建にあたって、最大の演出効果を発揮できるように、ライティングと音響を設計したのだろう。

しかし私は、こうした演出の巧妙さにむしろ感嘆した。たしかに、歴史的遺跡という観点からみれば、ライティングや音響で効果をあげているなどは邪道であり、「興ざめ」である。しかしくりかえしになるが、ここは死んでしまった遺跡ではなく、現在も生きている聖地なのだ。そして、最新の技術を活用して照明と音響を工夫した現代演劇に感動するように、私はこの寺院の演出に感動したのである。

「生きている宗教」のかたち

本殿に近づくと、一日の終わりの儀式がはじまった。お堀の中央にある本殿にむかって、聖書を安置する建物から、聖書を載せる神輿《みこし》がやってくる。大勢の男たちがそれをかつぎ、光り輝く大理石の参道を行進してくるのだ。

本殿の前でそれは止まり、周囲を取り巻いた信徒たちが聖書を称える声をあげるなかで、聖書が神輿に運ばれてゆく。聖書を載せてふたたび神輿が参道をもどってゆくなかで、信徒の男たちは競ってこの神輿をかつごうとし、つぎつぎと担ぎ手の役が交代する。信徒の女たちは、それを取り巻きながら読経をしていた。黄金に輝く本殿から、暗いお堀の水をバックに輝く参道を行進する神輿は、やがて歓声のなかを安置殿に入っていった。

興奮が醒めないので、しばらく大理石の床にすわりこみ、光り輝く本堂を眺める。おそらく、数百年前にこの寺院を創立した人びとも、このように「暗夜に輝く黄金寺院」を実現したかったろう。それがテクノロジーの発達によって、ようやく可能になったのだ。そして、昼間の国境といい、この夜の黄金寺院といい、このような儀式が毎日毎晩、多くの人びとが参加する「生きた」かたちで行なわれているのだ。周辺の住民も、この儀式に簡単に参加できる。よくも悪くも「生きた儀式」が衰退した現代日本にくらべ、インドの社会は濃厚である。

考えさせられることの多い一日だった。ホテルにもどり、日記を書いて寝る準備をするあいだも、なかなか思索が止まらなかった。

二月二五日（金）晴　スーパーと柔道場

朝に電話をかけて、ようやくチョードリー家の人が出る。この人がレクチャーのセッティングをしてくれる予定なので、昨夜も電話したが留守だったのだ。しかし家人によれば、チョードリー氏は急用でデリーに行っており、深夜までもどらないという。

二週間前からレクチャーの話が進んでいたのに、当日になって不在とはと思ったが、こういうことにはいちいち驚かなくなった。インドでは計画通りに行動しようなどと考えるより、出たとこ勝負で楽しんだほうがはるかによい。チョードリー氏がもどったらホテルに電話してくれるように頼んで、市内観光に出かける。

まず出かけたのは、ジャリアーンワーラー庭園。植民地時代の一九一九年四月に、イギリスが発布した集会禁止例に抗議してこの庭園に集まった人びとを、イギリス軍が発砲して虐殺した場所である。庭園内には記念塔や記念館のほか、弾痕を保存したレンガ塀、人びとが銃弾を逃れようとして飛び込んだという井戸の跡などがある。

ちなみにこの前月には、朝鮮でも三・一独立運動が起こり、日本軍が各地で非武装の朝鮮人を虐殺した。ソウルでは、この事件のときに独立宣言文を読み上げたというパゴダ公園に、日本軍の虐殺場面を描いたレリーフがあるのが有名だ。いわばジャリアーンワーラー庭園は、「インドのパゴダ公園」である。

ジャリアーンワーラー庭園の記念塔

独立運動の聖地

朝鮮とインドで二つの事件がほぼ同時に起きているのは、偶然ではない。一九一九年前半は、第一次世界大戦が終わったあと、世界の戦後処理が当時の帝国主義国家間で話し合われていた時期なので、各地の植民地で集会が開かれていたのである。

インドではしばしば、独立運動の活動家を「自由の戦士」とよぶが、運転手のカマル氏はあいかわらずていねいにガイド役をつとめ、「自由の戦士」たちの偉業やイギリス軍の横暴を熱心に話す。記念館には殺された指導者などの肖像がならんでいたが、発砲命令を出したイギリスの将軍を後年にロンドンで射殺したシーク教徒の英雄、ウダム・シンの肖像が重視されていた。朝鮮では、伊藤博文を射殺した安重根が英雄視され、記念館もあるが、ウダムはいわば「インドの安重根」である。

歴史表象の争い

こうみてくると、植民地独立運動のナショナリズムが持つ物語の構造は、よく似ているものだ。

インドも朝鮮も、シンボルとなる支配者の虐殺や、悲劇や英雄の物語がある。そして似たようなかたちで、それらのシンボルの「描き方」が問題になる。三・一独立運動や南京事件の場合と同様に、ジャリアーンワーラーの虐殺も、犠牲者の数は諸説があるそうだ。イギリスの歴史研究に基づいたとおぼしき日本のガイドブックには死者三百七十九名と書いてあったが、インド側の主張といえる庭園の解説には犠牲者二千名とあった。

庭園を出て、次は警察学校の見学にむかう。警察学校といっても、警察官の養成機関ではなく、警察官の子供を中心とした児童を教育している場所である。じつは、藤岡氏が前回アムリトサルにきたのは、この学校で柔道場が開設されたさいのオープニングに招かれたからで、ここの校長とは知合いなのである。

警察学校は新市街にあるため、歴史的なポイントが集中している旧市街を出て、新市街にむかう。旧市街がゴミゴミした場所だったのにたいし、新市街は比較的新しいビルがならび、通りも大きくて、ニューデリーに感じが似ている。

スーパーは珍しい

警察学校へのお土産のお菓子を買うなどしているうちに、スーパーマーケットがあったので、車を止めてもらって見物にゆく。以前にも書いたが、完全分業社会インドでは「野菜は八百屋、魚は魚屋」という傾向があり、農村部の小さなよろず屋はあっても、大型スーパーはデリーでもあまり見かけないものなのである。

入ってみると、確かにここはスーパー。棚の並び方やレジの配置など、一見すると日本のスーパーに似ているが、よく見ると違いがわかる。まず、置いてある品々に生鮮食料品がない。代わりに、日本のスーパーにはあまりない、ヌイグルミやオモチャ類が売場のかなりのスペースを占めており（ミッキーマウスとヒンドゥー神のマスコットが仲良く並んでいた）、魔法ビンなどの小家具類もある。インスタント食品、化粧品、肌着類などもあるが、値段はデリーのこの手の品物とおなじく高い。ちなみに下着やシャンプー類はやはり百ルピー前後で、「下着一枚一万円」「シャンプー一ビン一万円」の世界である。

スーパーの社会的位置

つまりここは、日本のスーパーのように大衆層ではなく、中産層以上の人びとが買い物にくる場所なのだ。一個数百ルピーのヌイグルミや、ミッキーマウスの壁飾りなどが置いてあるのも、中産層をターゲットにしているからである。食品にしても、生鮮食品はないのに、西洋式のパンはいちばんレジに近い位置にある。生鮮食品などは普通の市場で買ったほうがはるかに安いのだろうし、パンを買うのは中産層以上だ。

日本商品の進出形態

もう一つ面白かったのは、日本商品の進出のしかた。アメリカ商品は、コーラにしろジーンズにしろ露骨なまでに「アメリカ文化」という感じで進出しているのに対し、日本商品はインドへの適応を心がけている。インスタント食品コーナーでは、「ラーメン」と銘打たれた日本製のインスタントヌードルがあったが、インド人映画スターをパッケージにあしらい、まったくインド商品と化している。藤岡氏の話では、このインスタントヌードルはデリーの中産層の間でも人気だが、誰も日本製品だとは知らないそうだ。アメリカ製品は「アメリカ文化風」のままのほうが売れるのに対し、日本製品は現地適応でないと売れないというのは、なかなか興味深い問題である。

また、このスーパーのビルは、二階が映画館だった。日本ではスーパーと映画館が同居しているなどということは考えにくいが、インドでは映画館は人がもっとも集まるところである。ふだんは馴染みの地元店で買物をしている人びとをひきつけるためには、こうした場所が適当なのだろう。オモチャ売場が広いのも、家族連れで映画を見にきて、その足でスーパーに立ち寄ると考えれば納得がゆく。

また店主と労働者は、ほとんどシーク教徒だった。多様な品物を売るスーパーは、職業が固定されているカースト制度と合致しない、近代的な店舗形態である。シーク教徒はカーストを否定しているので、そうした店舗での労働形態に意識のうえで適応しやすいのではないかと思ったが、パンジャブはもともとシーク教徒の多いところ。従来のカーストには存在しない近代産業には、さまざまなカーストの人びとが参入している例もあるから、定かではない。

警察学校を見学

ふたたび車に乗って、警察学校に到着。女性の校長に面会する。藤岡氏は前回アムリトサルにきたときに彼女と知合いになっており、そのつながりで学校を見学させてもらえることになったのだ。

この警察学校は、一九九一年に開設された。二年前から警察官以外の子弟も受け入れてはいるが、もともとパンジャブ紛争で父親を失った警察官の子供を教育するために設けられた施設で、現在でも約二百五十名の父親のいない子供がいる。校長先生によれば、この学校が創設されたころは内乱のまっただなかで、「パンジャブは人間が住めるところではなかった」という。発足当初はともかく、現在は政府援助なしで、授業料と寄付で運営されているそうだ。

児童は幼稚園クラスのナースリー課程からハイスクールまで二千五百名、教員は八十五名で、かなり大きな学校で設備もよい。生徒の六割から七割はシーク教徒、残りはヒンドゥー教徒やキリスト教徒で、イスラム教徒はいないという。ただし八十五名の教員のうち女性が八十名、男性は五名というアンバランスぶり。男性はほかによい働き口があるから、女性ばかり集まってしまうのだ。

学校を案内してもらったが、揃いの制服を着た生徒たちの行儀のよさと、持ち物のよさが目についた。インドの生徒の行儀のよさは、日本の学校を見なれた目にはどこも共通だが、ここの生徒はカバンも文房具も十分にそろっており、ドナルド・ダックやミッキー・マウスの筆箱やノートなども持っている。親が公務員なので、比較的豊かなのだろう。

ドナルド・ダックの筆箱をもつ生徒

学校の設備も良好。音楽の授業では教師が弾くタブラとハルモニウムにあわせて合唱しており、教室の机もそろっていて理科室も充実、去年できたばかりのコンピュータ教育室まであった。コンピュータ教育室の画面の一つには、生徒がつくったというCGが出ており、それはインド国旗に「I Love My India」というキャプションが付いたものだった。

ひとあたり見学して帰ってくると、校長先生は忙しく事務仕事。「どうでした」と聞かれたので、「設備はデリーのモデル学校よりいいし、生徒の態度もいい」と答える。すると、「生徒の態度は悪くなっているわよ。最近は中産層の一人っ子が多くてわがままだし、『立ちなさい』と言わないと立たない。少し前までは、教師がきたらなにも言わなくても生徒が立つのはあたりまえだったのに」と言う。

学校の制服はどう選ぶ

校長先生はつぎつぎに事務をさばいているが、やがてその一つとして、次年度からの制服のデザインを持ちこんできた洋服屋がやってきた。男女の子供二人のモデルに制服を着せ、仕上がりを見せにきたのである。

校長先生やいあわせた先生たちに「どういう基準で制服を選ぶのか」と聞くと、「私たちがよいと思ったものにするわ。どうしてそんなことを聞くの」と言う。日本では少子化のなかで生徒を集めるため、制服のデザインは重要な学校経営戦略なのだと説明すると、「信じられないわね」と返答。「こちらは学校が足りなくて困っているのに、日本は生徒が足りないの。そんなに人が足りないのなら、なんで外国から移民を受け入れないのかしら」と言う。インドでも女子高生が制服のスカートを短くするなどのおしゃれはあるようだが、日本とのギャップは大きいようだ。

ひとあたり校長室で話したあと、隣接した校長先生の自宅に行き、昼食をいただく。ご自宅はラジブ邸よりやや小さい平屋建て。医者である彼女の夫はデリーに行って留守だったが、夫の母親と、十六歳になる息子がいた。

校長先生ご一家と私たちの昼食のなかで、藤岡氏が現在翻訳している印パ分離問題の本や映画について触れると、息子のスハース君が発言をはじめた。彼は、「映画ではなにもわからない。直接に当事者に話を聞くべきだ。パンジャブではどこの家庭にも当事者がいる」と言うのだ。聞けば、スハース君の祖父母もパキスタンからの難民で、祖父は「パキスタンからの最後の列車で、インド側に逃げてきた」と言う。

しかし私が注目したのは、スハース君の話の内容よりも、彼がこの印パ分離問題について関心を持った経緯である。一九四七年の印パ分離問題は、いわば日本の戦争体験と同じ時期にあたる。パンジャブにおける印パ分離と同様に、日本でも多くの家族が戦争の傷を負っているが、当事者の祖父母はともかく若年層は無関心だ。十六歳の彼が、どのようにして五十年前の歴史に関心を持ったのかに興味がわいたのである。
スハース君によれば、「学校では、『インドとパキスタンの分離がありました』と教科書に一行あっただけで、詳しいことはなにも教わらなかった。デリーあたりの高校生は、印パ分離の背景にあった悲劇について、なにも知らないだろう」と言う。インド政府にとって、これは輝かしい独立の歴史の後景にある、いわば陰の歴史なのだ。ちょうど、日本政府にとっての太平洋戦争の歴史がそうであるように。

歴史の「歴史」化

スハース君も、祖父母から印パ分離時の苦労を断片的に聞いていたものの、かつてはたいして関心がなかったらしい。転機となったのは、サルマン・ラシュディの編集でイギリスの出版社から出されたインド文学名作選を読み、印パ分離時の悲劇をとりあげた作品に出会ったことだという。それから祖父母の話にリアリティがわき、自分の周囲に同様の傷を負った人びとが多いことに気づいたというのだ。彼は、映画ではなく当事者に話を聞くべきだと強調していたが、その彼も最初の出発点は小説なのである。
事実の断片というものは、自覚的に捉えられ総合されることによって、はじめて「歴史」となる。たとえ祖父母から直接に話を聞く機会のある家庭ですら、本などによって視点が与えられなければ、当人にとっての「歴史」にはならないのだ。藤岡氏が翻訳しているウルワシ氏にしても、難民だった両親から印パ分離時の悲劇はよく聞かされていたが、若いときは無関心だったという。「歴史」の教育や、それを題材にした作品の役割について、考えさせられる。

お互いに他国の歴史は知らない

スハース君は、私と藤岡氏に、「日本人は印パ分離についてどのくらい知っているか」と聞く。もちろん、「ほとんど知らないだろう」と答えるしかない。しかし私が、「君は朝鮮の南北分断で三百万人が死んだことを知っているか。太平洋戦争では日本で三百万と中国で一千万の犠牲者が出たことは？」と聞くと、スハース君は知らないと答える。彼が日本について教わったことは、日露戦争で白人に勝利した国であること、ヒロシマとナガサキにアメリカが原爆を投下したこと、それにもかかわらず復興して経済発展を遂げた国であること、といったことだけだ。

スハース君は、「日本はインドよりずっと小さいのに、経済発展に成功して、世界のスーパーパワーになった。その秘密に興味がある」と言う。しかし彼は、日本の戦争責任問題や戦争の記述をめぐる問題などには、現時点ではおそらく関心を持っていないだろう。世界の各地で、国家や宗教の対立のかたちをとって多くの暴力があり、人びとが似たような傷を抱え込みながら、国境を一つ越えると互いの悲劇に無関心という状況。悲劇の構造はどこも同じ、忘却や無関心の構造もほとんど同じなのに、人びとは分断されたままである。

柔道場を見学

昼食を終えてチャイをいただいたあと、ふたたび警察学校にもどり、柔道場を見にゆく。じつは藤岡氏が小川氏と一緒に前回この学校を訪れたのは、この柔道場が去年の秋に開設された記念式のときなのだ。

柔道場に行くと、入口には、ゾウが柔道着を着たシンボルマークをあしらった「日印友好協会柔道クラブ」の看板。数名の黒帯が混じった柔道着のインド人集団が、柔軟体操をしている。正面には日本の神棚と日印の国旗、ヒンドゥー神と日本の獅子面が並んだ棚、それに「やる気なき者は去れ」と日本語・英語・ヒンディー語で併記された板などが据えられており、周辺の壁には富士山や京都の雪景色の写真パネルがいっぱい。畳が調達できなかったとみえてマットレスだが、立派な柔道場である。

ここの先生の三浦守氏は、すでにインド在住十五年。最初はカルカッタで柔道場を開いていたが、ここアムリトサルに移ったのだという。小川氏によれば、「妙法寺の中村上人と並んでおもしろい在インド日本人」とのことで、『黒帯、インドを行く』（木犀社、一九九五年）という体験記は傑作だそうだが、残念ながら留守だった。なんでも、柔道コーチはなかばボランティアであり、ときどきお金を稼ぎに日本にもどり、またインドへやってくるのだそうで、このときは柔道場を開設して一息ついたあと、日本へ帰っているところだったのである。

「この柔道場をここまでにするのは大変だったんですよね」と藤岡氏が言う。マットレスや神棚の調達はもちろん、地元の有力者に話をつけたり、財政的援助をとりつけたり、弟子を集めて教育するといったことを考えれば、気が遠くなるようだ。柔道着を着たインド人数名が、柔道場を箒で掃除していたが、これだって「掃除は身分の低い者がやること」という意識が根強いインドで実行させるのは大変だったはず。話が聞きたかったが留守では仕方がないので、苦労だけ忍ばせてもらい退散する。

柔道場で記念撮影（藤岡恵美子氏提供）

警察学校は少々立派すぎるので、校長先生に話し、パンジャブの教育事情を知るため、明日の午前中に農村部の学校を見学する手はずを整えてもらう。校長先生は快諾し、今日はこれで警察学校を出る。

とくに次の予定はなかったが、運転手のカマル氏が、シーク教の黄金寺院だけでなくヒンドゥー教の寺もぜひ見ろという。彼はヒンドゥー教徒なので、見せたいのだ。反対する理由もないので彼がすすめるドゥルガー寺院にむかってもらい、ごちゃごちゃした門前市を抜けて境内に入った。

「何だこのお寺は」

驚いたのは、その寺の様式。城壁で囲われ、お堀の中央に黄金の寺院があり、大理石の参道が伸びているなど、まるっきり黄金寺院そっくり。電球の入ったお灯明や、スピーカーで読経が流れているのも同じ。ちがうのはこちらのほうがやや小型なのと、本殿やお堀の周辺に祭ってあるのがヒンドゥー神であることだけ。考えられることは三つで、

①シークにしろヒンドゥーにしろ、これがパンジャブの寺の様式である。
②黄金寺院がこのドゥルガー寺院のマネをした。
③ドゥルガー寺院が黄金寺院のマネをした。

さて、この三つのうち、どれが正しいか。黄金寺院も新しい建物だが、どうやらドゥルガー寺院もここ十年くらいで建てなおしたものらしく、一九九〇年代に建造された礎石がある。十歳くらいの女の子二人が、外国人を珍しがって話しかけてきたので、藤岡氏がヒンディー語で話すと喜んで案内役をやってくれたが、彼女たちも「お堀の周辺の神様は初めて見た」と言っていた。

たしかに、お堀周辺の神像は素材にプラスチックを多用しており、いささか安っぽいが派手な極彩色で、どうみても新しいものである。ヒンドゥー寺院は各地さまざまで、決まった様式がないことも考えると、なんとなく③が正解のような気がするが、確かなことはわからない。

「真実」は誰にもわからない

このときだけでなく、あとでいろいろな人に寺の由来を聞いて見たが、「ごく最近建ったんだよ」という人やら、「昔からこうだ」という人やらいろいて、ついに真相は不明。各人がいろいろな解釈を述べるうえ、みんな自信たっぷりに「あんたの聞いたことはウソだ。俺の言うことが真実だ」とか言うので、人に聞けば聞くほど混乱してくる。

日本山妙法寺カルカッタ道場の寺男に、建立年月を聞いたら間違っていた体験からいって、ここも寺の人間に聞いてもアテにならない。おそらく政府の統計だって完全ではないだろうし、かえって政治的判断が入っている可能性が無視できない。「多様な解釈」はあっても「真実」は薮の中という、まさに哲学的な状況。こういう国の知識人の間で、現代思想が流行するのもうなずける気がする。

しかし考えてみれば、自分自身の解釈よりも、政府や学者が教えてくれる「真実」のほうが信じられるという感覚のほうが、むしろおかしいのかもしれない。なんらかの権威が示してくれる「真実」を得られなければ、不安になってしまうというのは、むしろ危険というものである。自分の解釈をまくしたてるインド人に「真実は何か」と聞いても、「なんで真実なんか知りたがるの。古いお寺だと思っていたって、問題ないじゃない」と答えるかもしれない。誰かが「真実」を教えてくれるという発想は、ここでは通用しないのだ。

人びとが親切

もう一つ印象に残ったのは、アムリトサルの人びとの親切さ。このドゥルガー寺院を案内してくれた二人の女の子にしても、こちらが喜んでいる様子を確認すると、それだけで満足げに帰っていった。黄金寺院でも、似たような人びとがいたものである。

これがデリーやベナレスなら、お寺で声をかけてくるのはタカリ屋、案内されたらあとで金品を要求されると相場が決まっている。だから、こちらも声をかけられたら無視することになるのだが、ここでは様子がちがう。おそらく外国人観光客が少ない地方は、みなこうなのだろう。誰かが、この日に案内してくれた女の子のような人びとに、現地感覚からすれば法外な礼金を渡してしまったところから、間違いが始まりだしたのかもしれない。

新興宗教の寺院

タクシーまで帰ってくると、運転手のカマル氏は「いいお寺だったろ」と自慢げに言う。カマル氏は第二のヒンドゥー寺院を推薦し、彼の故郷であるカシミール地方の本寺を模したというお寺に行く。

ヒンドゥーの寺院の柔軟性というか、決まった様式がないことには慣れっこだが、こんども変わっていた。このラール・マタージ寺はヒンドゥーのいわば新興宗教で、本尊は神話の神様ではなく、奇跡を起こしたとかいうラール・デーヴィ夫人。日本でいえば、大本教の出口なおみたいな女性教祖である。お寺にはお馴染みの各種ヒンドゥー神にまじり、つい最近死んだというおばあさんの写真と彫像が祭ってあった。

この寺は構造も凝っている。カシミールの本寺が洞窟内に本尊を置いてあるのを模し、ビルのなかに迷路のような細道が設けてあるのだ。天井の低いところでは身をかがめ、水が張ってあるところでは靴を脱ぎ、暗いところでは小さな色付きライトを頼りに進む。この細道の両脇には、あまり見たことのない奇妙な小神像が無数に置いてある。鎌倉大仏の胎内めぐりみたいだが、いささか材料がちゃちで、コンクリートや板に洞窟風のペンキ塗りだった。

威厳はないが親しみやすい

こういう造りなので、あまり厳粛なお寺という感じはしない。日本の感覚でいえば、縁日のお化け屋敷に近いイメージ。悪くいえば安っぽく、よくいえば親しみやすい。楽団と説教の音がスピーカーで流され、本尊の前には一団の人びとが車座になり、坊さんが音楽に乗せて何やらユーモアを交えた説教をしている。説教を聞く側も、かしこまっているというより、笑いながら楽しんでいる様子。毎度のことながら、「生きた宗教」の姿はさまざまである。

長い観光の日が終わり、ホテルにもどってレストランで食事。レストランで演奏していたタブラとハルモニウムのシーク教徒二人組ミュージシャンに声をかけると、「ほんとうは十人編成で西欧楽器とインド楽器の混合バンドをやっているんだ。アメリカやイギリスには演奏旅行に行ったんだが、日本大使館は何回頼んでもビザを出してくれないんだよ」と言う。みんな先進国に行くことを夢見ているのだ。疲れたので早目に寝る。

また講義中止

二月二十六日（土）　晴　国旗のない卒業式

昨夜、ようやくチョードリー氏と連絡がついた。もうレクチャーをやる時間はないが、今日の午後に会って、数人で昼食でもご一緒しようということで相談がまとまる。午前中は、きのう決めたとおり農村部の学校見学である。

農村の学校

藤岡氏と二人で待合せの警察学校に行くと、案内の先生が待っていた。カマル氏の運転する車に三人で同乗し、アムリトサル市外に出る。

街道沿いは、例によって小麦の緑とマスタードの花の黄色が混じる農村風景。街道は、近郊の農村からアムリトサルに野菜などを売りに行く、牛車や馬車がよく通る。しばらく本道を車で飛ばし、横道に入って少し行くと、目的の学校に着いた。

くだんの学校は、入口にちゃんとした門があり、壁に囲まれた立派なハイスクール。シーク教徒でターバンを巻いた校長先生に挨拶し、案内してもらう。生徒数は六百五十人でシーク教徒とヒンドゥー教徒が半々、先生は四十二人でほとんどシーク教徒だそうだ。建物はそう大きくない棟が四つほどだが、教室内には椅子や机、黒板がみごとに揃っている。教員室には校長先生の立派なデスク、音楽教育用のボンゴやハルモニウム、奥には水洗便所。デリーのモデル学校と互角

おおらかな世界地図

か、それ以上の設備である。

やはりシーク教徒である地理の先生が、学校をさらに案内してくれる。教室の廊下や地理教室の壁には、人口密度や産業配置などでさまざまな色に塗り分けた、各種のインド地図が描かれている。これはぜんぶこの地理の先生が描いたものだそうで、自慢げだ。

もっとも、インド地図はみんな見事だったが、地理教室の壁一面に描かれた世界地図は少々笑ってしまった。長い指物で日本を示してくれたが、九州と四国がなく、島が二つしかない。フィリピンは日本より小さく、ニューギニアはオーストラリアのはるか東にある。

アジアだけこの調子かと思ったが、ヨーロッパはもっと大胆。イタリアが北海までつき抜けて、ヨーロッパ大陸を南北にまたがっている。イギリスはものすごく小さく、ドイツはどこにあるのか不明、オランダやベルギーは存在しない。おまけにスペインがモロッコとべったりくっついて、地中海が湖になっている。外国人の珍客をもてなそうと一生懸命に説明してくれているので、マジメな顔をして見ていたが、やっぱりおかしかった。

学校を案内してくれる

しかし考えてみれば、私にしたところで、世界地図を隅々まで正確には描けない。日本の人びとは地中海が湖なのを笑うかもしれないが、同じ人にインドを描かせたら、かなり奇妙なものになるはずだ。それは、日本の地理教育のヨーロッパ志向を示すものでしかないだろう。もしこの学校の世界地図が、アジア方面だけいいかげんでヨーロッパやイギリスが正確だったりしたらまた別の感慨がわいただろうが、むしろヨーロッパの描き方がいちばんいい加減だったので、なんだかその大らかさに安心した。

教室を一回りしたあと、今日は学校の卒業パーティがあるので、あなたたちも参列するかと言う。なんたるラッキーと思い、もちろん賛同。運動場のむこうの小さな講堂に案内され、賓客席に坐らされる。講堂は教師と父兄、そして生徒たちでいっぱいだ。移動式の演台と垂れ幕があり、マイクが二本用意されて、生徒がボンゴを構えている。これらはすべて、ケーララのハイスクールにもなかった設備である。

国旗も国歌もない卒業式

パーティは、男女生徒の司会のもとに、男の子たちの詩の朗読や歌ではじまった。パンジャブ語のバラッド（物語歌）らしいので、何を歌っているのか聞いてみると、「姑が厳しいから死んでしまいたいお嫁さん」とか「兄弟のよしみ」などを歌ったものだそうで、客席はけっこう笑っている。なにやら皆がしんみり聞いている歌があったと思ったら、外国に出稼ぎに行った息子を母親がしのんでいる歌だったそうだ。その次に女の子たちが集団で着飾って出てきて、パンジャブの踊りを披露した。最後に校長先生が演説したが、インド国歌を歌うこともなく、インド国旗も講堂には見当たらなかった。

私はこのパーティの内容に、少々驚いた。日本の卒業式で歌われるものといえば、お堅い内容の校歌か、文部省唱歌と相場が決まっている。まちがっても、「姑の歌」とか「出稼ぎの歌」が歌われることはあるまい。近代日本では、学校は何よりも中央政府の出先機関で、近代文化を地元に浸透させるための場所だったから、学校文化と地元文化は完全に切断されていた。運動会や卒業式は「儀式」として、文部省公認の歌だけを歌い、完璧を期して行なわれるべきものだった。しかしここでは、学校文化は地元文化の一部なのだ。

普段着の郷土芸能

しかも生徒たちは、ジーパンやシャツ姿で、ボンゴの演奏をバックに、現代の生活を題材にした歌を自分でつくっている。日本で「郷土芸能を卒業式で」ということになったら、服装はお揃いの「伝統風衣装」、内容も「由緒正しい古典民謡」になってしまうのではないだろうか。しかしここパンジャブでは、民謡や踊りは、いまだに生活の一部なのだ。

パーティが終わったあと、校長先生に、「これは卒業パーティだと聞いたが、ほかに正式の卒業式があるのか」と聞いてみた。正規の卒業式のほうは、もっとお堅い内容かと思ったのである。しかし校長先生は「質問の意味がよくわからないが」というご返事。日本ではこういう「卒業式」はありえないと説明すると、「うちの学校では卒業式といったものはない。これは学生が主催したお別れパーティで、それ以外に儀式はない。日本では卒業パーティの内容まで政府が決めるのか」との返答だった。

学校がコミュニティの一部

さらに「ずいぶん設備のよい学校だが、政府の援助はどのくらいあるのか」と聞くと、大部分の設備は地元民の協力で揃えたという。パンジャブの平均的な学校よりは設備はよいだろうという話だったが、それでも政府の援助でできた学校ではないのだ。もちろんインドでもこういう学校ばかりではないが、それなら地元文化と学校文化が切れていないのも道理である。そもそも学校そのものが、政府の出先機関というより、地元の一部なのだから。

教員室にもどって見わたしてみると、デリーその他の学校では必ず見かけたガンディーやネルーの肖像がない。代わりにあるのは、シーク教徒の聖人の肖像とシークの聖なる言葉。教室の廊下には、ヒンドゥーの経典の言葉もある。

公教育の場に、こうした宗教上の言葉が並んでいるのは、「政教分離原則」からみればある意味で違反である。しかしアメリカやヨーロッパでも、十九世紀までは教会系学校の方が優勢だった。「政教分離」という建前のもとに、国家が教会から教育を切り離し、教育権を独占していったのが、近代の歴史である。よくも悪くも、ここではそうした「近代教育」の論理が貫徹していないのだ。学校は「国家の機関」である以前に、「宗教を基盤とした地元コミュニティの一部」なのである。

近代国家と地域の関係

教育にかぎらず、一般に近代国家が行政や司法の主役となる以前の社会では、宗教を基盤とした地域コミュニティが力を持っていた。それをプラスに評価するか否かは、むずかしい問題である。こうした時代の村の事業は、村内の身分に応じて、有力者は寄付を行ない、貧しい者は労力を提供するなどして行なわれた。しかしそれはしばしば、厳しい「村の掟」やしがらみ、あるいは村内身分秩序と表裏一体のものであった。

近代国家が地域コミュニティにとって代わったのも、人びとが近代化とともにそうした村内秩序を嫌うようになっていった事情が背景にある。しかし近代社会は、そうした旧来のコミュニティを崩壊させたあと、国家に「公共事業」を依存し、ナショナリズムを肥大させてゆく以外の「公共の秩序」をつくることを、おろそかにしてきたのである。

インドでは、よくも悪くも国家の力が、末端の地域までおよばない。地域コミュニティがまだ大きな力を持ち、あるいはＮＧＯが地域の運営を補っているのが実情である。一つには、近代日本のように、植民地化の脅威に対抗するための「富国強兵」政策のもとに国民国家を形成するという経緯をもたなかったからだろう。

徴兵制と近代化

インドでは初等教育の就学率も十分ではなく、国民登録制度も存在しない。結婚も大部分は、法律上の届出を伴わず、コミュニティ内で儀式を行なうだけだ。パンジャブのような豊かな地域は地域コミュニティに任せておいても立派な学校が建つが、そうでない地域もある。しかし、近代の日本政府が初等教育と国民登録制度を重視した大きな理由は、徴兵制であった。徴兵制のためにこそ、身分制度を破壊し、全国民を「読み書きのできる兵士（またはその母）」に教育しなければならず、それゆえどんな田舎の村にも学校を建て、そのすべてに文部省作成の教科書を使用させ、全住民を登録しつくすことが必要だったのである。

それにたいしインドでは、学歴の高い人間を厚遇で軍にリクルートする志願制をとっているから、このような国民国家の諸制度を徹底しなくとも、軍隊は維持されている。単純に人口が多いから、少数精鋭の志願制の方が好都合というのもあるだろう。日本とインドをくらべて考えると、国家の形成経緯のちがいが、地域社会のあり方のちがいにまで影響しているといえる。

もっとも、こうした「国家よりもコミュニティ優先」という姿勢は、パンジャブ地方が「近代化政策の及んでいない田舎」であるということだけが原因とは、いえないかもしれない。パンジャブはインドのなかでも、電化は進んでいる。学校付近の村には、テレビアンテナが林立していた。

ガンディーは不人気

考えられるのは、国家に引き裂かれたパンジャブの人びとが、インド国家に対してなんらかの複雑な感情を備えているのかもしれないということだ。昨日会ったスハース君の言葉によれば、「パンジャブではガンディーは人気がない。みんな印パ分離の責任はガンディーにあると思っている」のだそうで、ガンディーの肖像がないのはそれが一因とも考えられる。こうした姿勢は、インド国家や「インドの独立」そのものへの姿勢にも、反映する可能性がある。そして、パンジャブのシーク教徒たちは、一九八〇年代にインド政府に黄金寺院を破壊された経験を持っているのだ。

なかなか考えさせられて学校をあとにし、案内の先生にお礼を言って別れ、アムリトサル市内にもどってチョードリー氏らと会食。パンジャブの事情についてお話をうかがった。レクチャーはできなかったが、とにかくお会いしただけでも幸いである。何よりそれがきっかけでアムリトサルに来たのだから、大きな収穫だった。

夕方、運転手のカマル氏に駅まで送ってもらい、藤岡氏と二人でデリーにもどる。夜中のデリーに着くと、またダス氏が迎えにきてくれていた。

第十三章　スラムでダンス

二月二十七日（日）　晴　新興宗教

明日の夜にはもう帰国の飛行機に乗る。昼には小川氏をはじめとした日本側の人びとと昼食、夜にはラジブ邸の人びとと夕食の予定である。

午前中は荷造り作業。ちょっと外出して、付近の写真を撮る。無断ではなく、きちんと挨拶すればけっこう喜んで撮られてくれることが、二カ月の経験でわかったからだ。街頭の楽器売りや、野菜売りの人たちに声をかけると、けっこう気さくに撮影に応じてくれた。

いつも利用していたリクシャー運転手のたまり場にも行き、みんなに並んでもらって撮影する。撮られるときはすれっからしの運ちゃんたちも単純に喜んでいたが、終わると「モデル代に百ルピー」とか言いだす。「冗談だろ」と言って退散。むこうも笑っていたが、最後まで抜け目のない人びとである。

十一時に藤岡氏が迎えにきて、昼食前にデリー内の数カ所を回る。藤岡氏は、私のインド滞在期間中に、できるだけのものを見せてくれようとしているのだ。

最初に、デリー大学の中国・日本研究科長であるタンカ教授の奥さんが開いていた、家具の展示即売会に行く。タンカ氏は私と入れ違いに明日はパンジャブに行く用事があるとかで、最後のご挨拶に行ったのである。タンカ氏にインド招聘のお礼を述べて、写真立てを二つ買う。一つは自分用、もう一つはラジブ邸用のお土産である。

つぎに行ったのは、デリーのなかでも有数のイスラムの聖者廟であるニザム・ウッディーン。これまでヒンドゥーの寺院ばかり見てきたので、藤岡氏もはじめて訪ねるという聖者廟に行ってみたのである。

インドのお寺の例にもれず門前町があり、各種の花や線香、お菓子、土産物などを売っている。そのなかで興味深かったのは、ビデオおよびテープの商店。テープはイスラム系インド音楽だけ、店頭で流しているビデオは各地にあるイスラムの聖地の様子を写したもの。信者たちは、ここでビデオを買い、中東やインド各地の聖地に参拝したような気分になるわけだ。

門前市のビデオ売り

寺院に着くと、イスラムでは男性しか本堂内に入れないので、藤岡氏は他のイスラム女性たちと一緒に本堂外で参拝。せまい本堂内は、みんながお花を捧げお祈りしている。内部にはさまざまな色電球があり、夜になったら派手だろう。本堂周辺は、お祈りの人と物乞いでいっぱいで、貧者への給食とおぼしきカレー皿がたくさんあった。

続いて、ヒンドゥー系の新興宗教である、日本でも有名なサイババ寺院に行く。新興宗教だけあって、まず立地がちがう。昔からある多くの寺院は、狭い道の両脇に商店がいっぱい並ぶ門前町のなかにあるのだが、ここサイババ寺院は大通りに面したビル街の並びにあって、大通りから看板がよくみえる。

参拝している人びとも、ニザム・ウッディーンがやや貧しげだったのと対照的に、中産層以上らしき人びとが多い。門前商店はごくわずかで、正面や要所には警備会社の制服警備員が立っている。なかに入ると、例によってＰＡシステムとビデオカメラで読経風景を放送しており、大理石造りのおじいさんの彫像があって、みながうやうやしくお参りしている。

新興宗教の社会的位置

日本の場合は、都市部の新興宗教というのは、高度経済成長期に地方から出てきた新住民に人気を得て拡大した。村のなかで暮らしている人、あるいは都市に代々住んでいる人は、それぞれ地元コミュニティに昔からあるお寺などに行くが、都市新住民は出身地の地元の神様から切り離されて新しい信仰の対象をもとめたのである。

しかしサイババなどデリーの新興宗教は、地方出身の下層の人びとよりも、都市の中層ニューリッチに人気らしい。ひとつにはお布施が高いからだが、もうひとつには、ヨガやヒーリング健康法などがアメリカのビジネス・エリートに人気があるため、それが逆流したというのもあるようだ。インド人がアメリカ風ライフスタイルの一環としてヨガや新興宗教に目をむけるというのもずいぶん屈折した話だが、それだけインドの中間層も心の空洞があるのだろう。

サイババ寺院

それにしても、アムリトサルのラール・マタージ寺でも感じたことだが、この手の新興宗教は慣れない目にはどうしても奇妙に見えてしまう。一つには、デーヴィ夫人やサイババなどの教祖を、大理石の彫像にして拝むという感覚に、ついていけないのである。

新興宗教の教祖には蓄財その他いかがわしい行為をする人もいて、ある著名な教祖はインドで非難が出たあとアメリカに渡り、日本で修行したという触れ込みで「オショー（和尚）」と名乗って信者を集めているそうだ。そういえば、インドの知識人と話していたとき、日本の首相の名前は知らなくとも、オウム真理教事件のニュースは知っている人がけっこういたが、「新興宗教の犯罪」という話題はインド知識人にとって関心をそそるテーマなのだと思う。

ひとあたり見学したあと、「デリーの原宿」ハウズ・カース地区の南インド料理レストランで、小川氏や佐藤氏などとお別れ会を開く。小川氏は明日から出張だそうで、今日が最後の機会。旅行の手配その他、本当にお世話になったのでお礼を述べ、再会を約して別れる。

二カ月前と印象がちがう

そのあと、藤岡氏・佐藤氏とともに、インド来着二日目に小川氏に案内してもらった市場に行く。「生きたニワトリと鶏肉が一緒に並んでいる店頭」を写真に撮りたかったというだけの理由で行ったのだが、あらためて気づかされたのは、前回との印象のちがい。インド来着時に案内されたときは、ひどくカオスじみた汚い風景に見えたのに、二カ月経ったいま来てみると、「なんだ、ずいぶんきれいな市場じゃない」という感じ。二カ月の間に方々を回ったので、感覚が慣れてしまったのだろう。滞在の最初と最後に同じ場所を訪れるというのは、自己の感覚や印象のいい加減さを確認するうえで、けっこう有効な手段だと思う。

ラジブ一家との会食の時間が迫っていたので、ラジブ邸にもどる。夕方には、先日注文した楽器を、二十二歳の楽器店長が届けにきた。店長は楽器の説明をしたあと、「俺は自分の売った楽器には責任を持つよ。調子が悪かったらいつでも言ってきてくれ」と言う。この手の口上を口先だけで聞くことは珍しくないし、第一どうやってインドまで修理に持ってくればいいんだと思っ

若き日のラジブ夫妻

たが、けっこう本気そう。まだ若いので、仕事に理想を持っているのだろう。私が「あんたが観光客に毒されないように祈るよ」と言うと、「ほかの店とは方針がちがうんだ。いい楽器を安くミュージシャンに売って、みんなにハッピーになってもらうのが俺の仕事だ」と、マジメな顔で言い返して帰っていった。

夕食まで時間が少しあったので、ラジブ夫妻と談笑。このところ忙しく、あまりお二人とも話をする時間がなかった。楽器屋の店長の若さが印象に残っていたので、ラジブ夫妻との会話のなかで、「お二人の若い時の写真を見せてくれませんか」と切り出してみた。二階の彼らの寝室に案内してもらい、古い写真をみせてもらう。

驚いた。いちばん驚いたのは、彼らの寝室にパネルになって飾られていた、古いソフトフォーカスのモノクロ写真。ラジブ氏三十歳、プニマ夫人二十五歳の時で、結婚直前の写真だそうである。ストライプのスーツを着てスカーフを巻いたラジブ氏は、ほとんどギャングかジャズ・ミュージシャン。その彼がソファに腰掛け、片手に葉巻を持ち、片手をプニマ夫人にかけている。写真のプニマ夫人は、これまた気品があって勝気そうな、すごい美人である。映画のカットのような写真は、決まりすぎなくらいに決まっていた。

もともとラジブ氏は、ジャズとヌーヴェルヴァーグを愛する青年だったわけだから、この種の写真を残していても不思議はない。写真を撮ったのは、日本の広告写真を撮影したこともある友人のカメラマンだそうだ。芸術家肌でスタイリストの青年と、勝気な美人が、ＮＧＯの職場で出会って結婚したわけである。結婚式の写真も見せてもらったが、プニマ夫人はまるでインド絵画のお姫さまのようだった。

私が「かっこいいですね。いい写真だ」としきりに言うと、プニマ夫人は「遠い昔よ。今の私はこんなに太っちゃって」と言い、ラジブ氏も微笑みながら「もう私は老人さ」と言う。寝室に飾ってあるということは、二人にとって重要な思い出の写真なのだろう。この写真からすでに二十五年あまりが経っているそうだが、ラジブ夫妻の二十五年を想像すると同時に、自分の二十五年後はどうなっているだろうかとふと考えた。

そのあと外出し、パンジャブ料理店でお別れ食事会。ラジブ夫妻のほかに、長男のアニルードとゴタム氏も参加。付近は小公園状でレストランが集まった瀟洒な場所。ゲームセンターには日本のテレビゲームが並んでいた。日本なら瀟洒なレストランのとなりにゲームセンターは建てないが、デリーではゲームセンターは中産層以上の子供にしか縁がないからだろうか。

四方山話の会食の場でおもしろかったのは、若いアニルードが、ヒゲをはやしはじめているのに気づいたこと。インドの男性はみなヒゲ面で、ラジブ氏もゴタム氏もヒゲを生やしているが、アメリカ志向の若者はヒゲを剃っている者が多く、アニルードもその一人だった。その彼が、ヒゲを生やしはじめたのである。まだ不精ヒゲのような状態のアニルードに、「どういう心境の変化だい。親父の後を継ぐのか」と聞くと、「そんなことはないさ」と言う。父親のラジブ氏は、横でおだやかに笑っていた。

夜の十一時ごろまで会食して、帰宅。ラジブ氏に頼みこみ、明日の午前は彼が代表を勤めるNGOの事務所を見学させてもらう約束をした。夜中は最後の荷物造りをしたが、楽器類を詰めるのに苦心した。

二月二十八日（月）晴　最後の日

いよいよインド最後の日である。夜中に最後の荷造りをしたあと、朝食後に出かける。今日は三つの予定がある。まず、ラジブ氏が代表を務めるＮＧＯ「センディット」の事務所を訪ねること。第二に、デリー大学でのお別れランチに行くこと。第三に、デリーにあるスラムの学校を訪ねることである。夕方には空港にむかわなければならないのだが、最後の日に可能なかぎりの予定をつめ込んだのだ。

ビデオ製作のＮＧＯ

タクシー会社からモーハンがきて、出勤するラジブ氏の車のあとを追い、彼のオフィスに行く。センディット（CENDIT＝Center for Development of Instructional Technology）は、おもに農村での運動を記録したり、啓蒙教育用のビデオをつくっているＮＧＯである。オフィスはデリー南方郊外にあり、近所ではたまたま蛇使いが芸をしているところだった。

オフィスは小さなビルの二階にあり、スルタンプルの農村での活動を写したパネル写真が門前に飾ってある。なかに入ると、受付の奥に過去につくったビデオ作品の倉庫や編集室、それにラジブ氏の部屋があった。センディットが一九七二年に開設されたこと、これまでに三百本ほどの作品をつくってきたことなど、簡単な説明を聞いたあと、彼が九六年に監督した『Common Cause』という題名の二十分ほどのビデオ作品を一つ見せてもらう。ビデオ機械がなかなか作動しなかったり、映写中に停電して発電機を回すなど、「インド的」な事情のもとに拝見した。

開発問題ビデオ

この作品は、北インドのハリヤナ州におけるダム建設の影響と、農村での環境問題を描いたものだった。「太古、人間は自然と共存していた。しかしイギリスの侵入後、鉄道と産業が押し寄せてきた」といったナレーションから始まり、ダム建設や森林伐採による環境破壊や、それに対抗する村人たちの活動や、自然環境と共存する持続的成長への努力が描かれる。

もっともこれだけの内容なら、お決まりの「開発と環境問題」の作品という域を出なかっただろう。印象的なのは、一面的な内容にとどまっていないことだった。農民の声として最初に登場するのは、「ダムができてから水が得られて、収穫が上がった」といった内容である。しかしやがて、「水はコミュニティに属していない奴らにはお金で売れるんだ」「不可触民の連中には水は回らないだろうね」といった農民の声が出てくる。開発が富をもたらす効果を認めながらも、開発によって社会の格差や差別が拡大することの方を重視しているのだ。民衆内部の差別も描いている点で、単純な民衆万歳主義でないことは確かである。

村人たちの対抗運動の描き方にしても、同様のことがいえる。「森はすべてを与えてくれる。大地は人間の母だ」といった声もとりあげられるが、より重点が置かれているのは、住民の覚醒と社会の再建の努力だ。村会で問題がとりあげられ、女性たちの集会が生まれ、地域の秩序が彼ら彼女らの手によって再構築されてゆく。「新しい秩序を自分たちでつくってゆく」という喜びで、生き生きと輝く顔たち。おそらく、かつてマイルス・デイヴィスとゴダールを愛する青年であり、いまもアナーキストを自称するラジブ氏がもっとも描きたかったのは、お説教としての「環境問題」や「開発問題」ではなく、みずからの手で社会をつくってゆく「生の輝き」なのだろう。

もともと、題名の「Common Cause」は、さまざまな解釈が可能な、含みのある言葉である。「Common」には「下層民衆」とか「普遍」といった意味が、「Cause」には「正義」「秩序」「理由」「真理」「知恵」などの意味がある。だから「Common Cause」という言葉は、「民衆の正義」「生活の知恵」「普遍の秩序」などさまざまに訳せるのだ。だから、「民衆がもつ生活の知恵のなかには、人類が自然と共存するための普遍的な秩序が隠れている」という意味にも解釈できる題名だし、また「民衆の模索のなかには、新しい世界への真理が宿っている」とも解釈できる。作品の最後は、以下のようなナレーションで終わる。「これら村人たちの努力は、Common Cause になりうるかもしれない」。

村に入るセンディットの撮影隊。中央がラジブ氏（CENDIT提供）

見終わったあと、「どうだった」とラジブ氏が声をかけた。「よかった。題名がいい。あなたの思想を感じましたよ」と答える。さらに私が「あなたのテーマを一言でいうとどんなものですか」と聞くと、「『発展と変革への参加』（participation for development and social change）だね。それと、『民衆に声を与える』（giving voices for people）ということかな」と言う。私が「発展というのは、単なる経済発展のことじゃありませんよね」と聞くと、「そりゃ、もちろんさ」と笑う。この日にもらったラジブ氏の論文をあとで読んでみたら、彼は「発展」（development だから「開発」とも訳せる）のことを、「人びとが自分の生活の主人になってゆくこと」と定義していた。

こうした思想は、私なりにも共感できる。ラジブ氏が青年時代からいちばん好きな映画だというゴダールの『気狂いピエロ』は、フランスの中産階級の男が平和だが倦怠感に満ちた生活を捨て、女と二人で放浪と犯罪の旅に出かけ、生命を燃焼して死んでゆく物語だ。生きながら死んでいた人間が、一時的にせよ自分の人生の主人公となって、社会との新しいつながり方を回復してゆくストーリーである。

ラジブ氏の思想

そしてラジブ氏がいう、そうした「発展」への「参加」(participation) とは、「状況にかかわってゆく」とか「社会の展開とつながってゆく」というニュアンスとも解釈できる (development には「情勢」とか「展開」といった意味もある)。自己および社会の「発展」と「変革」にかかわることで、生命の燃焼感を得た人びとが、顔を輝かせながら「闘争がいちばんおもしろかった」という言葉を発することは、以前の農村訪問でも感じたことである。

しかし『気狂いピエロ』の主人公は、客観的にみれば、ただ犯罪行為に関わって死ぬことしかできなかった。生命の燃焼、社会への参加には、あるていどの方向性が必要だ。そこで、「民衆に声を与える」というラジブ氏の第二のテーマが出てくる。

「言葉」の社会での意義

「民衆に声を与える」というテーマは、南米の識字教育運動で知られるパウロ・フレイレなどのコンセプトとしても有名だが、たんに識字能力を与えるということだけではない。それはいわば、「民衆がばくぜんと抱いている状態に表現手段を与える」ということである。

この事例として思い出すのは、日本のルポライターである鎌田慧氏の発言である。彼が挙げていたのは、「過労死」という言葉だ。

長時間労働がもとで健康を害し、死んでしまうという現象は、「過労死」という言葉ができる以前からたくさんあった。しかし、それを表現する言葉がなかった。労働現場で死ぬわけではないから労災も適用されないし、遺族たちはみんな自分だけの悲劇だと思って耐えていたのである。しかし、「過労死」という言葉ができたあと、「そうか、うちの父ちゃんは過労死だったんだ」とわかり、同じ状況の人たちがつながっていって、運動になっていった。一つの言葉が、人びとに潜在していたエネルギーに方向をあたえ、人びとの連帯をも生み出してゆく瞬間である。こんな言葉や表現を生み出してみたいというのは、学者や物書き、あるいはアーティストなどに共通した願望の一つだろう。

もちろん、「民衆に言葉を与える」ことは、「自分が教えた通りの言葉を民衆にしゃべらせる」という意味ではない。ラジブ氏も自分の論文で、そのことを強調している。ただ、人びとが自分の状況を表現する言葉を持たずに苦しんでいるとき、鬱積したエネルギーを放出する回路をつくる手助けをする。そうしたいわば助手役になるのが、「言葉を与える」ということだ。そして彼が独立系のビデオ製作という道を選んだのは、大資本のテレビコマーシャルなどから流される「言葉」、すなわち「もっと買えば幸福になれる、もっとお金があれば夢が買える」という「言葉」が人びとをとらえ、人びとがそのなかでみずから苦しみ、環境を傷つけてゆく状況を変えるべく、べつの「言葉」を提供しようとする意図からだったと考えられる。

ラジブ氏の活動の経緯

しかし、ラジブ氏の道のりも平坦ではなかったはずだ。彼のNGO「センディット」は前にも記したとおり一九七二年に始まり、彼はそこで働いていたプニマ夫人と出会って結婚した。センディットは一九八〇年代には五十人以上の大組織となり、ラジブ氏も九〇年代前半にはビデオNGOの国際組織代表を務めたこともある。しかし現在はセンディットの組織は縮小しており、人員は約十名、オフィスもデリー中心街の大きな場所からこの小さなオフィスに二カ月前に移ったばかりだという。

なぜ組織を縮小したのかと聞くと、「もうビデオ製作の仕事もセンディットの専売特許じゃないからね。もっともそうしたNGOも多くはないが」と言う。彼自身は「そんなに大組織を持つつもりはないんだ」と言うが、製作したビデオ作品は啓蒙活動のためタダ同然（一回十ルピーくらい）で貸し出しており、経済的には苦しいと言う。

ビデオは映画よりは安くできるが、先ほどの『Common Cause』の例でいえば、制作費は二十万ルピーほど。この作品はインド政府環境省の発注でつくられ（「いちおう国営テレビで放送はされたんだ。もっとも深夜十二時からだったけどね」とのこと）、他にも国連組織の発注などで作品を製作しているから、赤字になっているわけではないが、決して楽ではないはずだ。人によっては、こうした状況下での人員やオフィスの縮小を、「下り坂」とみなすだろう。

現在のオフィスの壁には、かつてのメンバーたちの活動風景を写した写真が、コラージュ風に飾ってある。若き日のラジブ氏も、そのなかにいる。昨日から彼は、「自分はもう年だ」と言っていたし、一月の誕生日パーティのときに年齢を聞いたときも、「一九七〇年に青年だったんだ。だいたいわかるだろう」と言って答えなかった。ちょうどその誕生日前後は、かつてより縮小した現在のオフィスに移ったばかりの時期だったはずだ。自分が二十年をかけて情熱を注いできたNGOの転機にあたり、何らかの感慨があったのかもしれない。

私は、「もっと早くここへ来るべきでしたね。インド滞在最後の日なんかではなくて」と述べる。さらに、「あなたの人生を、日本の多くの人はうらやむと思いますよ。映画が好きで、好きな映画製作という方法で社会に参加して、自分の思うとおりの作品をつくり、その作品で人びとを感動させてきた。いまの日本の平均的なサラリーマンは、お金は得ていても、そこまで充実した人生を歩めてはいないでしょう」と続けた。

ラジブ氏は笑って、「ありがとう。だが、もう私も老人さ」と言う。それにたいし私が、「そんなこと、問題じゃないはずでしょう？　あなたの思想は立派です。重要なのは根底にある真理で、身体の盛衰などは輪廻転生の一環にすぎないというのが、あなたが信じているジャイナ教の教えだったはずじゃありませんか」と言うと、彼は静かに笑った。

「本当にもっと早く来るべきだった。いろいろ話すことができただろうに」と重ねて言うと、「次の機会があるさ。そろそろ昼食会のために、デリー大学へ行かなくちゃいけない時間だろう。夕方には家にもどるから、もう一度会おう」と彼は言い、表まで送ってくれた。少々残念だったが時間がないので、タクシーに乗り、デリー大学にむかう。

「リッチ」な昼食会

デリー大学では、ラジブ講師と日本語の先生が二人待っていた。ラジブ講師の先導でとてもきれいなレストランに行ったが、なんとその名も「リッチ・リッチ・ホテル」。インドでは、ちょうど日本で高級アパートのことを「マンション」（邸宅）とか「パレス」（宮殿）と呼ぶのと似て、高級食堂のことを「ホテル」とか「ロッジ」などと呼ぶ習慣がある。「リッチ・リッチ・ホテル」は、さしずめ「大金持最高級食堂」だろうか。平日の昼食時なので、食堂は中上層階級の専業主婦グループでいっぱい。主婦が会費を集めて高級レストランで食事するのを、「キティ（貯金箱）パーティ」とよぶそうである。

会食の四方山話のついでに、デリー大学の連絡事務の悪さなどを正直に話す。なんでも今年は大学の体制が整わなかったそうで、「これが普通だと思わないでください」と言われる。「日記にそう書いておきます」と答えた。

スラムの学校へ

一時間ほどでランチを終えて、今日の第三の予定であるスラムの学校見学のため、国際交流基金事務所にむかう。そこで藤岡氏と、交流基金でアルバイトをしながらスラムでボランティアをしている川合美佳氏と会う。彼らが案内してくれる予定なのだ。もう一人の日本女性を加え、女性三人と私が車に乗って現地へむかった。

とんでもない話

ところが道すがら、とんでもないことがわかった。川合氏がボランティアをしているあるスラムの学校を訪ねるのだが、午前中で授業は終わってしまうため、子供たちを午後の時間に集めるために、「日本からミュージシャンが来る」と宣伝したのだという。見知らぬ外国人がスラムにいきなり入るのは困難だし、ただ見学というのも失礼だから、とにかくこちらが何か見せるというかたちにしたほうがよかったらしい。「ミュージシャン」とは私のことで、交流基金スタッフの佐藤氏が貸してくれたギターを用意してあるから、何か歌ってくれというのだ。

たしかに細身で髪が長い私は、インド滞在中に「ミュージシャン」と思われたことは何度かあり、いちおうギターも弾ける。しかしこれまでバンドでの演奏ばかりで歌はやっていないし、もっぱら洋楽を聞いてきたので日本の流行歌にはうといから、歌える曲をろくに知らない。急に言われてもと思ったが、もうスラムの子供たちはすっかりその気になって、いちばんよい服に着替えて待っているのだそうだ。しかたがないから、私が伴奏して藤岡氏らが歌うことになり、藤岡氏が井上陽水の曲のコードを教えてくれた。

とりあえず、スラム前でギターを引っ張り出して少し練習したあと、学校スタッフの案内でスラムに入る。ハエがとびかい、家は狭いが、やはり人間の住んでいるところだけあって、あたりまえだが生活空間としての秩序はある。しばらく歩くと、スペースは小さいがかなり立派な学校があった。名前は「ジャーグリティ（覚醒）」学校というそうだ。

廃止されるスラム学校

教室には、すでに活動家のシャブナムさんと、数十人の子供たちが待っていた。シャブナムさんは一度結婚し二人の子供を産んだイスラム教徒の女性だが、在来の女性の位置にあきたらず家出し、その後に出会った元ジャーナリストの夫とともにスラムに入って、教育活動をはじめたのである。イスラム教徒の女性が、スラムに入って活動することは多大の困難があったが、いままでは彼女はスラム内の尊敬を勝ちえ、学校は立派に設備が整い、政府の認可も得て軌道に乗っていた。

スラム・クリアランス

しかし昨年、政府がこのスラムそのものを解体する発表を出した。「デリーの銀座」コンノート・プレイスの近郊にあるこのスラムは、再開発のために邪魔になったのだ。代替地は一応用意されているが、申請や移転に費用がかかる。そのうえ、このスラムの子供たちの仕事は、ゴミ拾いや下働き、あるいは観光客をみやげ物屋に案内して手数料を店からもらうなど、コンノート周辺での稼ぎが多い。だから、移転したら仕事がなくなって生きてゆけないのである。

政府への陳情なども行なわれたが、開発方針は変わらなかった。やむなく、せっかく十年かけて軌道に乗せたこの学校は、抗議も空しく去年いっぱいで廃校となり、現在はボランティアで授業を続けながら、子供たちを近辺の学校などに転入させる努力をしているそうだ。シャブナムさん自身は、この苦い経験を教訓にしつつ、こんどは生まれ故郷のカルカッタ近郊の農村部で、やはり教育活動を行なう予定だとのことである。

そういう状態のところへ、私は「ミュージシャン」という触れこみで、やってきたわけだ。もうこうなったら、とにかくやるしかない。とりあえず私がギターを弾き（ピックがなかったのでコインで弾いた）、藤岡氏らが歌うなどで二曲ほど披露したが、やはり急ごしらえで出来はいまひとつ。ろくに知らない曲で、気が入った演奏ができていない。それでも、子供たちは珍しがって拍手してくれた。

こちらは早めに切り上げ、今度は「お返し」として子供たちがダンスを披露してくれるという。みな八歳から九歳くらいの子供なので、日本の幼稚園のお遊戯みたいなものかと思ったら、大間違い。リズムの効いた流行歌に乗せて、まず男女二人、続けて女子二人や男子二人などのペアが踊るのだが、これが腰を抜かすほどうまくてかっこいい。古典舞踊というよりは、ブレイクダンスにインド風味をミックスしたようなものだが、とんでもない色気とリズム感である。残りの子供たちは、教室に車座になって、中央で踊る彼らに沸きたっていた。

なんでも、この日最初に踊ったのは、近辺のダンス大会で優勝し、賞金百ルピーを獲得した子供ペアだったそうだ。彼らは少ない収入からカセットを買い、ふだんからダンスを練習している。この日も、踊ったペアは自分が踊る曲のカセットを用意していた。スラムといえば「暗黒の生活」というイメージもあるが、ここの子供たちは、ある面で私などがはるかにおよばない能力を持っているのである。

あまりのうまさにただ感嘆していると、シャブナムさんが私に、中央に出てダンス大会チャンピオンの男の子とペアで踊れという。私ごときがチャンピオンを相手にとは思ったが、周囲の期待は集まっていて、もう逃れられない。ダンスは得意とはいえないが、思いきりの良さで勝負すれば、井上陽水を演奏させられるよりは即興が効く。インド最後の日にスラムで踊るのもよいだろうと思い、受けて立った。

当年九歳のチャンピオンが用意したカセットは、去年ヒットしたインド映画のテーマソング。インドでは音楽産業は映画産業とタイアップするかたちで成立しているので、ヒット曲のほとん

踊るスラムの女の子

どは映画の主題曲である。

音楽がはじまると、とにかく雑念を払って体を動かし、相手の反応をとらえようとした。インド型ダンスを真似ようとしてもチャンピオンにかなうわけはないから、こちらはあくまで我流である。せっかくチャンピオンが相手してくれる以上、「子供が相手なんだから、適当にお付き合いすればいい」などという態度は失礼にあたると思い、真剣にやらせてもらった。

ハンドクラップを適当にまぜ、チャンピオンと応答しながら踊っていると、周囲の子供たちがどよめいた。踊りがうまいとは言いがたいはずだが、おっかなびっくり弾いていたギターや歌より、やけくそでも思いきりのよい動きのほうが面白いのは当然のこと。周囲から歓声と拍手が起こり、チャンピオンも「ここまで本気でやるとは」と意外な表情を一瞬したが、やがてこちらの踊りに反応して楽しんでくれる。曲が終わりに近づくと、周囲の子供たちが全員ダンスにくわわり、大団円となった。

一曲踊り終わると、疲れでめまいがした。ここ十日間ほどはめちゃくちゃにスケジュールがいそがしく、夜中に日記を書いたり荷造りをしていたので、平均睡眠時間は四時間ほど。しかし子供たちは私をとりまき、つぎつぎと握手を求めてくる。カセットを操作していた英語のできる年長の子は、「あんたは最高のミュージシャンだ。あんたの髪型もいかすぜ。俺も髪を伸ばしているところなんだ」などと言ってきた。シャブナムさんも、「インドのダンスと日本のダンスのミクスチャーで、とても素晴らしかったわ」と言う。

お客を歓待するのが自慢のインド人の言葉なので、こういう評価は話半分に聞いておいた。あとで川合氏に聞いたら、「子供たちのあいだでは、『すごい、素晴らしい』という声と、『何なんだ、あの奇妙なダンスは』という声と、両方ありました」とのことだ。だがそうにしても、とにかくあそこまで真剣にやれば、相手も好感をもったはずである。

しかし、現実は現実だ。この学校が閉鎖されるという事実は、変わらない。十年かけて土台を築いたシャブナムさんの心境はいかばかりだろうか。「幸運を祈ります。あなたにも、子供たちにも」と言ってその場を辞した。とにかく一時的にせよ、みんなを楽しませただけでも、何もしなかったよりはよかったと思うことにする。

学校を出るとき、シャブナムさんから、「学校を出たら写真は撮らないで」と言われた。スラムに見学にきたり、写真を撮って帰る先進国の人間は少なくない。しかし低位にある人びとは、好奇の目を向けられたり、撮影や調査の対象にされることに敏感である。なにより、高い位置から「かわいそうな人たちを憐れむ」という姿勢、ないし「適当に相手していればいい」という態度は、すぐに見ぬかれてしまう。私は子供たちのダンス能力を尊敬して、「胸を借りる」つもりで本気で踊ったのだが、そうした敬意が伝わってくれればと思った。

スラム内は撮影禁止

忙しい一日を終えて、車でラジブ邸にもどる。召使のラジューにチップをあげてお礼を言い、最後のお茶をラジブ夫妻と飲む。プニマ夫人が「今日は何をやったの」と聞いたので、スラムで踊ったと言うと、彼女は「なんて教授かしらね」と両手を広げる。二人に世話になったお礼を述べ、別れの挨拶をすると、ラジブ氏は微笑みながら「元気でな。電子メールで連絡をとろう」と言った。

むかえにきた佐藤氏の車に荷物を載せ、手を振りながらラジブ邸をあとにした。佐藤氏は空港まで私を送りながら、「たった二カ月の間に、すごいペースでいろいろ回って、一気に駆け抜けましたね。途中で倒れるんじゃないかと思って、はらはらしましたよ」と言う。

たしかにいくつかの場所を訪ね、いろいろな人に会った。しかし、それくらいで「インドがわかった」などということはおよそありえないし、あってはならないだろう。私が見たのはインドそのものよりも、インドを通して見えてきた何かだった。そしてその過程で問われたのは、私自身の想像力と、世界に対する姿勢だったといえるかもしれない。

短いながら、いい体験だった。この体験を与えてくれた、すべての人びとに感謝。グッドバイ、小川氏、藤岡氏、佐藤氏。グッドバイ、デリー大学のスタッフ、インドの知識人たち。グッドバイ、タクシーの運転手たち、街や学校の人びと。グッドバイ、ラジブ氏、プニマ夫人。

グッドバイ、インド。また会う日まで。

（了）

あとがき

本書は、私のインド滞在の日記である。二〇〇〇年の一月から二月にかけて、国際交流基金の専門家派遣事業でインドのデリー大学に行き、中国・日本研究科の客員教授として日本近代史を講義した。私は二カ月の滞在のあいだ、デリーをはじめインド各地を回り、近代日本の歴史を講義した。その間の経験や観察、あるいは現地の人びとと話したことを、日記にしたためたのである。

おりしも、インドは高度経済成長とグローバリゼーションに揺れ、急速な社会の変化や価値観の動揺、そして右派ナショナリズムの台頭に直面していた。本書でも記したように、現在のインドは「コンピュータ・カフェの門前に牛が立ち、お寺が最新式の音響システムを使っている」といったかたちで、古いものと新しいもの、伝統と近代が入り混じった状態にある。インド人にむかって近代日本の歴史を描いてみせ、その反応を聞くという経験もさることながら、こうしたインド社会の状況も十分に刺激的なものだった。

日記である以上、統一された主題というものはない。しかし書いたことは、結局のところ、日本にいたときから私が抱いていた関心の延長に位置する。その関心とは、社会の変動と近代化のなかで、人間がどのように自己の位置とアイデンティティを定めてゆくのか、またそうした人間のつくる社会のあり方はどのようなものなのか、その場合に国家と人間はどのような関係を築いてゆくのか、といったものである。

従来、私は近代日本の民族論やマイノリティの問題から、こうしたテーマを論じていた。本書でもインドのナショナリズムやマイノリティ問題にしばしば言及しているが、日々の体験から書くという日記の脈絡のなさゆえに、より多様な角度からアプローチしている。たとえば地域の自立性、伝統や宗教のあり方、文化の相互影響や革新、テクノロジーと社会変動、社会階層と政治意識などといったものが挙げられる。

本書では、しばしば近代日本とインドの比較から、こうした問題を考察している。私の研究していた対象が近代日本だったということも一つの理由だが、さらにいえば、あまりインドを「日本とまったく異なる社会」として描きたくなかったということもある。相手を理解不能な異文化として描くことは、しばしば思考の停止をまねき、ひいては自集団のアイデンティティを確定する手段として他者を利用することにつながりやすいからだ。

たとえば、日本からのインド旅行者がしばしばとまどう「定価がない」といった現象は、べつだん「インドに特異な文化」ではなく、本文中にも記したように日本にもあったことである。また現在の日本でも、東京や都市部を離れれば、「インド的」な事象に出会うことも少なくない。そもそも、現在のインドが「牛とコンピュータの同居」に象徴される社会だとしても、日本もまた「ゲイシャとサムライが半導体をつくっている国」というステレオタイプを投げかけられてきたのである。そうしたわけで、私はむしろ可能なかぎり、インドと日本をともに近代化やグローバリゼーションに揺れる社会として、共通の土俵でながめるようにしてみた。

もっとも本書は、あくまでも日記である。研究書という形態ではなく、こうしたテーマを日々の出来事から語っているので、読みやすいものになっていると思う。読者は、目次や本文中の小見出しなどをガイドに、それぞれの関心にそって、どこからでも自由に読んでいただければ幸いである。

本書成立の経緯について述べておくと、じつは私はインドへ客員教授として招聘の話があったとき、当初あまり積極的ではなかった。いわゆる「アジア好き」や「旅行好き」というタイプではなかったし、日本を離れている期間は、近代日本について自分がとりくんでいる研究を中断しなければならないからである。

せっかくの機会と思い受諾したものの、インドについて何かを書く予定はなかった。かつて出版社に勤めていた経験から、続々と本が出版されてすぐに絶版となってゆく状況にうんざりしていたので、長く残せるような研究以外の仕事にエネルギーを注ぐ意志が、あまりなかったのである。そもそも私は、ふだんは日記など書かない。執筆のきっかけは、インドで日記をつけてメールで送ってくれと妻から頼まれ、インドでは研究ができないから時間はあるだろうと思い、軽い気持で引きうけたことである。

こうして私は、他の執筆作業のためインドへ持参したノートパソコンを使い、宿泊所や旅先のホテルで日記を書き、国際交流基金のデリー事務所から、妻と数人の友人にそれを発信した。この時点では、いささか分量が多かったとはいえ、あくまで私信だったにすぎない。ところがその日記は好評をよび、いくつかのホームページに掲載され、読者が急速に広まっていった。いわゆるネット社会の広がりを再認識した次第だが、帰国してみると日記の存在はかなり広範囲の人に知られており、すぐに出版が決まってしまった。

出版にあたっては、数人の方に内容のチェックをお願いした。いかに日記とはいえ、まちがった事実を印刷することは、買っていただいた読者に申し訳ない。インド研究者の押川文子氏、NGOの代表として長く南アジアで活動している大橋正明氏、そして国際交流基金ニューデリー事務所長である小川忠氏に全文のチェックをお願いし、また部分的にはインド音楽の研究者である井上貴子氏にも目を通していただいた。それゆえ、事実関係の間違いはおおむね除かれたはずだが、なお残存していればお教えを乞いたい。

ただし、誰が見ても「間違い」と断言しうるものは訂正したが、判断が分かれるものについては、そのままにした。たとえば日本についても、「皇居は空虚な中心である」とか、「日本社会は無責任の体系である」といった、正しいとも間違いとも実証のしようがない説がある。私がインド社会について書いた観察でも、それが妥当であるのか意見の分かれるものがある。そもそも私は客員教授という立場でインドに行ったのであり、その立場からしかインド社会と接触していない。さらにいうなら、私がインドで行なった近代日本についての講義内容についても、必ずしも「学界の定説」ではないものが含まれているし、インドで話すことを前提にやや議論が単純化されてもいる。これらの記述については、私に文責があるものと思っていただきたい。

また現地の知識人などには、会話内容を公開日記に記載するむねを申し伝えたものの、日本語で書いたという言語上の問題のため、発言者の校正を経ていないものが多い。これについても、文責は私にある。また学校教員などについては、取材許可は得たものの、出版にあたって大部分を仮名にした。現地で話を聞いたタクシー運転手や旅行会社員などについても、同様である。

なお現地の人名や地名の表記は、あまり厳密を期さなかった。たとえばヒンディー語の長母音をすべて音引きで表現すれば、「ラジブ」は「ラージーブ」、「プニマ」は「プールニーマ」などとなる。しかしカナ表記ではどう書いても限界があるし、現地発音重視を徹底するなら、まず「インド」を「インディア」にしなければならない。本の性質上からいっても、日本の読者にとって読みやすいことのほうを重視した次第である。

また掲載した写真のうち、とくに提供者名のないものは私が撮影した。例外は国境付近のインド兵の写真で、現地の少年たちが一枚五ルピーで売っていたのを買ったものである。撮影者の身元確認のしようがないので、提供者名は記していない。

なお本書の印税のうち、写真現像の経費などをのぞく七割ほどは、第五章に書いたNGO「ディシャー」に寄付することとする。私はフリーランスの作家や批評家とちがい大学教師としての定収があるし、日記で金銭を得るのもすっきりしない気がしたので、このさい「喜捨」することにした。

出版のため再読していて感じたのは、文章や記述のナイーヴさである。およそ無防備なまでに外界の事物や人びととの出会いひとつひとつに反応し、感動し、興味を持っている。観察や議論もよくいえば素直でわかりやすく、悪くいえば大味で精妙さに欠ける。そもそも文体がこの「あとがき」などと違うことは、いうまでもない。旅は人をそのように変えるものだといえばそれまでだが、他人の書いたものだと思って読めば、そのナイーヴさが一種の味になっているともいえるので、あまり修正しないことにした。

こうした文章は、いまとなっては書けないものであり、またおそらくは、二度と書けないものであると思う。原稿をチェックしてもらった押川氏にいただいた感想は、「インドにはじめて行った人にしか書けない文章」であり、それゆえ「一生に一度しか書けない本」だというものだった。異質な世界とはじめて出会うとき、誰しも新鮮な感覚を覚え、思考をめぐらす。それはあたかも、世界にはじめて出会った子供にとって、見るもの聞くものすべてが新鮮であり、何にでも興味を示すといわれることにも似ている。

外国滞在はそうした感覚を得られる一つの機会だが、誰でもがその感覚を文字化するわけではない。そう考えると、長期滞在のあとにまとめて書くのではなく、日記としてリアルタイムに執筆を行なっていたことも、プラスに作用している。じっさい、すでに二カ月の滞在の終わりには、インド来着一〇日以内に書いた文章は、「もう書けない文章」になっていた。

そうした意味で、この日記には、一人の人間が異質な世界に出会うなかで、外界に反応しつつ、世界観を構築してゆく過程が記録されている。そして私の場合、学問というかたちで蓄積してきた視点のとり方が、予期せぬ出来事や他者にぶつかったさいの、緩衝材として機能していたといってよい。

実際のところ、インドは現在の日本しか知らない人間にとっては、驚きの多い社会である。街頭に立つだけで明らかにわかる貧富の格差。牛の集団がハイウェイの中央分離帯で昼寝をしている風景。たびたびの予定変更や値引き交渉に現われる価値観のずれ。「召使」や「知識人」といった、現代日本では死語同然になった社会階層が厳然と実在している状況。いまになって日記を読んでみると、私が近代日本について知っている知識を総動員し、それとの比較でこれらの事象を解釈するというかたちで、その衝撃と対応していることがわかる。

この場合、「インドと日本の国際比較」や「インド社会の分析」は、客観的な文明批評などというより、私にとってインドへの適応に必要な反応であり戦略であったといえる。それゆえ、私は思考せねばならず、書かねばならなかった。一見冷静な記述にみえても、毎日これだけの量の日記を書いたというのは、要するにそれだけインドから受けた衝撃が大きかったということだろう。「学者」とは、往々にして、外界に対してそのような適応をはかる者の別称であるといえるかもしれない。本書に記載された事実や観察はいずれ古くなるものだが、こうした過程で記録された思考の躍動感は、それよりは長い寿命を持つものと思う。

インドでの執筆において、あるいは日本での出版準備において、これまでの著作以上に、今回は多くの方にお世話になった。感謝したい。

小熊英二

二〇〇〇年六月

著者紹介

小熊英二（おぐま　えいじ）

1962年東京生まれ。1987年東京大学農学部卒業。出版社勤務を経て，1998年東京大学教養学部総合文化研究科国際社会科学専攻大学院博士課程修了。

現在，慶應義塾大学総合政策学部教員。

著書：『単一民族神話の起源』（新曜社，1995年），『〈日本人〉の境界』（新曜社，1998年），『インド日記』（新曜社，2000年），『〈民主〉と〈愛国〉』（新曜社，2002年），『１９６８〈上・下〉』（新曜社，2009年），『戦争が遺したもの』（共著，新曜社，2004年），『対話の回路』（共著，新曜社，2005年），『〈癒し〉のナショナリズム』（共著，慶應義塾大学出版会，2003年），『清水幾太郎』（御茶の水書房，2003年），『市民と武装』（慶應義塾大学出版会，2004年），『日本という国』（理論社，2006年），『在日一世の記憶』（共編，集英社新書，2008年），*A Genealogy of 'Japanese' Self-images* (Trans Pacific Press, Melbourne, 2002)。

新曜社

インド日記　牛とコンピュータの国から

初版第１刷発行　2000年７月10日©
初版第６刷発行　2009年８月10日

著　者　小熊英二

発行者　塩浦　暲

発行所　株式会社　新曜社
〒101-0051　東京都千代田区神田神保町 2-10
電話 (03) 3264-4973㈹・FAX (03) 3239-2958
URL http://www.shin-yo-sha.co.jp/

印刷　星野精版印刷　Printed in Japan
製本　協栄製本
ISBN978-4-7885-0728-9　C1030